한림대학교 조직심리전공

# 대한민국의 ACTIVE AGEING 활동적노인

이주일 · 조직 및 성격심리 실험실

한림대학교 지식미디어센터

# 대한민국의 활동적 노인

초판 발행 | 2024년 8월 30일

저 자 | 이주일 · 조직 및 성격심리 실험실
발 행 인 | 최 양 희
발 행 처 | 한림대학교 지식미디어센터
(24252) 강원특별자치도 춘천시 한림대학길1 (옥천동 1-1)
출판등록 제48호(1983.3.10.)
전화번호 033) 248-2875 팩스 033) 248-2809
전자우편 press@hallym.ac.kr
홈페이지 https://press.hallym.ac.kr/press

인 쇄 처 | 영광정밀인쇄사

값 24,000원

ISBN 978-89-6402-093-7 (93180)

# 대한민국의 활동적 노인
ACTIVE AGEING

# 머리글.

조직 및 성격 심리학자로 필자의 학문적 정체성을 명명하고 1999년 한림대학교에 부임한 지 벌써 25년이 흘렀다. 처음 노인에 관한 연구를 시작한 것은 한림대학교에서 심리학과, 사회학과, 사회복지학과 및 의학과 교수들이 모여 학제 간으로 진행된 노인 삶의 질에 대한 종단적 연구에 공동연구원으로 참여하면서부터였다. 그 후 정부에서 추진하는 누리사업에 학교 차원에서 노인 관련 주제로 사업이 선정되면서 학과 일원으로 다시 노인 연구에 참여하였고, 한림대학교 고령사회 연구소가 연구재단으로부터 중점연구소 사업 지정을 받으면서 필자도 노인 삶의 질에 관한 종단적 연구를 계속하였다. 이후 조직심리학 차원에서 노인 관련 주제를 더 심층적으로 연구해 보고자, 생산적 노년에 대한 연구로 연구재단에서 진행하는 단독과제를 수행하면서 생산적 노년 척도를 제작하였다. 이러한 과정을 통해 활동적 노년을 연구 주제로 사회과학 연구지원사업에 연구 책임자로 지원하였고, 타 대학 조직심리학 분야 교수들과 3년간 소형연구를 진행하는 기회를 얻게 되었다. 본 고는 마지막에 진행한 사회과학 기초연구의 소산이라 할 수 있다.

처음 노인 연구를 시작할 때는 필자도 40대 초반의 팔팔한 나이였고 노인이란 말은 먼 존재로 추상명사에 가까웠을 뿐이었다. 어느덧 필자도 60대를 넘어 퇴임을 앞둔 나이에 접어들게 되었고 연구 초반에 바라보던 노인의 나이에 거의 도달하였다. 여전히 '거의'란 표현을 쓰는 것은 아직 노인임을 인정하기 싫다는 의미이리라. 연구를 시작할 당시에는 99881234이란 말이 노인들 사이에 유행했다. 99세까지 팔팔하게 살다 하루, 이틀, 삼일만 아프다가 죽는 것이 소원이라는 말이다. 최근엔 한 방송사에서 진행하는 프로그램 중 트로트 가수 나영이 불러 다시 유행하는 말이기도 하다. 최근 필자의 모토는 "내일 할 수 있는 일을 오늘 다 끝내지 말자"란 말이다. 필자는 몇 년 전부터 시골 소나무밭에 개인 공간을 만들어 틈틈이 정원을 가꾸고, 야채도 재배해 아침저녁으로 먹거나 주위 사람들과 나누었다. 때때로 친구들을 불러 이야기하기도 하고 책도 읽는 생활을

시작했다. 시골에서 일을 할 때는 그날 할 일을 정하고 그만큼만 해야지 더 많이 하거나 무리하면 탈이 나고 문제가 생긴다. 그래서 그날 할 일만 일부 정해서 소량씩 수행하고, 내일 해도 되는 일은 굳이 오늘 다 무리해서 마치지 않으려 한다. 사실 그다음 날에도 비슷한 생활이 지속되기에, 오늘 일을 다 마치면 내일은 할 일이 없는 문제가 생기기도 한다. 아직 필자에게 그럴 일이 생기지는 않았지만, 얼마 남지 않은 은퇴 후에는 이런 일이 생길까 봐 걱정되기도 한다. 필자도 젊을 때는 "오늘 할 일을 내일로 미루지 말자"를 생활신조로 삼고 가급적 이를 지키려 애썼다. 어느새 활동적 노년의 연령에 도달한 지금, 필자가 간직하고 있는 소원은 건강하고 안전한 환경에서 적당한 참여를 하며, 은퇴를 앞둔 시점과 은퇴 후 생활을 활동적으로 영유하는 것이다. "안전한 환경에서 건강한 심신으로 사회생활에 참여하는 것". 이것이 활동적 노년이 지향하는 모습이다. 필자 또한 활동적 노년을 꿈꾸고 있고 가급적 이를 실천하고자 한다.

필자가 60이 넘으면서 비슷한 연령대의 주위 교수 중에도 "방학이 되면 몇 주씩 가까운 동남아에 가서 지내고 오겠다"는 사람도 있고, 수업 시간에만 맞추어 학교에 나오고 남은 시간에는 본인이 그동안 하지 못했던 생활을 하고자 하는 사람도 있다. 또 회사 생활을 하면서 평생 모아온 동백을 고향에 심고 동백정원을 만드는 은퇴 후 생활을 준비하는 친구도 있다. 젊은 시절엔 안 하던 택견이나 댄스 강습, 기타 연주를 다시 시작하면서 은퇴 시기를 준비하는 친구도 있다. 가까운 선배 교수들 중 농민회를 결성해서 시내 근교에 각자 마련한 시골 농장을 가꾸며 정보를 교환하면서 보내는 선배들도 있고, 자주 뵙지 못하던 필자의 은사님은 다기 수집을 하다가 최근엔 사모님과 함께 중국 한시를 외우신다고 한다. 이렇게 우리 주위엔 각자 나름대로 은퇴한 이후 활동적인 삶을 살고 있고 활동적인 생활을

영유하고자 하는 사람들이 대부분이다.

위와 같은 삶을 사는 것을 학술적으로 활동적 노년이라 하고, 이런 분들을 활동적 노인이라 한다. 활동적 노년이란 안전한 환경과 건강한 조건에 적절한 참여가 이루어지는 삶으로, 100세를 사는 현대인들 대부분이 활동적 노년을 보내기를 갈망하고, 또 준비하고 있을 것이다. 본 고는 필자가 한림대학교에 재직하면서 진행한 연구 성과의 정리이기도 하고, 꿈꾸는 삶이기도 하며, 현대인들이 꿈꾸고 있는 모습이기도 한 활동적 노년(active ageing)의 개념을 활동적인 삶을 살고 있는 보통의, 일반적인 현대 노인들의 시각으로 살펴보고자 한 책이다. 활동적 노년은 어디 멀리 다른 곳에 존재하는 것이 아니라, 오늘을 살고 있는 현대 노인들의 일상적인 삶이고, 젊은이들에게는 자신의 미래 모습이기도 하다. 하여 본 고는 대한민국에 살고 있는 노인들의 자기 모습이기도 하고, 미래에 노인이 될 젊은이들에게 보여주는 현재 대한민국의 일상생활의 기록이기도 하다.

본 고는 많은 사람들의 도움과 정성이 뒷받침되어 완성되었다. 앞서 언급한 사회과학기초연구사업(SSK사업)의 지원과 이 사업에 같이 참여한 공동연구원들, 한림대학교 조직 및 성격 심리 실험실에서 이 사업을 같이 진행하고 사업이 끝난 지 10여 년이 지난 지금까지도 함께 이 자료를 붙잡고 검토하며 논문 작업을 함께한 학생들 덕분이다. 따라서 본 고의 필자를 본인과 조직 및 성격 심리 연구실로 기술하였다.

머리말을 마무리하기 전에 본 고의 발간을 기꺼이 허락하고 비용 지원 및 출판 작업을 도와준 한림대학교 도서관 출반부에 감사하며, 특히 김명준 도서관장, 이시은 연구원에게 감사를 드린다. 그리고 도서 출간에 심리적 지원과 물적 지원을 아끼지 않은 한림대학교 심리학과 교수님들과 심리학과 응용심리연구소에 감사를 드린다.

마지막까지 한림대학교 조직실험실에 함께 하면서 이번 도서 발간 작업을 진행해 준 한림대학교 조직심리 연구실의 2024년도 학생들의 한마디 말들로 본 고의 서문을 마무리하고자 한다.

태웅 “연구에서 다룬 내용들이 반드시 노년기에만 해당하는 것은 아니라고 생각합니다. 한 사람으로서 삶을 먼저 살아낸 어른들의 경험과 생각이 앞으로 삶을 살아갈 이들에게 어떤 의미가 될 수 있기를 바랍니다.”

희철 “부모님과 처부모님의 은퇴를 지켜보며, 부모세대의 은퇴 후 삶에 대한 걱정과 고민에 대해 공감하려 노력했으나 이해하기 어려웠습니다. 그러나 이 책을 정리하면서 활동적 노년에 대해 이해하고, 부모세대의 고민에 대해 보다 실질적으로 공감할 수 있는 감사한 시간이었습니다.”

제은 “약 40년 후 어떠한 노인이 되어야 할지를 고민하게 만드는 도서입니다. 이전까지는 활동적으로 사는 멋진 노인의 모습을 그저 외형적으로만 생각했었는데, 이 도서를 통해 어떠한 삶을 사는 것이 활동적인 노년인지 알게 되었습니다. 먼 미래에는 활동적 노인으로서 살아가고 싶습니다.”

가윤 “젊은 청년들 사이에서도 건강 관리와 저속노화 식단이 인기를 끌고 있습니다. 이는 노년을 슬기롭게 보내려는 방법 중 하나이며, 활동적 노년의 첫걸음이라고 생각됩니다. 이번 발간 작업을 통해 어떻게 해야 활동적 노년을 보낼 수 있을지 다시금 생각해 볼 수 있는 기회가 되었습니다.”

2024년 8월 홍천 구만리 시골정원에서

# CONTENTS

# CONTENTS

## Part 2

### 활동적 노년의 효과



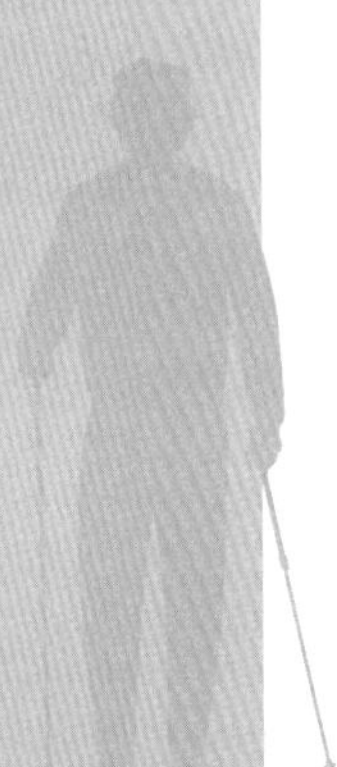

## Part 3

### 활동적 노년의 의미와 측정



## 참고문헌

## 시작의 글. 활동적 노인을 찾아서

인간의 수명은 얼마나 늘어날 것인가? 평균 수명이 계속 늘어나 90세, 100세를 넘기신 분이 수두룩한 세상이다. 인구 고령화는 축복인가 아니면 재앙인가. 평균수명이 늘어나서 더 오래 살게 된 것은 개개인에게 분명히 축복일 것이고, 빨리 죽고 싶다고 이야기하는 노인의 말도 다시 들여다보면 사실은 더 오래 살고 싶다는 말일 것이다. 저출산 문제도 인구 고령화와 같이 엮이며 현세대를 이끌어가고 유지해 온 노인들이 산업 일선에서 물러나면서 이들을 대체할 인력이 부족해진다는 측면에서 문제가 더 심각해지는 것이라고 볼 수 있다. 즉, 저출산으로 인해 젊은 세대 인구가 감소한다면 노령인구의 증가는 그들에게 부담이고, 짐으로 느껴질 수 있을 것이다.

그러나 노인들이 젊은이들 못지않게 제 역할을 하고, 부담을 덜어주는 존재로 여겨진다면 고령화 문제는 감소할 수 있다. 가정에서도 건강한 노인이 집안의 경제적, 심리적 중심이 된다면 집안에 노인이 있는 것을 문제로 여기지 않고 오히려 환영하게 될 것이다. 사회도 마찬가지 아닐까? 노인이 사회생활의 주체가 되어 젊은 세대의 짐을 덜어주는 존재로 여겨진다면 더 이상 사회의 부담이 되지 않을 것이다. 따라서 노인들이 그런 역할을 하려면 사회에서 기능 및 구조상 활동적인 역할을 수행하는 존재가 되어야 한다.

본 연구는 이러한 시각에서 활동적인 노인의 삶과 사고를 분석해 보려는 시도에서 시작되었다. 행복한 노인, 생산적 노인, 활동적 노인, 건강한 노인, 노인 삶의 질 등 다양한 이름으로 다양한 학문 분야에서 많은 연구가 이루어졌고 지금도 그 연구가 이루어지고 있다. 본 연구는 노인이 되어서도 활동적이며 주체적으로 사회생활에 참여하고 주도적인 삶을 사는 노인들을 찾아 그들의 삶과 생각을 들어보고 그 관련성을 찾아본 기록으로, 자신들의 주 경력에서 은퇴하고 일선에서 물러난 후에도 활동적으로 자신의 일상을 유지하고 있는 노인들을 중점적으로 분석하고자 하였다. 1부에서는 활동적 노인들의 일상적 삶과 생각을 심층 인터뷰하여 그 응답 내용을 정리하였다. 2부에서는 연구대상을 확대하여 활동적 노년을 보내는 노인 공동체를 대상으로 활동적 노년의 긍정적 및 부정적 특성을 분석해 보았다.

Part 1에서는 활동적 노년을 보내는 사람들의 모습은 어떤지를 알아보기 위해, 현재 활동적 노년을 보내고 있는 노년 공동체 참가자들을 인터뷰하여 이들이 어떤 삶을 살고 있고 어떤 활동을 하고 있는지 그 원형적 특성을 찾아보고자 하였다. 물론 필자들이 인터뷰한 사람들이 대한민국을 대표하는 사람들은 아니지만 이들의 삶을 통해 대한민국의 활동적 노인들의 삶과 생각, 고민들을 알아보고자 하였다.

Part 2에서는 활동적 노년이 주는 의미를 분석해 보았다. 활동적 노년은 개인 차원, (가족)관계 차원, 공동체 및 지역사회 차원에 어떤 의미를 줄 것인지를 알아보고자 하였다. 여기서는 활동적 노년은 긍정적인 효과를 가지고 있을 뿐만 아니라 부정적인 효과도 가지고 있을 수 있음에 초점을 두었다. 여기에는 학술지에 게재되지 못한 논문을 중심으로 제시하였고, 원래의 구도에 따라 연구가 진행되어 학술지에 게재된 부분은 초록과 연구 출처만 제시하였다.

Part 3에서는 필자가 그동안 진행한 연구와 저서 중에서 활동적 노년의 의미를 정리한 부분을 다시 본 고에 맞게 축약 정리하여 제시하였고, 활동적 노년을 측정하고자 하는 데 관심 있는 사람들을 위해 활동적 노년을 측정하는 척도 및 관련 논문의 출처와 타당도 자료를 일부 제시하였다.

마지막으로 마무리 글에서는 본 고의 의미를 간략히 정리하고 본 고에서 다루지 못하였지만, 필자가 생각하기에 추후 연구될 필요가 있는 사항에 대한 연구 필요점을 제안하고자 하였다.

# Part 1

## 활동적 노년의 원형

## Part 1. 활동적 노년의 원형을 찾아서

### Ⅰ. 이론적 배경

인간의 발달은 성장, 직업교육, 직장생활, 짧은 휴지기를 거친 죽음의 과정이다(엘리자베스 슐룸프, 2013). 의술의 발달이 인간의 발달 과정을 연장시킴에 따라 노년의 삶 또한 늘어났다. 1900년대 유럽인들의 평균 수명은 마흔 살에서 마흔다섯 살이었다. 하지만 현재 유럽인의 평균 수명은 남성 75세, 여성 81세로 30~40년 정도의 인생이 늘어났다(마티아스 이를레, 2015). 이제 노년은 짧은 휴지기가 아니라 15~20년 사이의 긴 기간이며, 이는 그 시간을 살아내기 위한 에너지와 비용이 증가함을 뜻하기도 한다. 노년기 삶의 연장은 개인에게 장수의 축복이지만, 사회에서는 문제시 되어 가고 있다. 노인 인구의 비율은 2024년 현재 19.1%에서 계속 증가하여 2026년 한국사회의 노인 비율은 20.83%로 초고령 사회로 진입하고, 2060년도에는 40.09%에 이르게 된다(통계청, 2015). 고령화는 복지비용의 증가와 생산력 감소로 인한 국가 경쟁력 하락 그리고 일자리 경쟁과 과도한 노인 부양으로 인한 젊은 세대와의 세대갈등 등이 위험 문제로 거론되고 있다(정순돌, 최혜지, 배은경, 이경민, 2011).

늘어나는 노년층이 어떻게 살아야 사회·복지 비용을 감소시키는 동시에 사회에 기여할 수 있을까. WHO(2002)은 고령화가 야기한 국제적인 문제를 해결하기 위하여 '활동적 노년'이라는 개념을 도입하였다. WHO(2002)는 가속화되고 있는 세계의 고령화 현상을 해결해 줄 수 있는 글로벌한 전략 중 하나로써 활동적 노년이 핵심적인 역할을 해줄 것으로 기대하고 있다. 활동적 노년은 활동적 노년을 보냄으로써 노인들이 공동체 내에서 지속적인 활동으로 건강을 유지하고, 계속해서 일하게 하는 목적을 두고 있다. '건강 유지'에는 공공 의료의 비용감소 효과, 그리고 노인들이 은퇴 이후에도 일하게 함으로써 연금 비용 감소에 실질적인 목적을 두고 있다

(Stenner, Mcfarquhar & Bowling, 2010).

위의 목적으로 WHO(2002)는 활동적 노년의 공식 정의를 '노년기 삶의 질을 향상시키기 위하여 건강, 참여, 안전을 극대화 시키는 과정'이라고 하였다. '건강'은 남은 생을 건강하게 유지시킴으로써, 노년기 삶의 질을 높이는데 명확한 목적이 있다. '안전'의 경우, 노년의 보호, 존엄과 돌봄(신체적, 사회적, 금전적, 권리가 보장되는 것)을 충족시키는 것을 뜻한다. 마지막으로 '참여'는 고용, 정치, 교육, 예술, 종교와 같은 사회적 참여를 의미한다(Stenner, Mcfarquhar & Bowling, 2010).

활동적 노년(Active-ageing)의 단어를 풀이해 보면 노화(ageing)는 사람들이 겪는 일생의 한 단계를 뜻하며, '활동적(active)'이라는 것은 사회 및 경제에서부터 규칙적인 일상에 이르기까지 다양한 활동에 지속적으로 참여하는 것을 뜻한다(Walker, 2006). 본 연구는 활동적 노년을 보내고 있는 노인들의 모습을 그렸다. 이들이 어떤 인생을 살아왔으며, 어떤 모습을 하고 있는지, 규칙적인 일상에서 사회 및 경세 활동에 이르기까지 공통적으로 어떠한 특징을 지녔는지 질적 인터뷰를 통하여 확인하는 것이 이 연구의 목표이다.

Bowling(2008)은 65세 이상의 노인 337명을 대상으로 활동적 노년의 형태에 대해 물었으며 대부분의 참가자들은 활동적 노년을 '신체적 건강과 기능', '레저와 사회 활동의 참여' 등으로 대답하였고, 소수의 참가자들이 '사회적 관계'가 있는 것으로 이를 대답하였다. Stenner, McFarquhar와 Bowling(2010) 또한 활동적 노년에 대한 각 노인들의 개인적인 주관과 정의를 알아보았다.

앞선 연구들은 활동적 노년의 형태에 관한 노인들의 개인적 생각을 알아보는 연구였지만, 실제로 활동적 노년을 살고 있는 이들에 관한 연구는 부족한 실정이다. 본 연구는 인터뷰를 통하여, 선행 연구에서 제시된 특성들을 활동적인 노인들이 소유하고 있는지를 연구하였다.

## 1. 주관적 건강

주관적 건강 상태란 의학적 건강수치나 체력검사 점수 등 객관적으로 측정한 건강지표가 아니라, 개인이 인식하는 건강수준을 나타내는 평가적 건강개념이다(구해모 외, 2001). 주관적 건강상태를 활동적 노년의 첫 번째 원형으로 선정한 이유는 활동적 노년의 건강 특성에 해당되기도 하며, 주관적 건강이 특히 노년의 삶의 질과 밀접한 관련되어 있기 때문이다.

오래전부터 주관적 건강상태가 높은 사람일수록 건강 증진 행동을 많이 한다고 밝혀져 왔다(Hogan 1987; Brown & McCreedy, 1986). 자신의 건강에 만족하는 노인들은 그렇지 않은 노인들보다 생활 만족도가 높았으며(송영묵 외, 2003; McClelland, 1982에서 재인용), 사회적 활동에 적극적으로 참여하는 노인일수록 신체적, 정신적으로 건강한 것으로 나타났다(이윤환, 2001). 소일거리가 많거나 지역활동을 활발하게 하는 노인일수록 그렇지 않은 노인에 비하여 주관적 건강수준이 유의하게 높았다(송진용, 손현숙, 목진용, 2003). 주관적 건강상태는 삶의 질, 경제적 수준, 교육 수준과 관련이 있었다(김영근, 2008).

활동적 노년에 대한 노인들의 주관적 인식을 알아보았을 때, '신체적 건강' 혹은 '정신적 건강'이 반드시 포함되었으며(Bowling, Stenner, Mcfarquhar & Bowling, 2010), 성공적인 노화(successful ageing)를 묻는 질문에서도 신체적 건강이 빠지지 않는 것으로 나타났다(Phelan, Anderson, LaCroix, & Larson, 2004). 이를 토대로 노년기 활동의 가장 큰 요인 중에 하나가 주관적 건강임을 알 수 있다. 본 연구에서는 활동적 노년을 보내고 있는 노인들을 대상으로 개인이 느끼는 건강상태를 물어봄으로써 주관적 건강과 활동적 노년의 관련성을 확인하였다.

## 2. 정서조절

활동적 노년의 전신 개념인 '성공적 노화'의 조건 중 건강한 정서는 빠질 수 없는 주요한 요건이다. 강지애와 김진숙(2014)에 의하면, 정서조절 곤란은 노인의 스트레스와 성공적 노화 간 관계에 영향을 미친다. 국내의 성공적 노화를 다루는 연구들에서도 '정서'를 성공적 노화의 구성요소로써 주요하게 다루는 것을 알 수 있다(강인, 2003; 홍현방, 최현경, 2003).

정서와 성공적 노년의 관계는 사회적 선택 정서 이론(SST: Socioemotional selectivity theory)으로 설명될 수 있다. 노인들은 나이가 들어갈수록 자신들에게 중요한 것에 선택적으로 투자하며 이를 통해 긍정적 정서를 얻는다는 것이다. 실제로 노인들이 젊은 층보다 긍정적 정서를 더 많이 느끼는 것은 사회적 선택 정서 이론과 같이 정서를 효과적으로 잘 사용했기 때문이라고 볼 수 있다. 다른 연령층과의 비교에서도 노년집단이 정서경험에 있어서 평온함, 기쁨, 섭섭함을 자주 경험하는 반면 분노 정서의 경험은 낮았다. 따라서 활동적인 노년들은 사회적 선택 정서 이론에 따라 더 효과적인 정서 조절을 할 것으로 예상하였다.

## 3. 새로운 것에 대한 관심

시간이 지날수록 고령자들의 교육 참여가 늘어나고 있다(Bradya & Fowlera, 1987). 고령화와 이른 퇴직으로 인하여 중년 이후의 실업 상태가 길어지고 중년들의 기술 쇠퇴가 이어지자, 활동적 노년을 대상으로 한 교육 정책 시행이 증가하고 있다. 빅토리아의 웰링턴 대학에서 중년층을 대상으로 이루어지는 교육을 활동적 노년의 일환으로 이해할 수 있다. 중·노년층이 대학에 들어가서 교육받는 사례가 늘어나고 있으며 이러한 현상이 활동적 노년의 연장선에서 이루어짐을 알 수 있다(Davey, 2002). 활동적 노년에 대한 인식을 조사한 결과, 신체기능의 건강(43%), 여가와 사회적 활동(34%) 순으로 응답할 정도로 많은 사람들이 여가 생활의 중요성을 인식하는 것으로 나타났다(Bowling, 2008). 컴퓨터 교육에 참여한 노인들을 대상으로 학습동기를 알아본 연구에서도, 배움에 대한 욕구, 재취업 및 능력개발 욕구, 여가시간 활용 욕구 등이 나타났다(최경애, 2013). 국외 연구들을 살펴보면 고령에도 학습 참여가 높은 것을 알 수 있었으며, Davey(2002)에 따르면, 초기 노령층의 학습 참여가 기술 습득과 같은 학습동기, 즉 활동적 노년을 위한 동기의 영향을 받은 것을 알 수 있었다. 국내 노인들 또한 자신의 능력을 발전시키기 위하여 컴퓨터 교육에 참여하는 것을 심심치 않게 볼 수 있다. 따라서 새로운 것을 학습하려는 동기 또한 활동적 노년의 원형으로 충분할 것으로 보인다.

## 4. 긍정적 자기개념

### 1) 역경과 시련의 극복

누구나 인생을 살아가면서 역경과 시련에 직면하게 된다. 어떤 사람들은 역경과 시련을 발판 삼아 더욱 성숙한 삶을 사는 반면에 어떤 사람들은 그것을 이겨내지 못하고 무너지고 만다. 특히 노년기에는 신체적 노화, 은퇴, 경제적 능력 감소, 배우자나 친구 등 가까운 사람의 상실에 대한 경험을 많이 겪음으로써 고독, 고립, 무력감이 증가될 수 있다(장인순, 2006). Peikes(2000)는 노인이 전 생애 동안 경험한 부정적 생활사건이 노년기 삶의 질에 미치는 효과에 대한 연구에서, 부정적 생애사건을 많이 경험하였다고 해서 모두 삶의 질이 나쁜 것은 아님을 발견하였다. 즉 부정적인 생애사건을 얼마나 많이 겪었느냐가 삶의 질을 결정하는 것이 아니라 생애과정을 통해 노인이 어떠한 자원을 가지고 어떻게 역경을 극복하였는지에 따라 노인의 현재 삶의 질이 다양하게 나타났음을 보고한 것이다.

어려운 환경에 대처할 수 있는 인간의 능력 중에는 적응유연성과 성숙한 방어기제의 사용이 있다. 적응유연성은 스트레스가 증가되는 상황에서 영향을 거의 받지 않거나 덜 영향을 받으며, 스트레스 상황에 대해서 적절히 대처함으로써 스트레스를 현저히 낮출 수 있는 능력이다(Luthar, 1991). 이는 사람이 역경을 마주하였을 때, 좀 더 유연한 태도를 취함으로써 그것을 극복해 낼 수 있음을 뜻한다. Rutter(1999)는 적응유연성의 네 가지 기능으로 위험으로부터의 영향 및 부정적 반응 감소, 자아정체감 및 자기효능감 확대·유지를 제시하였다.

적응유연성과 관련된 연구들을 살펴보면, 박미진(2006)은 스트레스로부터 우울을 예방할 수 있는 변인인 일치감, 사회적지지, 대처, 사회참여도가 적응유연성에 영향을 미친다고 보고하였고, 복지관 및 건강타운에 다니는 노인을 대상으로 실시한 손미숙(2011)의 연구에서도 노인의 생활 스트레스와 적응유연성의 관계에서 사회적 지지와 용서가 영향을 미치는 것이 나타났다. 이는 노인들에게 역경이나 시련이 있더라도 사회적 지지가 개입되면 노인들이 자신감을 가지고 스스로 긍정적인 가치를 부여하는 데 도움이 됨을 의미한다. 따라서 활동적 노년은 역경을 경험했을 때, 유연하고 성숙한 자세로 그것을 극복했을 것으로 예상할 수 있다.

방어기제는 욕망과 균형을 맞추어주는 기제로써, 내적 갈등이나 외부 환경의 요구와 자아 사이에 존재하는 갈등으로 인해 야기되는 불안을 완화시키는 기능을 한다(Freud, 1894). 무의식적 방어기제 중에는 미성숙한 방어기제(투사, 수동 공격성, 분열, 행동화, 환상 등)도 있지만, 바람직하고 성숙한 방어기제(승화, 유머, 이타주의, 억제 등)들은 욕망과 억제의 균형을 유지시켜 준다. 따라서 역경을 잘 견뎌낸 노인들은 성숙한 방어기제들을 사용하여 역경을 이겨내고 그것을 바탕으로 성공적인 삶을 구현했을 것이다.

### 2) 미래에 대한 낙관적 사고

낙관성은 결과에 대한 일반화된 긍정적 기대(generalized positive outcome expectancy)이다. 즉 좋은 일이 일어날 것이라는 기대를 말하며 두 가지로 정의될 수가 있다. 첫 번째는 좋은 일이 일어날 것이라는 희망적인 성향 또는 믿음이고, 두 번째는 우리가 살고 있는 세상이 최고라고 믿는 경향성이다(Reivich & Gillham, 2003). 또한 낙관성은 미래에 보다 긍정적인 일들이 일어날 것이라는 일반적인 기대로써, 특정 상황에 대해 긍정적으로 평가하고 기대하게 하는 강력한 성격적 특성이기도 하다(Scheier & Carver, 1985). 노인들은 신체적 건강을 비롯하여 여러 가지 삶의 상실과 결핍이 심화되면서 심리적으로 위축되고 무기력해지며, 심각할 경우에는 삶의 의미를 찾을 수 없는 상태에 이르게 될 가능성이 매우 높다(권중돈, 김유진, 엄태영, 2011). 이때 낙관성은 긍정적 정서 형성뿐만 아니라 특정 행동에 대한 높은 동기와 성취감에 긍정적 영향을 미치기 때문에(Kim, 2010; Peterson & Steen, 2001), 노년기에 접어들면서 다양한 상실이나 결핍에 직면하였을 때 낙관적인 사고를 가지는 것은 매우 중요하다. 또한 미래에 대해 긍정적인 기대를 가진 사람들은 건강에 대한 심각한 위협에도 불구하고 이를 이겨내려고 노력하는 반면, 미래에 대해 비관적인 사람들은 문제해결에 초점을 두지 않고 주의를 돌리거나 회피하려는 경향이 있다(Scheier & Carver, 1992). 노인의 비관주의는 불안, 신경증, 지각된 스트레스, 신체적 건강문제를 예측하는 요인이지만, 낙관주의는 삶에 대한 만족, 긍정적 정서, 질병 후 건강의 회복을 예측하는 요인(Robinson et al., 1997; 이창섭, 2009)이기 때문에 노년기에 매우 중요한 특성 중 하나라고 볼 수 있다.

### 3) 과거 및 현재 삶에 대한 통합적 자세

Erikson(1980)이 주장한 심리사회적 발달단계는 노년기의 발달과업으로 '자아 통합 대 절망'을 제시하였다. 심리사회적 발달이론은 개인이 여덟 가지의 발달단계를 거쳐 발달하며 위기 상황을 어떻게 극복하느냐에 따라 한쪽의 결과가 나타난다고 주장한다. 노년기의 경우 자신의 인생을 회상할 때 만족스럽다고 느끼고 자신을 수용하면 통합성이 나타나고, 그렇지 못하다면 죽음에 대해 두려워하고 절망하게 된다. 이처럼 성공적인 노년기를 보내기 위해서는 통합 단계를 충족시키는 것이 중요한데, 심리학 분야에서는 주로 삶의 의미라는 변인으로 연구되어 왔다.

Frankl(1959)은 삶의 의미를 삶에 관한 목표를 지닌 인간의 보편적인 동기라고 정의하였고, Baumeister(1991)는 현재를 포함한 넓은 시간관에서 과거, 현재, 미래의 사건들을 연결하는 통합적인 체계이자 관계라고 정의하였다. 남석인, 시지혜, 정예은, 채주석(2019)의 연구에서는 삶의 의미를 전 생애에 걸쳐 주체적으로 의미를 발견하고 추구하는 과정이며, 사회적 관계 형성 속에서 삶을 통합적으로 인식하는 것이라고 보았다. 이처럼 학자들마다 조금씩 다르게 정의해 왔지만, 공통적으로는 삶을 통합적으로 인식하는 것이라고 이야기하고 있다.

관련 선행연구를 살펴보면, 높은 수준의 삶의 의미를 지각할수록 삶에 대한 만족감과 자아통합감을 느낄 수 있으며(김민희, 이주일, 2017) 높은 행복감과 빈번한 건강관리 행동(운동, 규칙적인 식사, 낮은 흡연 빈도 등)에 영향을 미치는 것으로 확인되었다(김경미, 류승아, 최인철, 2011). 조해선과 배성만(2023)의 연구에서는 자살위기와 좌절된 소속감을 겪고 있는 노인에게서 삶의 의미의 개입이 자살사고를 낮추는 효과가 있음을 나타냈다. 또한, 삶의 의미가 삶의 만족과 정적 상관을, 노화 불안과 부적 상관을 보인다는 이시우, 김태웅, 이주일의 연구(2021)를 통해 노인에게 삶의 의미가 심리적 자원으로써 중요한 역할하고 있음을 알 수 있다. 따라서 건강하고 활동적인 노년기를 보내기 위해서는 과거부터 미래까지의 삶에 대한 통합적인 자세를 지니는 것이 필요하다는 점 예측할 수 있다.

#### 4) 스트레스에 대한 통제감

스트레스는 특정 시기를 가리지 않고 우리의 삶 전반에 걸쳐 다양한 영향을 준다. 특히 노년기에는 신체·심리·사회적 변화가 동시다발적으로 이루어지기에 그만큼 스트레스를 유발하는 생활 사건들을 많이 경험하게 되며, 자연스럽게 사회심리적인 스트레스를 더욱 증가시킨다(김주현 외, 2006;, 변우섭, 2012; 조성자, 2012). 특히 노년기 스트레스가 노인들에게 중요한 이유는 대부분의 만성질환이 스트레스와 깊은 연관이 있기 때문이다(김주현, 2007).

조용래(2008)의 연구에서 강원도 춘천과 화천에 거주하는 65세 이상 노인 833명 대상으로 조사한 결과, 그들이 보고한 걱정 중에서 건강과 관련된 내용이 45.8%로 가장 높았으며 뒤이어 가족(39.4%), 재정(24.5%) 순으로 나타났다. 이렇듯, 노년기에는 여러 부문에서 스트레스를 유발하는 요인들이 많아질 수 있고 이는 건설적인 노년을 보내는 것에 방해가 될 수 있다. 그렇기에 노년기에 스트레스를 이겨내고 조절하며 통제감을 느낄 수 있다는 것은 삶에 있어 매우 중요하고 자신만의 대처 방식을 통해 극복할 수 있어야 한다. 실제로 충청북도에 거주하는 노인 320명을 대상으로 한 연구에서 활발한 교육 활동(새로운 경험과 교육)과 사회적 활동(관계 형성 및 참여), 신체활동(체력 단련, 근력 강화 등)에서의 높은 만족도는 삶의 질을 높이는 것에 유의미한 결과가 나타났고(유용식, 2022), 노년기에 스트레스에 잘 대처하는 정도에 따라 그들이 경험하는 부정적인 감정과 생각(우울, 절망, 자살 등)이 조절되는 것으로 나타났다(강난미 외, 2014; 강선영 외, 2023). 이러한 연구 결과들은 건강한 신체를 유지하면서 사회적 활동을 통해 삶의 만족도를 높일 수 있다면, 노년기에 경험할 수 있는 다양한 스트레스 요인과 그 요인들로 인해 발생하는 부정적인 영향을 사전 예방하고 대처할 수 있다는 점을 시사한다. 따라서, 다양한 사회적 활동 참여에 적극적이고 여가 생활을 즐길 수 있는 활동적 노인은 그렇지 않은 노인과 비교하였을 때 스트레스를 이겨내고 통제할 수 있다는 믿음을 가질 수 있을 것이다.

### 5) 자신만의 기술

Robert Atchley(1989)의 연속성 이론(Continuity Theory)에 따르면, 노인은 자신의 삶의 여러 측면을 일관성 있게 유지하려는 경향이 있다고 한다. 연속성 이론에서는 노인들이 자신의 과거와 현재 그리고 미래의 자아를 일관되게 유지할 뿐만 아니라 직업, 취미, 사회적 네트워크 등의 연속성을 유지하려 한다고 설명한다. 즉, 노인들은 특정 분야에서 연속성을 가지고 비교적 다양한 사회적 경험을 했을 가능성이 높다고 할 수 있다. 특히, 특정 영역에서 오랜 기간 동안 경험을 축적한 경우, 일명 '노하우'라고 하는 전문성이 있다고 할 수 있다. 전문성이란 어떤 영역에서 보통 사람이 흔히 할 수 있는 수준 이상의 수행 능력을 보이는 것을 말하며, 이는 매우 장기적이고 체계적인 훈련을 통해 획득된다. 따라서 활동적 노년 중 특히 은퇴한 노인들은 오랜 기간 특정 분야의 전문지식이나 기술을 보유하는 특징을 가졌을 것이다(박상복, 2010).

Maslow(1943)의 욕구위계이론(Hierarchy of Needs)의 관점에서 볼 때도, 노인들은 그동안의 삶에서 다양한 전문성을 확보했을 것으로 예상할 수 있다. 생리적 욕구와 안전 욕구의 충족을 위해 경제활동을 하거나 소속된 집단에서 인정받기 위해 전문성을 쌓았을 것이고, 일부는 자신의 자아를 실현하기 위해 특정 분야에서 높은 수준의 전문성에 도달했을 것이다. 이러한 전문성을 가지고 있는 노인들은 자신의 전문성을 통해 관계를 구축하고 유지하거나 다양한 활동에 참여할 가능성이 높다고 할 수 있다.

실제로 우리 주변 은퇴한 노인들의 모습을 떠올려 보면, 자신의 직업 전문성을 활용해 지역사회에 기여하거나 새로운 취미활동을 통해 또 다른 전문성을 추구하는 모습을 쉽게 찾아볼 수 있다. 노년의 행복한 삶의 중요한 요건으로 사회적 관계가 필요하며(행복의 조건, 2013; 박경숙, 2000), 이는 특정 분야에 대한 전문성을 통해 타인을 돕거나 사회에 기여하는 행동으로 확장되거나 새로운 분야에서 전문성을 쌓아가는 과정에서 또 다른 사회적 관계가 형성되는 것으로 연결될 수 있다.

퇴직으로 잃어버린 역할을 대체하는 새로운 역할을 찾아 중장년 시절처럼 지속적으로 활동하는 것은 성공적 노화의 핵심요소가 될 수 있으므로(한국노년학회편, 2011), 활동적 노인은 자신의 전문성을 바탕으로 특정 분야에서 지속적으로 활동할 것으로 예상된다. 즉, 활동적 노년은 자기 분야의 전문성을 가지고 있을 것이다.

## 5. 유연한 가치관

### 1) 죽음에 대한 생각

죽음이란 살아있는 상태의 종결을 의미하는 것으로, 죽어가는 과정이 종결되어 죽은 상태로 전환되는 것을 의미한다(전영기, 2000). 조지연(1998)의 연구에 의하면 청년기, 성인기, 노년기 중에서 노년기에 속한 사람들의 죽음에 대한 불안도가 가장 높게 나타났다. Kastenbaum(1966)은 노인이 사회적 지지가 부족하다고 인식하는 경우, 죽음에 대한 불안이 높아진다고 보고하였다. 오경환(2007)의 연구에서는 사회활동 중 종교모임 참여도와 죽음에 관한 태도가 가장 큰 정적 상관을 보이는 것으로 나타났다. 여가활동을 하고 있는 집단이 그렇지 않은 집단에 비해 죽음에 대한 태도가 긍정적이며 죽음에 대한 심리적 준비도 많이 하고 있는 것으로 나타났다. 또한 전영기(2000)의 연구에서는 연구참여자들 중 약 82.8%가 죽음을 편안하고 담담하게 받아들이고 약 17.2%는 부정적(불안함, 억울함 등)으로 받아들이고 있었으며, 노인의 사회단체활동(친교모임, 노인정, 노인대학, 봉사단체 등) 참여도가 높을수록 죽음불안 수준이 낮은 것으로 나타났다. 이는 일부 노인대학과 사회봉사단체의 경우, 노인을 대상으로 죽음에 대한 준비교육을 실시하고 있기 때문에 나타난 차이라고 보았다. 이러한 연구들을 살펴보았을 때, 활동적으로 공동체에 참여하는 노인은 그렇지 않은 노인보다 죽음에 대해 긍정적 및 수용적인 태도를 보일 것이다.

### 2) 신체적 능력과 질병에 대한 생각

노인은 몇십 년을 살아오며 신체적으로 약해지면서 질병에 취약해진다. 서울대학교 병원 의학정보에 따르면, 노년기에 당뇨, 고혈압, 고지혈증 등의 만성 질환의 유병률이 증가하며, 노화로 인한 신체적 변화 중 근육 및 골격계의 변화가 가장 현저하다(고연화, 2016). 선우덕 외(2008)는 노인의 신체적 약화가 신체 활동 감소로 이어지고, 이는 노화를 촉진시킴으로써 노인의 운동 능력을 약화시켜 일상생활에 어려움을 겪게 한다고 보고하였다. 그러나 여러 선행연구들에서는 적당한 신체활동과 운동으로 신체의 약화를 늦출 수 있으며(선우덕 외, 2008; 고연화, 2016에서 재인용), 더 나아가 노년기 건강을 증진시키고 삶의 질을 향상시킬 수 있음을 밝혔다(Oh, 2008; 김준형, 김은혜, 이명천, 2010; 고연화, 2016에서 재인용).

노년기 신체 능력과 질병에 대한 인식은 앞서 서술한 주관적 건강상태의 인식과 관련이 있다. 박금화 외(2009)의 연구에서는 스스로의 건강이 좋지 않다는 인식은 신체적 질병의 경험을 반영하는 것이고, 건강이 좋다는 인식은 질병의 유무와 함께 인구사회학적 요인 및 자기 요소들을 반영한다고 보고하였다. 즉, 건강에 대한 주관적 정의는 저마다 다르므로 질병이 없음에도 스스로 건강하지 못하다고 할 수도, 질병이 있음에도 스스로 건강하다고 할 수도 있다(남연희, 남지란, 2011).

국내 노인을 대상으로 한 주관적 건강 상태 연구들은 여성 노인들이 남성 노인보다 자신의 건강을 더 부정적으로 평가하는 경향이 있음을 보고하였다(권윤정, 1995; 이윤환 외, 1998; 남연희, 남지란, 2011에서 재인용). 마찬가지로, 남성 노인이 여성 노인에 비해서 상대적으로 자신의 건강에 더 만족하며, 연령이 높을수록 자신의 건강에 더 만족하는 경향이 있다(박금화 외 2009). 그 외로도 노인의 실제 건강상태에 영향을 미치는 요인은 성별과 연령 외에도 여러 가지가 존재하는데, 독거노인은 다른 가구 유형의 노인보다 실제 건강상태와 주관적 건강상태가 좋지 않으며(정경희, 2005; 박금화 외 2009), 노인이 사회적 지지를 받을수록 좋은 건강상태를 가진다고 보고하는 선행 연구들이 존재한다(김원경, 2001; 이평숙 외, 2004). 이러한 연구들을 살펴보았을 때, 함께하는 가족이 있고 사회적 지지를 받으며, 연령이 높은 노인일수록 자신의 신체적 능력과 질병에 대해서 긍정적으로 인식할 것으로 기대된다.

## 6. 원만한 관계 형성

훌륭한 사회적 관계는 배우자, 자녀, 형제, 친구, 종교·사교 모임 등에서 친밀한 관계를 유지하는 것을 말한다(행복의 조건, 2013). 친밀한 사회적 관계는 전 생애에서 삶에 활기를 불러일으킨다. 특히 노년기에 매우 중요한 자원인 사회적 관계는 다양한 측면에서 삶의 질과 안녕에 영향을 미친다. 즉, 노년기에는 가족, 이웃, 동료와의 연계를 통해 다양한 물질적, 비물질적 자원을 얻고, 사회적 지지를 통해서 심리적, 신체적 안녕감을 가질 수 있으며, 인간관계를 통해 세상과 연결되고 노년기의 정체감을 획득할 수 있다(박경숙, 2000).

사회 관계망(Social network)이란 개인 간에 발생하는 다양한 역동적 상호작용을 이해하기 위해 사용되는 것을 의미한다(Cohen & Syme, 1985; Fisher, 1982; Gottlieb, 1981; Kahn & Antonucci, 1980; Wellman, 1979; 임소영, 2008, 윤정원, 엄기욱, 2015에서 재인용). 즉 사회 관계망이란 개인이 사회적 정체감을 유지하고 정서적 지지, 물질적 보조, 정보 및 새로운 접촉기회를 제공받는 일련의 개인적 관계의 집합체로 이해할 수 있다(원효종, 1997). Boissevain(1977)은 사회 관계망을 개인이 참가한 사회적 관계로 정의하고, 자아 중심적 의미에서 어떤 개인이 실제로 접촉하고 있는 상호 연결된 사람들 간의 고리라고 정의하였으며, Ell(1984)은 사회 관계망을 가족, 친구, 친척, 이웃 등 공식적 그리고 비공식적 지원자를 포함하는 다양한 인간관계로 구성되며, 일생 동안 서로 다른 역할에 따른 의무와 상호관계의 동적인 변화에 기초를 둔 집단으로 정의하였다.

연구자들은 사회적 관계망을 연구할 때 흔히 사회 관계망에 포함되는 관계 범주를 친족, 친구, 이웃 등의 일차적 관계로 한정한다. 하지만 넓게 보면 사회단체나 종교단체의 구성원, 직장동료, 전문 인력 등을 범주에 포함시킬 수 있다(허선영, 2003). 따라서 사회적 관계망의 특성은 형태와 내용으로 분류할 수 있다. 먼저 형태는 사회관계망을 구조적 특성에 초점을 맞추어 관계망의 연결 상태(network)에 관심을 둔 것으로 구성원의 수나 접촉 빈도 등을 나타낸다. 내용은 기능적 접근으로, 지원체계(support system)로써의 관계망을 의미하여 상호작용을 통해 얻어지는 만족감, 안정 등을 나타낸다.

노인의 사회 관계망에 대한 연구를 살펴보면, 우리나라에서는 그 기능보다는 구조적인 관점에서 사회 관계망의 연결상태(network)에 초점을 맞춰 연구를 진행해 왔다(성규탁, 1991; 윤희, 한경혜, 1994; 진기남, 조성남, 윤경아, 1995; 서병숙, 이현, 1995, 최정아, 서병숙, 2002). 하지만 사회 관계망을 이해하기 위해서는 구조적 측면과 기능적 측면을 함께 분석해야 할 필요가 있다(서선희, 임희경, 2004; 오인근 외, 2009). 따라서 그들이 주변의 친족, 이웃, 친구, 직장동료 등과 어느 정도로의 만남을 가지고 있으며, 이 관계에서 느끼는 만족감은 어떠한지를 함께 살펴보는 것이 중요하다.

노인의 사회 관계망 자체에 관심을 가지고 연구가 진행된 것과 더불어 약 20년 전부터 노인의 사회관계망과 신체·정신적 건강 상태 간 관계에 대한 연구들이 방대하게 이루어져 왔다(Iwasaki et al., 2002). 이와 관련한 연구에서는 일반적으로 사회 관계망이 노인의 생존과 건강상태에 긍정적인 영향을 미치는 것으로 나타났다(Giles, et al., 2007). 또한 노인의 사회 관계망은 신체적 건강상태(Litwin, 1998), 정신적 건강상태에 중요한 예측 변수가 된다고 보고되었다(Fiori, Antonucci & Cortian, 2006; Litwin, 2001). 연령, 관심사, 생활방식에 있어서 서로 비슷한 친구는 긍정적인 정서적 지지가 되며 노인의 심리적 안녕감에 있어서 많은 영향을 끼친다(Antonucci & Jacson, 1987). 따라서 노년기에는 내가 참여하고 싶은 공동체에서 활동하고 나와 비슷한 사람들과 상호작용하면서 사회적 지지를 주고받음으로써 적응유연성을 유지하거나 발달시킬 수 있을 것이다.

국내 연구들에서도 가족관계가 노인 우울 증세에 영향을 미치며(이미숙, 2010), 노인의 사회연결망을 확대형, 가족형, 폐쇄형으로 분류했을 때, 폐쇄형 노인이 신체·정신적 건강 상태가 가장 낮았음을 보고하였다(천의영, 2010). 또한 노년기는 생애과정 중 다른 시기보다 사회적 관계망으로 부터 큰 영향을 받고, 노인의 공식 및 비공식 사회활동의 참여가 많을수록 심리적 만족감과 생활만족감이 높게 나타났으며(최성재, 장인협, 2003), 최인근(2007)의 연구에서는 노인의 일정한 여가활동 참여가 생활만족도와 대인관계에 긍정적인 영향을 준다고 보고하였다. 따라서 노년기에 공동체 참여를 통해 긍정적 정서를 느끼고, 자신의 삶에 만족을 느낌으로써 미래에 대한 낙관적인 사고를 가지게 될 것이라고 예측할 수 있다.

뿐만 아니라 노년기 사회 관계망은 심리적 안녕과 삶의 만족도(양옥경, 1997), 성공적 노화에도 긍정적인 영향을 미친다(최혜경, 권유경 역, 2001).

노년기에는 퇴직, 배우자와 친구의 상실 등으로 인해 사회 관계망이 줄어들게 된다. 노화가 진행됨에 따라 사회적 활동과 접촉이 줄어들면서 사회 관계망이 축소되는 것은 일반적이나, 노년기에도 사회적 활동을 유지하며 다른 사람과 적극적인 관계를 맺어 사회적 소외를 낮추는 것이 노년기의 건강하고 행복한 삶에 중요한 요소로 나타났다(김미령, 2008). 따라서 다양한 활동 참여 기회를 지속해 나가고 있는 활동적 노년은 가족, 친구, 이웃, 사회 모임 등을 통해 다양한 네트워크 관계를 형성하고 있을 것으로 예상된다.

## 7. 통합적 역할 정체감

먼저 역할 정체감을 크게 성역할 정체감과 사회적 역할 정체감으로 구분하여 살펴보았다. 첫 번째로 성역할이란 특정한 문화에서 남성과 여성에게 기대되는 성에 적합한 행동특성을 말한다. 성역할 정체감은 전 생애에 걸쳐서 변화되는데 남성성, 여성성, 양성성으로 미분화된 성역할에서 양극화된 역할로, 그리고 노년기가 되면 남성적, 여성적 역할을 통합시키는 단계로 발달되어 간다(Hefner, Rebecca & Olehansky, 1975). Sheehy(1995)도 '성역할의 다이아몬드형 변화(The sexual diamond)'라는 제목으로 부부 간 성역할의 변화를 묘사했는데 남성과 여성의 성역할 특성이 10세까지는 유사하다가 사춘기에 상이해지기 시작하여 30대 후반에 가장 현저해진다고 하였다. 그 후 반대 성의 출현으로 남녀 모두 양성성이 발달하면서 60대에 이르러서는 남녀가 거의 동일해지는 것으로 나타났다(이신숙, 이경주, 2001). 나이가 들면 성역할 지각에 변화가 생기게 되는데 노년기가 되면 내재되었던 반대 성의 속성이 표출되면서 그동안 일생 지속되었던 성역할이 남성 혹은 여성 어느 한쪽으로 치우치지 않고 양성화되는 경향을 보인다(홍숙자, 1999).

한국 노인의 성역할 정체감 경향을 조사한 결과, 양성형이 노년기 생활을 잘 적응할 수 있는 정체감인 것으로 나타났다(김태현, 유은희, 1987). 양성성을 지닌 사람들은 상황의 요구에 따라 유연하게 행동하고, 환경에 효과적으로 대처하기 때문에 장점이 있다(정진경, 1995; 공수자, 한규석, 이은희, 2004에서 재인용). 양성적인 노인이 정신건강의 점수가 가장 높았으며, 여성성이 높은 여자 노인은 자기비판의 경향이 많고 생활의 부적응을 보였다(Sinnott, 1982). 따라서 노년기 높은 삶의 만족, 주관적 안녕감과 정적인 관련을 가지고 있는 활동적 노년은 기존과 같은 성역할에 고정되어 있지 않고 유연한 양성적인 성역할 정체감을 바탕으로 긍정적인 노년기 삶을 살 것이라 예상할 수 있다.

두 번째로 사회적 역할 정체감이란 개인이 집단이나 사회와 관계를 가질 때 가장 중요한 수단으로, 사회 내에서 어떠한 지위를 가진 각 개인에게 문화적·규범적으로 요구되는 행동 기준을 말한다. 특히 개인의 일상생활은 자신이 지닌 사회적 지위나 역할에 의해 주로 결정되는데 노년기가 되면 사회적 역할로부터 이탈, 퇴직, 배우자 사망, 자녀의 성장과 같은 생활주기 상의 변화로 역할축소 또는 상실을 경험하게 된다(송혜자, 2009). Havighurst(1973)는 노년기에 잃어버리는 역할, 그대로 남는 역할, 새로이 맡게 되는 역할 등 3가지 역할이 있다고 구분하였는데, 노년기에 있어 계속 맡게 될 역할과 새로 발견해서 맡아야 할 역할을 찾아내는 것이 매우 중요한 일이라고 말했다. 이때 노년기에는 획득하기보다 상실되는 역할이 많으며 새로운 역할을 얻지 못하거나 역할의 불확실성 등으로 사회적 정체감과 자아존중감의 혼란을 초래하게 되기 때문에 노화에 잘 적응하기 위해서는 노년기의 연속적인 역할변화에 잘 대처하고 사회에 잘 통합되는지가 노년기 삶의 질을 결정하는 중요한 요소이다(송혜자, 2009). 또한 현대 사회의 노인들은 길어진 생애 주기에 따라 사회적 역할이 상실된 시기가 늘어났을 뿐만 아니라 자녀들의 출가 등 가족구조의 변화에 의해 자신의 역할을 찾지 못하고 방황하게 된다(주경희, 2011). 이와 관련해서 노년기에 중요한 사회적 역할을 수행하는 대표적인 방법으로, 시민참여를 통한 새로운 역할로의 대체가 삶의 행복감에 있어 매우 중요하다고 볼 수 있다. 시민참여(civic engagement)란 공동체, 지역, 국가에 기여하는 활동을 의미한다(Philanthropy for Active Civic Engagement, 2009). 시민참여는 투표, 기부, 봉사, 공동체 회의와 같은 유형으로 나누어질 수 있는데 대부분 노인의 시민 참여 개념은 자원봉사 활동을 하는 것에 주로 초점이 맞춰져 있다. 봉사활동과 같은 시민참여는 노인들의 자아 성장의 계기가 될 수 있어 긍정적인 삶에 기여할 수 있다. 따라서 이러한 활동들을 통해 활동적 노년은 기존의 역할 뿐만 아니라 새로운 역할을 적극적으로 찾으며 다양한 역할들을 유연하게 수행할 것이라 예상한다.

## 8. 노화와 나이듦에 대한 수용
## : 활동적 노년에 대한 인식, 나이에 대한 지각

노화, 즉 나이듦에 대한 불안은 상실과 노화에 대한 두려움, 외모에 대한 걱정, 심리적 불안 등을 의미하는 복합적인 개념으로(Lasher, Faulkender, 1993), 노화로 인한 부정적 결과를 예상하며 겪는 두려움과 걱정을 의미한다(김지연, 홍준희, 2017). 노화에 대한 불안은 고등학생, 대학생, 중년기, 노년기 등 모든 연령층에서 나타나는 현상이나, 노년기에는 신체적, 심리적, 사회적 쇠퇴뿐만 아니라 다양한 종류의 상실을 경험하기 때문에(하경분, 송선희, 2013) 노화에 대한 불안이 다른 연령층보다 더 심각할 수 있다. OECD 소속 국가들의 공식 퇴직연령 자료를 살펴보면, 평균적으로 남성 63.3세, 여성 62.7세에 퇴직이 이루어지는 반면, 한국 평균 퇴직연령은 60세로 남녀 모두 OECD 평균보다 낮은 것을 알 수 있다(OECD Social Indicators, 2009). 즉, 국내의 노인들은 다른 국가에 비해 이른 시기에 퇴직을 맞이하여 삶에서 중대한 상실(직업)을 경험하기 때문에 노화불안의 수준도 더 높을 수 있다. 실제로 관련 연구에서 한국인이 미국인보다 전반적인 노화불안 수준이 높다는 것이 밝혀졌으며(Yun & Lachman, 2006), 그 중에서도 한국 노인의 노화불안 수준이 미국 노인에 비해 유의미하게 높은 것이 확인되었다(김욱, 2010). 이러한 결과는 국내 노인들의 노년기 삶에 영향을 미칠 수 있는 노화불안에 대한 이해와

이를 해소하기 위한 노력이 필요함을 나타낸다.

특정 상황을 어떻게 받아들일 것인지는 개인마다 다를 수 있다. 장·노년기 주관적 안녕감(노화불안 등)에 긍정적인 역할을 하는 것으로 알려져 있는 것은 수용(Acceptance)이다. 수용은 '사건을 온전히 그리고 방어하지 않고 경험하는 것(Hayes, 1994)으로, 불쾌한 생각이나 감정, 기억과 같은 심리적 사건을 회피하지 않고 기꺼이 경험하는 것을 말한다(Hayes, Strosahl & Wilson, 1999). 수용 수준이 높은 사람은 자신과 과거의 삶에 대해 긍정적 태도를 보이고, 현재 자신의 긍정적·부정적 특성을 포함한 여러 측면을 인정하고 받아들인다. 반면, 수용 수준이 낮은 사람은 자신에게 일어난 일에 대해 만족하지 못하거나 실망을 느끼는 특징이 있다(Ryff, 1989). 즉, 수용 수준이 높은 사람의 경우 자신과 삶에 대해 긍정적으로 인식하고 불안, 우울 등 부정적 증상을 경험할 가능성도 낮다고 볼 수 있다. 수용이 가진 이러한 특징은 노화 과정에서 나타나는 신체적·인지적 기능 저하나 축소된 사회활동 등 노년기에 나타나는 부정적 요소를 경험하더라도 이것이 심각하게 진행되는 것을 막거나, 낮추는 역할을 할 것으로 기대된다(이선숙, 신민영, 2022).

따라서, 특정 활동에 주기적으로 참여하는 활동적 노년은 인간의 기본적 심리·사회적 욕구인 자율성과 유능성, 관계성이 충족됨으로써 노화불안 또한 감소하여 노년기의 웰빙이 증가되며(Wray-Lake, Metzger & Syvertsen, 2017), 노화를 경험하고 있는 현재 자신의 모습을 긍정적으로 수용할 것으로 보았다.

## Ⅱ. 연구의 틀

### 1. 연구 절차

#### 1) 연구대상 선정 및 면담 과정

519개의 활동적 공동체(공동체 유형은 직업역량개발, 종교, 봉사/사회활동, 평생학습, 취미, 신체건강, 여섯 가지로 나뉜다.)에서 700명의 노인들에게 양적 데이터를 수집하였다. 이들 중, 공동체 임원들이 주관적으로 '가장 활동적'이라고 생각되는 회원을 추천하였다. 인터뷰 대상의 기준은 현재 공동체에서 활동 중인 700명의 노인 중에서 활동적 노년의 참여척도 점수가 가장 높은 100명 중에서 인터뷰가 가능한 50명을 추출하였다. 본 연구의 인터뷰는 조사대행업체의 조사원들이 실시하였으며, 2015년 7월 초에 인터뷰 교육을 한 후, 2015년 7월 중순부터 8월 말에 걸쳐 인터뷰가 진행되었다. 전문 조사원들은 활동적 노년을 보내고 있는 50명의 노인을 대상으로 주관적 건강, 정서관리, 새로운 것에 대한 관심, 자기개념, 가치관, 관계, 역할정체감, 활동적 노년에 대한 인식, 나이에 대한 지각에 대해 인터뷰를 실시하였다. 면접시간은 약 40분이었고 모든 면접 내용은 녹음한 후에 녹취록을 작성하였다.

#### 2) 데이터 분석방법

본 연구는 Hill, Thompson과 Nutt-Williams(1997)가 개발한 합의적 질적 분석 방법(Consensual Qualitative Research: CQR)을 사용하였다. 3명의 평정자들이 모든 인터뷰 축어록을 읽고 유사한 내용들끼리 묶어 하위범주와 상위범주로 분류하였다. 이때 3명의 평정자들이 주관적 판단을 하지 않도록 주의를 기울인 후, 새로운 요인을 추가하거나 기존의 요인을 삭제하는 방식의 절차를 반복적으로 실시하였다. 이러한 절차에서 평정자들 간에 합의가 이루어지지 않을 경우, 서로의 의견을 교환하고 설득하여 3명의 평정자가 모두 일치된 내용을 도출할 수 있도록 하였다. 모든 요인을 범주화한 후 평정자 간 신뢰도(Cohen's Kappa)를 실시한 결과는 표2와 같다.

## 2. 연구 대상

현재 공동체 활동에 참여하고 있는 노인들에게 인터뷰를 실시하였다. 연구대상자들의 일반적인 특성은 표 1과 같다. 전체 응답자는 50명으로, 구체적으로 임원(회장, 부회장, 총무) 16명, 회원 34명이었으며, 임원 중 회장 5명, 부회장 5명, 총무 6명이었다. 공동체 유형은 직업역량 13명, 봉사/사회참여 12명, 평생학습 9명, 신체건강 7명, 취미생활 6명, 종교 3명 순으로 나타났다. 성별은 여자 30명, 남자 20명이었고, 연령대는 60대가 24명으로 가장 많았으며 56~59세 18명, 70대 7명, 80대 1명 순으로 나타났다. 결혼 여부는 기혼 48명, 사별 2명이었으며, 자녀 여부는 자녀 있음이 50명으로 나타났다. 또한 학력은 고등학교 졸업이 29명으로 가장 많았으며, 그다음 대학교 졸업 9명, 중학교 졸업 7명, 전문대 졸업 4명, 무학 1명 순으로 응답하였고, 월 소득은 300만 원 이상 27명, 250~300만 원 미만 12명, 200~250만 원 미만 4명, 150~200만 원 미만 4명, 100~150만 원 미만 2명, 100만 원 미만 1명으로 나타났다. 마지막으로 무교가 26명으로 가장 많았고, 종교 17명, 천주교 3명, 불교 3명이었다. 전체 인원은 50명이었으나, 질문에 따라 중복응답이 포함되어 있어 표 3 이후 부터는 전체(N)의 합이 50이 넘는 경우가 있을 수 있다.

**표 1. 응답자들의 인구통계학적 특성**

| 변수 | 구분 | 빈도 | 변수 | 구분 | 빈도 |
|---|---|---|---|---|---|
| 지위 | 임원<br>회원 | 16<br>34 | 혼인 여부 | 미혼<br>기혼<br>이혼(별거)<br>사별<br>동거 | 0<br>48<br>0<br>2<br>0 |
| 역할 | 회장<br>부회장<br>총무<br>일반회원<br>기타 | 5<br>5<br>6<br>34<br>0 | 자녀 유무 | 자녀없음<br>자녀있음 | 0<br>50 |
| 공동체 유형 | 직업역량개발<br>종교<br>봉사/사회참여<br>평생학습<br>취미생활<br>신체건강 | 13<br>3<br>12<br>9<br>6<br>7 | 학력 | 무학<br>초등학교 졸업<br>중학교 졸업<br>고등학교 졸업<br>전문대 졸업<br>대학교 졸업<br>대학원 졸업 | 1<br>0<br>7<br>29<br>4<br>9<br>0 |
| 성별 | 남자<br>여자 | 20<br>30 | 월 소득 | 100만원 미만<br>100 150 미만<br>150-200 미만<br>200-250 미만<br>250-300 미만<br>300 이상 | 1<br>2<br>4<br>4<br>12<br>27 |
| 연령 | 56~59세<br>60~69세<br>70~79세<br>80세 이상 | 18<br>24<br>7<br>1 | | | |
| 지역 | 서울<br>경기 | 48<br>2 | 종교 | 무교<br>불교<br>기독교<br>천주교 | 26<br>3<br>17<br>3 |
| 합계 | | | 50 | | |

**표 2. 측정도구 및 평정자 간 신뢰도**

| 요인 | 질문 | Cohen's Kappa |
|---|---|---|
| 주관적 건강 | 어르신이 생각하기에 본인의 건강 상태는 어떻다고 생각하십니까? | .867 |
| 정서발달 (정서관리) | 어르신께서는 주위 사람들의 기분을 잘 알고 배려해 주시는 편입니까? | .869 |
| | 어르신은 어르신 나름대로 부정적 감정(화가 나거나 우울하거나, 짜증날 때) 상황에 맞게 잘 조절하시는 방법이 있으십니까? | .966 |
| | 어르신께서 느끼시는 긍정적 감정(또는 부정적 감정)을 그때 그때 잘 표현하십니까? | .982 |
| 새로운 것에 대한 관심 | 어르신께서는 현재 관심을 가지고 새롭게 배우거나 시도하고 계신 것이 있으십니까? | .943 |
| | 어르신께서는 현재 관심을 가지고 새롭게 배우거나 시도하시는 이유는 무엇입니까? | .964 |
| | 관심을 가지고 새롭게 배우고 시도하시는 경우, 그것에 관심을 가지신 지는 얼마나 되셨습니까? | 1.00 |
| | 젊었을 적에 이와 비슷하게 도전하셨던 적이 있으십니까? | .901 |
| | 젊었을 적에 도전하셨던 이유는 무엇입니까? | .901 |
| 자기개념 (역경과 시련의 극복, 미래에 대한 낙관적 사고, 과거 및 현재 삶에 대한 통합적 자세, 스트레스에 대한 통제감, 자신만의 기술) | 지금까지 살면서 가장 힘들었던 순간은 언제입니까? | 1.00 |
| | 가장 힘들었던 그 순간 어떻게 대처하고 극복하셨습니까? | 1.00 |
| | 그 사건이 현재(지금의 삶)에 어떤 영향을 준다고 생각하십니까? | 1.00 |
| | 지금까지 지내오시면서 해 오셨던 일들이 잘되어왔다고 생각하십니까? | 1.00 |
| | 어르신의 미래가 긍정적(항상 좋은 일만 있을 것)이라고 생각하십니까? | .962 |
| | 어르신의 인생을 돌아보셨을 때 후회 없이 잘 살아오셨다고 생각하십니까? | .954 |
| | 어르신께서는 스트레스를 받는 사건에 대해서 스스로 해결할 수 있다고 생각하십니까? | .951 |
| | 어르신께서는 본인이 남들보다 더 잘하거나 자신 있다고 생각하시는 부분이 있으십니까? | 1.00 |
| | 있다면 그 기술을 활용해 지금 어르신의 삶에 도움이 되고 있습니까? | 1.00 |

| | | |
|---|---|---|
| 가치관<br>(죽음에 대한 생각, 신체적 능력과 질병에 대한 생각) | 어르신께서는 주변 사람들의 죽음에 대해 어떻게 생각하십니까? 두려움을 느끼십니까? | .904 |
| | 어르신께서는 자신의 죽음에 대해 어떻게 생각하십니까? | .905 |
| | 어르신의 생의 마감에 대해 따로 준비하고 계신 것이 있으십니까? | 1.00 |
| | 어르신의 신체적 능력과 질병에 관해 어떻게 생각하십니까? | 1.00 |
| | 본인이 얼마나 건강하다고 생각하십니까? | 1.00 |
| | 건강을 유지하기 위해 어떤 활동을 하고 계십니까? | 1.00 |
| 관계<br>(다양한 네트워크, 가족 및 친구와의 관계, 세대 간 통합감) | 어르신께서는 현재 지속적으로 다른 사람들과 어울리는 활동을 하고 계십니까? | 1.00 |
| | 다른 사람들과 어울리는 활동을 하시는 이유는 무엇입니까? | .953 |
| | 다른 사람과 어울리는 활동은 어르신께 어떤 가치가 있습니까? | .864 |
| | 가족 또는 친척과 자주 시간을 보내십니까? | .903 |
| | 가족 또는 친척과의 관계에 만족하십니까?<br>(그 이유는 무엇입니까?) | .893 |
| | 친구 또는 이웃들과 자주 시간을 보내십니까? | 1.00 |
| | 친구 또는 이웃들과의 관계에 만족하십니까? | 1.00 |
| | 10대나 20대와 갈등없이 소통하고 이해하고 계십니까? | .850 |
| | 10대나 20대의 문화 중 관심을 가지고 있는 부분이 있으십니까? | 1.00 |
| | 10대나 20대의 문화 중 관심을 가지는 혹은 가지지 않는 이유는 무엇입니까? | 1.00 |
| | 관심을 가지면서 노력하는 부분이 있으십니까? | 1.00 |
| | 젊은 세대와 소통하기 어려운 점이 있으십니까? | 1.00 |
| 역할정체감<br>(사회봉사 활동참여, 역할유연성) | 어르신께서는 지역사회나 이웃을 위해 하고 계신 봉사활동이나 비슷한 다른 사회활동 참여를 하고 계십니까? | .924 |
| | 그 활동을 통해 얻고 계신 것은 무엇입니까? | .609 |
| | 어르신의 가정 내 대소사 결정은 보통 어떻게 이루어지십니까? | 1.00 |
| | 어르신께서는 주로 어떠한 결정을 하십니까? | .817 |
| | 어떻게 결정을 도맡아서 하시게 되셨습니까? | 1.00 |

| | | |
|---|---|---|
| | 과거에 하지 않았지만 현재 새롭게 맡은 사회적 역할이나 지위가 있으십니까? | 1.00 |
| | 과거에 하지 않았지만 현재 새롭게 가정 내에서 맡으신 역할이 있으십니까? | 1.00 |
| | 어르신께서는 새롭게 맡은 역할, 지위에 만족하십니까? | .792 |
| 활동적 노년에 대한 인식, 나이에 대한 지각 | 어르신께서는 활동적 노년이 무엇이라고 생각하십니까? | .892 |
| | 어르신께서는 활동을 하는데 있어서 나이가 중요하다고 생각하십니까? | .809 |
| | 나이가 장애가 되는 경우가 있다고 생각하시는 이유가 무엇입니까? | .732 |
| | 나이가 장애가 되는 경우가 없다고 생각하시는 이유가 무엇입니까? | .667 |

## Ⅲ. 연구 결과

### 1. 주관적 건강

표 3. 어르신이 생각하기에 본인의 건강상태는 어떻다고 생각하십니까?

| 구분 | | 전체 (N) | 성별 | | 공동체유형 | | | | | |
|---|---|---|---|---|---|---|---|---|---|---|
| | | | 남 | 여 | 1 | 2 | 3 | 4 | 5 | 6 |
| 예 (35명) | 신체적 건강 | 26 | 13 | 13 | 8 | 1 | 9 | 1 | 2 | 5 |
| | 사회활동 유지 | 8 | 5 | 3 | 4 | - | 1 | 2 | - | 1 |
| | 일상생활 유지 | 7 | 1 | 6 | 3 | - | 2 | 1 | - | 1 |
| | 정신적 건강 | 3 | 2 | 1 | 2 | - | - | 1 | - | - |
| 보통 (4명) | | | - | 2 | 1 | - | 1 | 2 | - | - |
| 아니오 (11명) | 신체적 건강 악화 | 8 | 2 | 6 | 3 | - | 1 | 2 | 3 | - |
| | 노화에 따른 심신기능저하 | 4 | - | 4 | - | 1 | 2 | 1 | - | - |

공동체유형 1:직업역량개발, 2:종교, 3:봉사/사회참여, 4:평생학습, 5:취미생활, 6:신체건강

**Q. 어르신이 생각하기에 본인의 건강상태는 어떻다고 생각하십니까?**

응답자 중 절반 이상인 35명이 스스로를 건강하다고 생각하고 있었다. 이 중 26명이 신체적 건강을 그 이유로 들었고, 사회활동 유지 8명, 일상생활 유지 7명, 정신적 건강 3명이 이 뒤를 이었다.

아니오라고 응답한 11명의 경우에도 자신이 건강하진 않다고 하는 이유로, 신체적 건강 악화를 들었다. 나머지 4명은 보통이라고 응답했는데, 약 75%가 아프지 않다고 응답한 것으로 볼 수 있다.

**예**

● **신체적 건강**

"아픈 데 없고 검사받아도 질병이 없다고 합니다."(여성, 58세, 봉사/사회활동)

"아픈 데 없고 병원 안 가니까 양호하다고 생각하죠."(남성, 56세, 신체건강)

"규칙적인 생활을 하고, 규칙적인 운동을 하고, 식생활도 신경 써요."(남성, 72세, 신체건강)

"건강 체질이라고 생각해요."(남성, 59세, 직업역량개발)

● **사회활동 유지**

"친구들도 만나고, 좋은 생각해서 건강하다고 생각해요. 몸도 그렇고, 마음도 그렇고."(여성, 54세, 직업역량개발)

"지금은 (건강이) 좋아요. 동호회 활동을 하니까 좋아요."(남성, 57, 평생학습)

"수지침 놓으면서 건강 유지 잘하고 있습니다."(남성, 61세, 직업역량개발)

● **일상생활 유지**

"활동하는 데 지장 없고, 주위 도움 안 받으니까요."(남성, 61세, 직업역량개발)

"불편함 없이 활동하니까요."(여성, 59세, 평생학습)

"다니는 데 불편한 것 없고, 하고 싶은 일 하고 다니니까요."(여성, 62세, 직업역량개발)

● **정신적 건강**

"글쎄요. 건강한 마음에 건강한 몸이 깃든다고 하니까요. 마음을 건강하게

가지니까 몸도 건강해지는 거 같아요."(남성, 60세, 평생학습)

**보통**

"여기저기 아픈 거 보면 건강하지 않은 것 같은데, 크게 병치레하는 건 없어서 그저 그런 것 같아요."(여성, 51세, 평생학습)
"늙으면 그저 그렇지."(여성, 74세, 봉사/사회생활)
"특별히 많이 아프진 않고 이제 아프기 시작해요. 무릎하고 어깨는 견딜만하니까 중간 정도라고 생각해요."(여성, 58세, 종교)

**건강하지 않음**

- **신체적 건강 악화**

"관절 약 가끔씩 먹고 안 먹을 때도 있고 그래요."(여성, 63세, 취미생활)
"다리가 골다공증이 있어서 안 좋아요. 음식을 많이 먹으면 체해요."(여성, 63세, 취미생활)
"당뇨도 있고 사람들이 가진 병은 다 있다고 봐야 돼. 고지혈증도 있고 날씨가 안 좋으면 허리도 아프고 어깨도 아파."(여성, 57세, 평생학습)

- **노화에 따른 심신기능저하**

"나이 드니까 힘들고 돌아다니기도 피곤하니까요."(여성, 64세, 종교)
"이제 죽을 날만 기다리는데 몸 아픈 데도 많고 그래요."(여성, 80세, 평생학습)

앞선 응답에서 알 수 있듯이 활동적 노년을 보내는 노인들은 자신의 건강에 대해 일반적으로 건강하다고 인식하고 있었다. 특히 신체적 건강을 중요하게 생각하는 것으로 볼 수 있었으며, 스스로 건강하거나 건강하지 않다고 응답한 경우, 모두 신체적 건강과 관련한 응답이 가장 많았다. 활동적 노년을 보내는 노인들은 신체적 건강 외에도 사회활동과 일상생활, 정신적 건강을 중시하는 것을 알 수 있었다. 이는 조사에 앞서 이론적 배경 탐색 과정에서 예상했던 신체적 건강, 정신적 건강, 사회활동 참여 등의 중요성과 동일한 결과라 할 수 있다.

## 2. 정서대처능력

**표 4.** 어르신께서는 주위 사람들의 기분을 잘 알고 배려해 주시는 편입니까?

| 구분 (중복응답반영) | | 전체 (N) | 성별 | | 공동체유형 | | | | | |
|---|---|---|---|---|---|---|---|---|---|---|
| | | | 남 | 여 | 1 | 2 | 3 | 4 | 5 | 6 |
| 예 (48명) | 원활한 대화 | 20 | 6 | 14 | 5 | 1 | 8 | 3 | - | 3 |
| | 타인의 기분 이해 | 15 | 6 | 9 | 5 | 1 | 2 | 4 | 2 | 1 |
| | 타인 중심의 행동 | 12 | 6 | 6 | 2 | 1 | 3 | 2 | 2 | 2 |
| | 긍정적 사고 및 긍정적 평가 | 8 | 1 | 7 | 2 | - | 1 | 2 | 1 | 2 |
| 아니오(2명) | | 2 | 1 | 1 | - | - | - | - | 1 | 1 |
| 무응답 | | 3명 | | | | | | | | |

공동체유형 1:직업역량개발, 2:종교, 3:봉사/사회참여, 4:평생학습, 5:취미생활, 6:신체건강

**Q. 어르신께서는 주위 사람들의 기분을 잘 알고 배려해 주시는 편입니까?**

다른 사람들과의 정서교류에서 남들을 배려하는지를 알기 위하여 위와 같은 질문을 하였다. 이 질문에 48명이나 되는 참가자들이 '예'라고 대답하였다. 이러한 대답에 대한 이유로 20명이 남들과 대화가 원활히 잘 이루어지기 때문이라고 대답하였으며 15명이 자신이 타인을 잘 이해한다고 대답했다. 12명은 자기보다는 타인 위주로 행동한다고 밝혔으며, 나머지 8명은 남들이 자신을 '타인을 잘 이해한다'고 직접적인 평가를 해주었기 때문이라고 대답했다. 구체적인 답변으로는 다음과 같다.

**예**

- **원활한 대화**

"상대편하고 이야기 많이 하고, 잘 들어주는 편입니다."(남성, 61세, 직업역량개발)

"남하고 얘기할 때 기분 상하지 않게 먼저 얘기하라고 하고, 참고 그래

요."(여성, 59세, 평생학습)
"다른 사람 말 잘 들어주고, 다른 사람이 저와 의논을 많이 해요."(여성, 62세, 직업역량개발)

● **타인의 기분이해**

"상대방하고 소통할 때 서로 이해해 주는 마인드를 가져야겠지요."(남성, 56세, 신체건강)
"그 사람 입장에서 긍정적으로 생각하려고 노력하고 있어요."(남성, 66세, 봉사/사회참여)
"친구가 울적해 있으면 풀어주고 가끔 술도 한 잔씩 합니다. 한 잔씩 하면서 긍정적인 말을 많이 해주지요."(여성, 58세, 직업역량개발)
"남의 기분을 잘 알아차린다."(56세, 여성, 종교)

● **타인 중심의 행동**

"제 것 먼저 안 챙기고 주위 사람 것 먼저 챙겨주고, 없으면 안 가져가고. 제가 그래서 사업 한번 크게 실패했어요."(남성, 62세, 신체건강)
"주변에 다리가 불편하거나 혼자 사는 분들이 있습니다. 그분들 말동무도 해주고, 같이 갈 때 많이 편의를 도와주고 있습니다."(남성, 74세, 봉사/사회참여)
"서로 간 어려움에 처했을 때 한번이라도 더 찾아가 보고 자주 만나려고 합니다."(남성, 60세, 평생학습)
"버스를 타고 간다든지 하면, 나보다 불편해 보이는 사람 있으면 내가 먼저 앉을 자리지만 기다립니다."(남성, 61세, 직업역량개발)

● **긍정적 사고 및 긍정적 평가**

"남들이 그렇다고 하더라고요. 제가 많이 양보하고, 주변 사람을 챙겨주고 하니까요."(여성, 64세, 봉사/사회참여)

"나는 (남을) 많이 배려하고 유머가 있어요. 오늘도 나하고 대화하는 사람들이 나로 인해서 많이 웃고 했어요. 생활 철학이라고나 할까. 남하고 다투지 않으면 항상 마음이 편하다는 신조로 주위 사람과 대화하고 생활하고 있어요."(남성, 72세, 신체건강)

표 5. 어르신은 어르신 나름대로 부정적 감정(화가 나거나 우울하거나, 짜증날 때) 상황에 맞게 잘 조절하시는 방법이 있으십니까?

| 구분 | | 전체(N) | 성별 | | 공동체유형 | | | | | |
|---|---|---|---|---|---|---|---|---|---|---|
| | | | 남 | 여 | 1 | 2 | 3 | 4 | 5 | 6 |
| 예(39명) | 기분 전환활동 | 19 | 11 | 8 | 3 | - | 5 | 4 | 4 | 3 |
| | 타인과의 대화 | 15 | 2 | 13 | 5 | 1 | 6 | 2 | 1 | - |
| | 회피 및 억제 | 8 | 5 | 3 | 2 | - | 1 | 2 | - | 3 |
| | 긍정적인 생각 | 7 | 3 | 4 | 1 | 1 | 2 | 1 | 1 | 1 |
| 아니오(6명) | | 6 | 2 | 4 | 2 | 1 | - | 2 | 1 | - |
| 무응답 | | 5명 | | | | | | | | |

공동체유형 1:직업역량개발, 2:종교, 3:봉사/사회참여, 4:평생학습, 5:취미생활, 6:신체건강

**Q. 어르신은 어르신 나름대로 부정적 감정(화가 나거나 우울하거나, 짜증날 때)을 상황에 맞게 잘 조절하시는 방법이 있으십니까?**

부정적 감정을 효과적으로 조절하는 방법을 알기 위하여 위와 같은 질문을 하였다. 39명이 부정적 정서를 조절할 수 있다고 응답하였다. 이 들 중, 기분전환 활동을 한다는 사람이 19명, 다른 사람과 대화하면서 부정 정서를 해소한다는 사람이 15명, 부정적 정서를 유발하는 그 상황을 피한다고 응답한 사람이 8명이었다. 나머지 7명은 긍정적인 생각을 하면서 부정적 정서를 해소한다고 응답하였다. 답변에 대한 구체적인 내용들은 다음과 같다.

**예**

● **타인과의 대화**

“저 같은 경우 스트레스 받을 때 전화를 많이 사용해요. 예를 들면 화난 이야기가 아닌 다른 이야기들이나 애들 커가는 이야기들. ‘너희 애들은 결혼했니?’, ‘어떻게 지내니?’ 이런 얘기 물어보고 웃다 보면 스트레스받은

걸 잊어버리지요. 그래서 스트레스받는 일이 별로 없는 것 같아요. 즐기면서 사는 거거든요."(여성, 57세, , 봉사/사회참여)

"교회 가서 집사님들하고 수다 떠는 게 (감정조절)방법 중 하나지요."(여성, 64세, 종교)

"주위 가까운 친구랑 대화하거나 언니랑 대화해서 많이 풀지요."(여성, 58세, 직업역량개발)

"웬만하면 부정적인 감정을 안 가지려고 하지만 남편하고 살면서 안 좋은 일 있으면 화가 나잖아요. (제가 화가 났을 때) 친구들이 같이 흉을 봐주면서 마음이 좀 풀리더라고요. 같이 뭐 먹고 그러면 풀리더라고요. 다들 그러지 않나요?"(여성, 54세, 직업역량개발)

● **긍정적인 생각**

"화가 날 때 좋은 쪽으로 생각합니다."(남성, 61세, 직업역량개발)

"이미지 트레이닝을 많이 한다고 생각해요. 이러지 말아야겠나고. 그리고 얘기할 때도 상대방 말을 잘 경청하고 공감하고 수용하는 단계적인 태도를 취하려고 사전에 연습을 많이 합니다."(남성, 56세, 신체건강)

"눈을 감고 누워서 행복해하는 그런 그림을 상상해요."(여성, 56세, 봉사/사회참여)

"기분 나빠도 많이 참고 스스로 이겨내는 거지요. 기분 나빠도 다투지 않고 참아요."(남성, 72세, 신체건강)

"화는 잘 안 내는데 그런 일이 반복되면 분노하기도 하지만 참고 좋은 쪽으로 생각해요. 우울할 때도 그럴 수 있다고 생각하고 주변 사람들한테 안 좋은 일도 얘기하면서 스스로 위안받고 그런 편이에요."(여성, 63세, 평생학습)

● **기분 전환활동**

"특별한 방법은 없고 혼자서 술 한 잔 마시고 담배 피우면서 가라앉히는

편이지요."(남성, 59세, 직업역량개발)
"따로 특별하게 티비 시청하거나 책을 본다거나 해요."(남성, 70세, 직업역량개발)
"그냥 산책하고 이런 식으로 풀어버려요."(남성, 69세, 신체건강)
"산에 가서 돌아다니고, 친구들 만나서 돌아다니고 놀면 다 풀어져요."(여성, 76세, 신체건강)

● **감정 조절 및 분위기 환기**

"연륜하고 살아온 경력이죠. 화를 참는 방법은 사람마다 차이가 있지만 저는 일단 화나는 자리를 피할 수 있으면 피하고, 그 자리에서 말을 많이 하지 않는 게 화를 참는 게 아닌가 싶어요. 말을 많이 하면 사람의 감정이라는 것이 자꾸 변화가 있을 수 있어서 (말을) 자제하는 편입니다.(남성, 61세, 직업역량개발)
"일단 화가 나면 그 자리를 피하거나 딴 생각을 한다거나, 저녁 때는 잠을 잔다거나 그 자리 상황을 피하죠."(여성, 64세, 종교)
"그 자리를 피해버려요."(남성, 65세, 신체건강)

**아니오**

"그런 상황을 만들지 않으려고 노력합니다."(남성, 60세, 직업역량개발)
"짜증이 나면 조절하는 방법이 생각보다 잘 안 돼요."(여성, 60세, 평생학습)

표 6. 어르신께서 느끼시는 긍정적 감정(또는 부정적 감정)을 그때그때 잘 표현하십니까?

| 구분 | | 전체 (N) | 성별 | | 공동체유형 | | | | | |
|---|---|---|---|---|---|---|---|---|---|---|
| | | | 남 | 여 | 1 | 2 | 3 | 4 | 5 | 6 |
| 예 (24명) | 대화나 말로 표현 | 16 | 6 | 10 | 3 | 1 | 4 | 3 | 3 | 2 |
| | 적극적인 의견 표출 | 9 | 1 | 8 | 4 | - | 3 | 2 | - | - |
| | 가려서 표현 | 9 | 3 | 6 | - | - | 3 | 1 | 2 | 3 |
| | 얼굴 표정으로 표현 | 8 | 5 | 3 | 4 | 1 | 2 | 1 | - | - |
| | 구체적인 행동 | 2 | 1 | 1 | - | - | - | - | 1 | 1 |
| 아니오 (6명) | 억제 | 10 | 7 | 3 | 4 | - | 1 | 3 | 2 | - |
| | 긍정적인 생각 | 3 | - | 3 | - | 1 | 2 | - | - | - |
| 무응답 | | 13명 | | | | | | | | |

공동체유형 1:직업역량개발, 2:종교, 3:봉사/사회참여, 4:평생학습, 5:취미생활, 6:신체건강

**Q. 어르신께서 느끼시는 긍정적 감정(또는 부정적 감정)을 그때그때 잘 표현하십니까?**

유발되는 정서를 잘 표현하는지를 알기 위하여 위와 같은 질문을 하였다. 이때 잘 표현한다고 대답한 사람은 24명, 그렇지 않다고 대답한 사람은 3명이었다. 유발되는 정서를 표현하는 방법으로는 대화나 말로 표현한다는 응답자가 16명으로 가장 많았고, 적극적으로 의견 표출을 한다는 응답자는 9명, 가려서 표현한다는 참가자가 9명이었다. '가려서 표현' 한다는 것은 긍정적인 것은 표현하고 부정적인 것은 표현을 억제한다는 것이다. 표정으로 표현한다는 응답자가 8명 그리고 구체적인 행동으로 표현한다는 응답자는 2명이었다.

정서표현을 잘 못한다고 대답한 부류에서는 정서표현의 억제가 10명, 그리고 긍정적인 생각을 하려 하고 표현하지 않는다는 부류가 3명이었다.

**예**

● **적극적인 의견표출**

“남들이 무시하거나 화가 나면 같이 싸우기도 하고 욕도 하고 그래요.”(남성, 62세, 신체건강)

”안 쌓아 놓고 그때그때 풀어요.”(여성, 70, 봉사/사회참여)

“그때그때 화내고 하지. 화날 때 소리 질러대고.”(여성, 57세, 평생학습)

● **대화나 말로 표현**

“저는 직설적이라서 그때그때 말이나 행동으로 표현해요.”(여성, 62세, 직업역량개발)

“될 수 있으면 표현을 많이 하려고 해요. 남편이나 자녀한테 좋으면 좋다, 싫으면 이래서 싫다 이런 식으로 내 생각을 얘기해요.”(여성, 56세, 직업역량개발)

“좋은 건 좋다고 얘기하지만, 부정적인 건 ‘언니 생각은 잘 모르겠지만 내 생각은 이런 것 같다’라고 하죠.”(여성, 56세, 봉사/사회참여)

● **얼굴 표정으로 표현**

“속에 담아두지 못하는 성격이라, 긍정적이면 바로 웃음이 나오는 편이고 부정적이면 바로 인상이 안 좋아지는 편이지요.”(남성, 59세, 직업역량개발)

“(긍정적인 감정은)얼굴 표정 밝게 해주고 고맙다는 말 많이 써 주고, 부정적인 감정은 기분이 상하면 그때그때 표현합니다. 기분 나쁘다는 표정을 짓는 편이지요.”(여성, 58세, 직업역량개발)

“표정으로 나타나는 편입니다.”(여성, 56세, 종교)

● **구체적인 행동**

"술을 한 잔 사준다거나 먹을 걸 사줘서 기분 좋은 것을 표현해요."(남성, 65세, 신체건강)

● **가려서 표현**

"예전에는 바로바로 했었는데 나이가 60 넘으면서 보니까 나한테 안 좋은 거 같더라고요. (부정적인 감정은) 나를 위해서 덜 표출하고 긍정적인 거는 많이 표현하고요."(여성, 65세, 취미생활)

"우리 신랑 같은 경우는 나이 먹어서 나잇값 못한다고 하니까 애들한테 말하죠. 신랑이 아파서 기대고 얘기할 만한 상황도 아니라서 집에서는 표현 안 하고 형제나 친구들한테 얘기하죠."(여성, 63세, 평생학습)

"긍정적인 건 많이 표현하려고 하는데, 부정적인 건 잘 표현 안 하려고 노력하죠."(여성, 57세, 직업역량개발)

**아니오**

● **억제**

"내 감정대로 하면 서로 기분 상하니까 참아요."(여성, 59세, 평생학습)

"화가 나는 걸 잘 표현해야 되는데, 표현할 때는 말투라든지 이런 부분이 높아지거나 빈정거리는 표현이 있을 수는 있어요. 하지만 그렇다고 대놓고 말하는 편은 아니에요."(남성, 61세, 직업역량개발)

"그때그때 표현은 안 하는 편이고 (제가) 긍정적이다 보니까 그 순간에는 참고 시간이 지난 다음에 얘기하고 그래요."(여성, 60세, 직업역량개발)

● **긍정적 생각**

"생각을 많이 해요. 긍정적이거나 괜찮다 싶으면 생활에 활용하고, 부정적

인 건 제가 마음에서 버리려고 노력해요."(여성, 58세, 봉사/사회참여)
"걱정거리나 이런 게 생겨도 그냥 잘될 거라는 믿음을 갖고, 잘 되겠지(라고 생각해요). 부정적으로 생각을 안 하니까 일이 잘 되는 것 같아요."(여성, 56세, 봉사/사회참여)

활동적 노년을 보내는 노인들은 자신의 부정적 감정을 상황에 맞게 잘 조절한다고 인식하고 있었으며, 상대방의 기분을 잘 파악하고 이에 맞춰 배려하는 것으로 나타났다. 특히, 상당히 많은 응답에서 긍정적인 사고는 물론이며 상대방에 대한 배려와 이해, 양보 등과 관련된 내용이 있음을 알 수 있었다. 또한 부정적 감정을 조절하기 위해 적극적으로 노력하는 모습도 확인할 수 있었으며, 구체적으로 외부 활동이나 취미활동, 타인과의 대화 등을 통해 기분 전환을 위해 노력하는 것을 알 수 있었다. 이는 앞서 이론적 배경에서 언급했던, 노인들이 나이가 들어갈수록 자신들에게 중요한 것에 선택적으로 투자하며 이로 인해 긍정적 정서를 얻는다는 사회적 선택 정서 이론(SST:Socio emotional selective theory)과 일맥상통한다고 할 수 있다. 노인들은 스스로 정서적으로 안정된 상태가 중요하다고 생각하며, 이를 유지하기 위해 적극적으로 노력하고 그 과정에서 타인과의 관계를 활용하거나 사회활동, 취미활동 등을 선택하는 것으로 해석할 수 있다.

다만, 자신의 부정적 또는 긍정적 감정을 잘 표현하는지 여부에 대해서는 절반 정도 그렇다고 응답했다. 이는 일반적으로 자신의 감정을 솔직하고 즉각적으로 표현하는 것에 조심스러운 우리나라 문화를 고려할 때 예상보다 높은 수치라고 할 수 있다. 활동적 노년들은 자신의 감정을 솔직하게 표현하는 것을 자연스럽게 느끼고, 일부는 부정적인 것은 조금 감추며 긍정적인 것은 적극적으로 표현하는 등의 행동을 보이기도 하는 것으로 나타났다. 이와 유사하게 부정적인 것은 표현하지 않고 억제하는 행동도 확인할 수 있었다.

이를 통해 전반적으로 활동적 노년을 보내는 노인들은 자신의 정서를 중요하게 생각하고 있으며, 정서조절을 위해 적극적으로 노력하는 것을 알 수 있었다. 또한 상대방의 정서를 위해서도 배려하는 모습도 확인할 수 있었다.

## 3. 새로운 것에 대한 관심

표 7. 어르신께서는 현재 관심을 가지고 새롭게 배우거나 시도하고 계신 것이 있으십니까?

| 구분 | | 전체 (N) | 성별 | | 공동체유형 | | | | | |
|---|---|---|---|---|---|---|---|---|---|---|
| | | | 남 | 여 | 1 | 2 | 3 | 4 | 5 | 6 |
| 예 (39명) | 학습 | 27 | 11 | 16 | 1 | 2 | 3 | 6 | 3 | 3 |
| | 신체활동 | 7 | 5 | 2 | 1 | - | 1 | 1 | 2 | 2 |
| | 직업역량개발 | 5 | 2 | 3 | 2 | - | 1 | 1 | 1 | - |
| | 봉사활동 | 2 | | 2 | | - | 2 | - | - | - |
| | 기타 | 1 | 1 | - | - | - | - | - | - | 1 |
| 아니오 (11명) | 동기부족 | 4 | 2 | 2 | - | 1 | - | 1 | 1 | 1 |
| | 시간부족 | 2 | 1 | 1 | - | - | 1 | 1 | - | - |
| | 기타 | 2 | - | 2 | - | - | 1 | - | - | 1 |

공동체유형 1:직업역량개발, 2:종교, 3:봉사/사회참여, 4:평생학습, 5:취미생활, 6:신체건강

**Q. 어르신께서는 현재 관심을 가지고 새롭게 배우거나 시도하고 계신 것이 있으십니까?**

응답자 전체 39명 중, 가장 많은 응답자인 27명이 학습을 하고 있는 것으로 나타났다. 다음으로 신체활동 7명, 직업 역량 개발 5명, 봉사활동 2명, 종교 1명 순이었다. 그렇지 않다고 응답한 참가자 11명 중 4명은 동기부족, 2명은 시간부족, 2명은 기타(무엇을 할지 고민과 지금 이대로에 만족), 그리고 나머지 3명은 응답하지 않았다.

표 8. 어르신께서는 현재 관심을 가지고 새롭게 배우거나 시도하시는 이유는 무엇입니까?

| 구분 | | 전체 (N) | 성별 | | 공동체유형 | | | | | |
|---|---|---|---|---|---|---|---|---|---|---|
| | | | 남 | 여 | 1 | 2 | 3 | 4 | 5 | 6 |
| 예 (39명) | 흥미 | 11 | 6 | 5 | 5 | 1 | 1 | 2 | 1 | 1 |
| | 사회적 참여 | 8 | 2 | 6 | 4 | - | - | 2 | 1 | 1 |
| | 신체적도움 | 5 | 2 | 3 | 1 | - | 1 | 2 | 1 | - |
| | 시간적 여유 | 4 | - | 4 | 1 | - | 1 | 2 | - | - |
| | 직업적 발전 | 3 | 2 | 1 | 3 | - | - | - | - | - |
| | 심리적 도움 | 2 | - | 2 | - | - | 1 | - | - | 1 |
| | 기타 | 2 | 2 | - | 1 | - | - | 1 | - | - |
| | 무응답 | 4명 | | | | | | | | |

공동체유형 1:직업역량개발, 2:종교, 3:봉사/사회참여, 4:평생학습, 5:취미생활, 6:신체건강

**Q. 어르신께서는 현재 관심을 가지고 새롭게 배우거나 시도하시는 이유는 무엇입니까?**

새로운 것에 도전하는 이유에 대하여 물었을 때, 흥미 11명, 사회적 참여 8명, 신체적 도움 5명, 시간적 여유 4명, 직업적 발전 3명, 심리적 도움 2명, 기타 2명 순으로 나타났다. 응답자의 대부분이 무엇인가를 배움으로 새로운 것에 대한 호기심을 충족시키는 것으로 나타났다.

● **흥미**

"배우고 싶은 건 새로운 악기 하나 다루고 싶어요. 그래서 내년부터는 하모니카나 기타 중 한 가지를 능숙하게 칠 수 있게 배우고 싶어요. (왜냐하면) 정서적으로 악기를 다루면 좋을 것 같아서요. 또 어느 연주회에 갔더니 하모니카를 잘 불더라고요. 그래서 '나도 저렇게 불고 싶다'라는 생각을 했어요. (하모니카는) 그때 관심이 생겼고 기타는 옛날부터 치고 싶었는데 어려워서 마음만 있었고, 하모니카는 지금 배우고 싶어요."(남성, 72세, 신체건강)

"컴퓨터 배워요. 요즘 컴퓨터 못하는 사람도 없고 제가 쇼핑에 관심이 있어요. (인터넷 쇼핑을)하려 해도 아이디도 만들고 해야 되는데 딸이랑 같이 살 땐 대신 해줬지만 (지금은) 따로 사니까 혼자 해야 돼요. 혼자만의 시간도 많고 친구가 (컴퓨터 배우러) 같이 가자고 해서 같이 해요."(여성, 63세, 평생학습)

"복지관에서 글을 가르쳐 줘요. 공부를 못 배워서. 글 배우느라고 정신없어요."(여성, 80세, 평생학습)

"컴퓨터하고 영어를 하고 있어요. (컴퓨터와 영어에) 쭉 관심을 갖고 있었어요. 컴퓨터를 배워야 한다는 중요성을 자주 느끼기 때문에 계속 관심을 갖고 배우고 있어요. 그리고 따라하려고 하는 그런 생각을 갖고 있었어요. 영어 같은 경우에도 젊었을 때부터 계속 해 왔던 부분이니까 그런 걸 잊지 않기 위해서 배우고 있는 상태이고."(남성, 60세, 평생학습)

● **사회적 참여**

"주위 사람과 대화하는 게 좋고 (무언가를) 만들어서 주위 사람 나눠주는 게 좋아요." (여성, 59세, 평생학습)

"게이트볼 열심히 하고 있어요. 나이 들수록 친구들이 그리워지니까 회원을 해가면서 폭넓게 친구를 사귀는 거지요."(남성, 64세, 취미생활)

"한 달에 2번 정도 모이는데 그날이 기다려지지요. 여자분들도 많고. 한 5년 정도 전에는 건축을 했거든요. 새벽에 나가서 저녁 늦게 오고 그랬는데 나이가 환갑이 다 돼가니까 안 써주더라고요. 그래서 모아 놓은 돈으로 다른 것을 하고 싶어서 찾아봤어요. (일단) 건강을 생각해야 되다 보니 동네에 같은 생각을 가진 사람끼리 운동이나 해보자고 해서(모임을 결성했어요). 모임이 상당히 기다려져요."(남성, 62세, 신체건강)

● **신체적 도움**

"요즘 무릎이 안 좋아졌는데 주변 형님들이 게이트볼이 좋다고 해서 게이트볼을 시작했어요. 잘했다 싶은 것 같아요. (저한테)잘 맞고 운동도 재미있고 그렇네요."(여성, 60, 직업역량개발)

"지금 나는 건강에 좋다고 하는 농작물이나 나무에 관심을 많이 갖고 있어요." (남성, 64세, 취미생활)

"나이 먹어서 건강을 찾으니까, 헬스 같은 운동을 생각해요. 그래서 걷기도 하고 자전거도 타요."(여성, 64세, 봉사/사회참여)

● **시간적 여유**

"(예전에) 이것저것 배우기도 했는데 요즘에는 재봉틀 배우고 있어요. 스스로 생각하기에 할 일이 없으니까 왔다 갔다 운동도 할 겸."(여성, 57세, 평생학습)

"관심만 갖고 시도는 못 하고 있는데, 제가 젊었을 적 학교에서 붓글씨 펜글씨 전시회도 했었는데 직장생활을 하다 보니 못했습니다. 향후에는 시간을 투자해서 좋아하는 거 개발하고 싶습니다."(남성, 56, 취미생활)

● **직업적 발전**

"1년 넘었는데 리빙 패션을 하고 있어요. 교육도 받고 장래에 어떤 수익이라든지 자기개발이라든지 여러 가지로 연구하고 있어요."(남성, 61, 직업역량개발)

"시도하는 것은 없고 현재 직업에 맞는 공부를 깊게 하는 편이에요. 관심을 가진다기 보다 항상 내 직업에서 발전을 위해 노력하는 편이에요."(남성, 60세, 직업역량개발)

"바리스타 동호회 가입해서 배우고 있어요. 나이 먹어서 소일거리도 할 수 있고, 친구도 사귀고, 취미도 되고, 금전적으로도 도움이 돼요."(여성, 62세, 직업역량개발)

● **심리적 도움**

"꽃을 접하면서 느끼는 게 있는데, 꽃을 대하듯이 사람을 소중히 대해야겠다는 생각도 들고 배우는 게 많아요. 그리고 꽃을 일주일에 한 번씩 다양하게 집에 장식을 할 수 있으니까 정서적으로도 좋고 기분도 좋아요. 그래서 계속 배우고 있고 앞으로도 꾸준히 하고 싶습니다."(여성, 56세, 신체건강)

● **기타**

"세월이 흘러서. (면접자: 편안한 노후를 위해서요?). 예."(남성, 70세, 직업역량개발)

**아니오**

● **동기부족**

"현재 편하고 좋은데 굳이 뭘 배워야겠다는 생각을 안 해봤어요."(여성, 64세, 종교)

"나이를 먹다 보니 새로운 것에 관심이 떨어지고 잘 안 배워지고 그래요."(남성, 65세, 신체건강)

"배우고 이런 건 없고 등산을 하거나 하지요. 하지만 그건 배우는 건 아니니까요. 이 나이에 뭘 배워요. 머리도 나이 들었고, 받아들이는 것도 늦기 때문에 나는 관심이 없어요."(여성, 63세, 취미생활)

● **시간부족**

"시간이 없어요."(여성, 58, 봉사/사회활동)

"새롭게 한다는 게 지금은 겁도 나고 경제활동을 하다 보니까 시간도 없어요."(남성, 60세, 평생학습)

● **기타**

"이렇게 지내는 게 편해요. 산에 가서 노는 게."(여성, 76세, 신체건강)

"배우고 싶은 생각은 있는데, 어떤 걸 배울까 생각 중이에요."(여성, 56세, 봉사/사회활동)

**표 9.** 관심을 가지고 새롭게 배우고 시도하시는 경우, 그것에 관심을 가지신 지는 얼마나 되셨습니까?

| 구분 | | 전체 (N) | 성별 | | 공동체유형 | | | | | |
|---|---|---|---|---|---|---|---|---|---|---|
| | | | 남 | 여 | 1 | 2 | 3 | 4 | 5 | 6 |
| 예 (39명) | 1년 미만 | 2 | 1 | 1 | 1 | - | - | - | - | 1 |
| | 1년 이상 ~ 3년 미만 | 11 | 6 | 5 | 4 | 2 | 3 | 1 | 1 | - |
| | 3년 이상 ~ 5년 미만 | 9 | 2 | 7 | 5 | - | 1 | 2 | - | 1 |
| | 5년 이상 ~ 10년 미만 | 4 | 3 | 1 | 5 | - | 1 | 2 | - | 1 |
| | 10년 이상 | 1 | 1 | - | - | - | - | - | 1 | - |
| | 기타 | 5 | 1 | 4 | 1 | - | 3 | 1 | - | - |
| | 무응답 | 6명 | | | | | | | | |

공동체유형 1:직업역량개발, 2:종교, 3:봉사/사회참여, 4:평생학습, 5:취미생활, 6:신체건강

**Q. 관심을 가지고 새롭게 배우고 시도하시는 경우, 그 것에 관심을 가지신 지는 얼마나 되셨습니까?**

관심을 가지고 실행한 시기를 알기 위하여 이와 같은 질문을 하였다. 이 질문에서 1년 이상 3년 미만 11명, 그리고 3년 이상 5년 미만이 9명으로, 합해서 전체 39명 중 20명을 차지하였다. 이와 같은 결과는 표본의 연령대가 비교적 초기 노인이 많기 때문에, 은퇴한 지 얼마 되지 않은 이들을 대상으로 하였기 때문으로 보인다.

표 10. 젊었을 적에 이와 비슷하게 도전하셨던 적이 있으십니까?

| 구분 | | 전체 (N) | 성별 | | 공동체유형 | | | | | |
|---|---|---|---|---|---|---|---|---|---|---|
| | | | 남 | 여 | 1 | 2 | 3 | 4 | 5 | 6 |
| 예 (16명) | 학습 | 11 | 5 | 6 | 2 | - | 2 | 2 | 2 | 3 |
| | 운동 | 3 | 2 | 1 | - | 1 | - | - | 1 | 1 |
| | 기타 | 2 | 2 | - | 2 | - | - | - | - | - |
| 아니오 (18명) | 시간부족 | 11 | 5 | 6 | 7 | - | 1 | 2 | - | 1 |
| | 동기부족 | 7 | 1 | 6 | 3 | 1 | 2 | - | 1 | - |
| | 기타 | 2 | - | 2 | - | - | 2 | - | - | - |
| 무응답 | | 16명 | | | | | | | | |

공동체유형 1:직업역량개발, 2:종교, 3:봉사/사회참여, 4:평생학습, 5:취미생활, 6:신체건강

## Q. 젊었을 적에 이와 비슷하게 도전하셨던 적이 있으십니까?

젊었을 적에 이와 비슷하게 도전해 본 적이 있는지 알기 위하여 이와 같은 질문을 실시하였다. 젊었을 당시에는 새롭게 무언가에 도전해 보지 않았다고 전체 응답자 중 34명이 대답하였다. 이는 앞에서 제시한 '어르신께서는 현재 관심을 가지고 새롭게 배우거나 시도하고 계신 것이 있으십니까?'라는 질문에 현재에는 새로운 것을 배우고 있다고 39명이 응답한 것과는 다른 결과이다.

도전하지 않은 이유로 11명이 시간부족이라고 대답하였다. 대부분의 한국인들이 은퇴 전 일에 몰입하는 삶을 살기 때문에 흥미나 사회적 욕구 충족과 같은 내적인 욕구가 있더라도, 시간적 여유가 주어지지 않으면 학습이나 여가활동을 하기 어려운 여건에 처한 것을 알 수 있다. 시간부족 외에도 동기 부족이라고 7명이 응답하였다. 이는 젊었을 적 일과, 양육에 치여서 무엇을 도전할 기회를 얻지 못하다가, 노화로 인하여 시간적 여유가 생기면서 활동적인 노년을 보내고자 하는 욕구가 생긴 것으로 볼 수 있다.

**예**

● **학습**

"낭만적인 부분에서 기타를 배웠던 적이 있어요. 당연히 공부는 하는 부분이고."(남성, 60세, 평생학습)

"그때에는 문화교실 다니면서 외국어에 관심이 있어서 일본어를 거의 10년 한 적 있습니다. 30대 때에."(여성, 56세, 신체건강)

"있었죠. 컴퓨터는 제가 지금 굉장히 잘하는 편이에요. 컴퓨터를 학원 같은 데에 다니면서 적극적으로 배웠죠."(남성, 69세, 신체건강)

● **운동**

"젊은 친구들과 산을 많이 다녔지요. 지리산도 가고 속리산도 가고. 그때도 산을 좋아했습니다."(남성, 56세, 신체건강)

"젊었을 때 운동도 많이 했어요. 몸이 원래 약하게 태어났는데 운동하면서 몸이 튼튼해지는 것을 느꼈어요. (몸이 약해서) 군대 갈 때 걱정했었는데 운동을 미리 해서 극복한 기억이 있네요."(남성, 64세, 취미생활)

"예전에도 운동하다가 꾸준히 하는 성격이 아니라 그만뒀는데, 몸 관리를 해야 되겠다 싶어서 도전하게 됐어요."(여성, 58세, 종교)

**아니오**

● **동기부족**

"평범하게 졸업하고 남편 만나서 결혼하고 해서 딱히 뭐가 없어요."(여성, 63세, 취미생활)

"나한테 특별히 와 닿는 어려운 일이라든가(그런 게 없었어요). 그리고 내가 젊었으니까 관심이 없던 거죠." (여성, 56세, 봉사/사회활동)

"자신감이 없었고 사회생활도 안 해봐서요."(여성, 56세, 직업역량개발)

● **시간부족**

"그때는 다른 직장을 다니고 있었어요."(남성, 61세, 직업역량개발)

"애 키우고 생활하고 하니까 나만의 시간이나 그런 게 특별히 없었지요. 직업도 있고 하니까."(여, 56세, 봉사/사회참여)

"예전엔 관심만 있었죠. 생업이 있어서 굳이 취미나 관심 이상으로 몰입할 만한 여건이 없었습니다."(남, 61세, 직업역량개발)

● **기타**

"젊었을 때에는 요양보호사 이런 게 없었으니까 잘 몰랐어요."(여성, 56세, 직업역량개발)

표 11. 젊었을 적에 도전하셨던 이유는 무엇입니까?

| 구분 | | 전체(N) | 성별 | | 공동체유형 | | | | | |
|---|---|---|---|---|---|---|---|---|---|---|
| | | | 남 | 여 | 1 | 2 | 3 | 4 | 5 | 6 |
| 예(16명) | 흥미 | 2 | - | 2 | 1 | - | - | - | - | 1 |
| | 건강 | 2 | 2 | - | - | - | - | - | 1 | 1 |
| | 무응답 | 12명 | | | | | | | | |

공동체유형 1:직업역량개발, 2:종교, 3:봉사/사회참여, 4:평생학습, 5:취미생활, 6:신체건강

**Q. 젊었을 적에 도전하셨던 이유는 무엇입니까?**

앞서 젊었을 때 새로운 것에 관심을 갖고 도전한 것이 있다고 응답한 16명을 대상으로 그 이유는 무엇인지 질문하였다. 이 질문에 2명은 흥미가 있어서라고 대답하였고 2명은 건강관리를 위해 도전하였다고 대답하였다. 구체적인 응답은 다음과 같다.

● 흥미

"많이 했어요. 새로운 어학 공부도 하고 학력이 떨어지니까 공부에 관심이 많아서 배우러 다녔지."(여성, 62세, 직업역량개발)

"그때에는 문화교실 다니면서 외국어에 관심이 있어서 일본어를 거의 10년 한 적 있습니다. 30대 때에."(여성, 56세, 신체건강)

● 건강

"젊었을 때 운동도 많이 했어요. 몸이 원래 약하게 태어났는데 운동하면서 몸이 튼튼해지는 것을 느꼈어요. (몸이 약해서) 군대 갈 때 걱정했었는데 운동을 미리 해서 극복한 기억이 있네요."(남성, 64세, 취미생활)

"젊은 친구들과 산을 많이 다녔지요. 지리산도 가고 속리산도 가고 그때도 산을 좋아했습니다."(남성, 56, 신체 건강)

활동적 노년을 보내고 있는 노인은 많은 경우에 새로운 것을 배우고 있거나 배우기를 희망하는 것으로 나타났다. 특히 악기나 컴퓨터, 외국어 등 평소 흥미를 느끼던 분야에 대해 학습하는 경우가 가장 많았으며, 그 외에도 직업 혹은 신체적 활동과 관련된 학습을 하는 경우도 있었다. 활동적 노년을 보내고 있는 노인들은 새로운 것을 배움으로 인해 정서적으로 도움이 되고, 신체활동으로 인해 건강관리에 도움이 되며, 대인관계를 확장 및 유지하는 데 도움이 된다고 생각하는 것으로 이해할 수 있었다. 새로운 것을 배우지 않고 있다고 응답한 사례에서도 무엇을 배울지 탐색하고 있다거나 경제활동, 등산 등 이마 다른 활동을 하고 있기 때문에 시간이 없다고 응답한 경우도 있는 것을 고려할 때, 활동적 노년들은 정체되지 않고 무엇인가를 끊임없이 새롭게 하려는 특징을 보인다고 할 수 있다. 또한, 젊었을 때 새로운 것을 배우려고 노력하지 못했던 사례가 많았던 것은 앞서 언급한 바와 같이 시간적 여유가 부족한 시대적 상황으로 해석할 수 있으며, 젊었을 때 충족되지 못했던 새로운 것에 대한 학습 동기를 은퇴 이후 시간적 여유가 생긴 이후에 충족시키기 위해 악기, 외국어 등을 배우는 것으로 해석할 수도 있다.

## 4. 자기개념

### 1) 역경과 시련의 극복

표 12. 지금까지 살면서 가장 힘들었던 순간은 언제입니까?

| 구분 | 전체 (N) | 성별 | | 공동체유형 | | | | | |
|---|---|---|---|---|---|---|---|---|---|
| | | 남 | 여 | 1 | 2 | 3 | 4 | 5 | 6 |
| 가족 문제 | 20 | 4 | 16 | 5 | 1 | 7 | 3 | 1 | 3 |
| 금전적 문제 | 14 | 5 | 9 | 2 | 2 | 3 | 2 | 2 | 3 |
| 사별 문제 | 7 | 3 | 4 | 3 | - | - | 2 | 2 | - |
| 직업 문제 | 5 | 3 | 2 | 2 | - | 2 | 1 | - | - |
| 모름 | 4 | 4 | - | 1 | 1 | 1 | 1 | | |

공동체유형 1:직업역량개발, 2:종교, 3:봉사/사회참여, 4:평생학습, 5:취미생활, 6:신체건강

**Q. 지금까지 살면서 가장 힘들었던 순간은 언제입니까?**

활동적 노년이 역경과 시련을 어떻게 극복하였는지 알아보기 위하여 총 3가지 질문을 하였다. 먼저 지금까지 살면서 가장 힘들었던 순간을 물어봤을 때 전체 응답 중 자녀문제, 배우자와의 관계 등을 포함하는 가족문제가 20명으로 가장 많았으며, 그 다음으로 금전적 문제 14명, 사별문제 7명, 직업문제 5명 순으로 나타났다. 이에 대한 자세한 응답 내용은 아래와 같다.

● **가족문제**

"자녀들이 대학 다닐 때, 남편이 직장을 옮겨서 공백이 있을 때 힘들었던 거 같아요."(여성, 57, 직업역량개발)

“둘째 아들 고등학교 때, 공부에 손을 놔버렸을 때 가장 힘들었습니다.”(여성, 58, 직업역량개발)
“특별히 없고, 자녀가 취업할 때 제가 못 도와줬던 게 힘들었던 거 같아요.”(여성, 56, 직업역량개발)
“당연히 자식문제지. 하는 일 안 된다고 할 때, 사업하다 실패했다고 할 때.”(여성, 63, 종교)
“가족들 아픈 거겠지요. 부모님들 아플 때 제일 심적으로 안 좋았어요.”(남성, 57, 봉사/사회참여)
“애들 키우면서 아이 아빠랑 의견 안 맞을 때가 가장 힘들었던 거 같아요. 그리고 애들이 자기주장을 내 세울 때, 특히 중학생 될 때부터 엄마, 아빠가 해 달라는 대로 안 해주고 고집을 피웠어요. 저는 엄마라 애들 입장에서 생각해 주는데 애들이 중학교 가서 자기주장이 커지니까 저를 무시하는 느낌이 들어서 힘들었었지요. (하지만) 애들 크는 과정이겠죠.”(여성, 56, 봉사/사회참여)
“한참 애기 키울 때가 힘들었죠. 학교 학비 뒷바라지 하고.” (여성, 63, 봉사/사회참여)
“글쎄. 자식들이 잘되면 좋겠지만, 살다 보면 자식들이 안 될 때지.”(여성, 73, 봉사/사회참여)
“가정일이죠. 살아오면서 부부 간의 일들, 그런 것들이 힘들었어요. 내가 생각했던 것이나 집안의 화목 같은 것이(잘 안 돼서).”(여성, 56, 봉사/사회참여)
“애들 키울 때, 고등학교 때 말썽부리고 중학교 때 말썽부리고 그때가 힘들었던 것 같아. 아들들이라서 싸우고 오고. 왜 이렇게 싸우는지 몰라. 형제라서 더 싸우고. 첫째 끝나면 둘째 시작하고, 둘째 끝나면 첫째 시작하고 왔다갔다 화가 나. 그리고 신랑이 속 썩일 때가 제일 힘들지.” (여성, 57, 평생학습)
“아들 군대 보낼 때가 가장 힘들었던 거 같아요.”(여성, 63, 평생학습)

"애들 키울 때."(여성, 65, 취미생활)
"결혼 초에 적응하기 어려워서 신혼 초가 힘들었고, 자식이 진로 앞에서 갈등할 때 힘들었습니다. 아이 키우면서 아이들이 대학 실패하고 그럴 때. 대학 진로 문제에 대해서 제 자식 일이니까 제 일 못지않게 가장 비중이 크게 느껴지더라고요."(여성, 56, 신체건강)
"힘들지 않은 적은 없지만, (특히) 자녀가 아팠을 때."(남성, 72, 신체건강)

● **금전적 문제**

"아기 아빠가 40대 후반에 개인사업을 하다 망해서 빚을 많이 진 적이 있는데, 그때가 가장 힘들었지요."(여성, 62, 직업역량개발)
"애 아빠가 사업에 실패했을 때."(여성, 65, 직업역량개발)
"제가 재테크를 하다가 지나친 욕심으로 인해 크게 투자해서 거기에 돈을 (잃었어요). 다단계에 멋모르고 들어갔다가 큰 돈을 잃고 우울증이 올 정도로 힘들었어요."(여성, 58, 종교)
"신랑이 사업하다가 쫄딱 망해서 힘들었지."(여성, 64, 봉사/사회참여)
"증권에 손을 댔는데, 지금은 내가 빠져나왔어요. 돈 좀 벌어 보려고 했던 건데."(여성, 64, 봉사/사회참여)
"경제적으로 어려울 때가 힘들지 않았을까요. 자식들 한참 크고 돈 많이 들 때와 대학 보낼 때."(여성, 59, 평생학습)
"아저씨가 사업 실패하고 이런 거요."(여성, 60, 평생학습)
"애 아빠가 사업 실패했을 때 가장 힘들었지요."(여성, 63, 취미생활)
"우리나라 경제가 어려운 시기가 있었듯이 저도 IMF를 겪으면서 부동산 투자라든지 어려움을 많이 겪었습니다."(남성, 56, 취미생활)
"건축 사업 망해서 집사람이랑 헤어질 뻔하고 아이들도 힘들어 하고."(남성, 62, 신체건강)
"경제적인 면이지요. 돈이 많이 있어야 하는데 없는 게 그렇지. 애들한테도 집사람한테도 그렇고. 지금은 경제적으로 많이 버는 것보다 마음적으로

잘 다스려나가고 이해하니까 오히려 마음이 편해지는 거 같습니다.”(남성, 56, 신체건강)
“IMF 때가 힘들었던 것 같아요.”(남성, 69, 신체건강)

- **사별문제**

“애 엄마랑 사별하는 상황과 애들이 외국에 나가 있을 때 혼자 생활 하니까 외롭다는 생각이 많이 들어요.”(남성, 61, 직업역량개발)
“우리 아버지 돌아가셨을 때. 어머니는 계시고, 아버지가 돌아가신지 5, 6년 되셨는데 갑작스럽게 돌아가셔서 임종도 못 보고 그때가 힘들었던 것 같아요.”(여성, 58, 직업역량개발)
“부모님이 일찍 돌아가셨어요. 어머님, 아버님 5년 사이로 돌아가셨는데 그때가 아직 젊으실 나이여서. 제 나이 또래에 돌아가셔서 지금 생각하면 그때가 슬프고 기가 막히죠. 좋은 세상인데 일찍 돌아가셨으니까. 그거 말고는 특별히 없고, 부모님 돌아가셨을 때가 슬펐던 것 같아요.”(여성, 60, 직업역량개발)
“주위 사람 죽었거나 그럴 때.”(여성, 70, 봉사/사회참여)
“우리 영감님 돌아가셔서 힘들고 그래요.”(여성, 80, 평생학습)
“마누라 죽었을 때가 가장 힘들었지.”(남성, 64, 취미생활)
“지금까지 살면서 우리 아버지가 돌아가셨을 때 굉장히 힘들었어요. 나를 이뻐하셨거든요.”(여성, 63, 취미생활)

- **직업문제**

“직장 생활하다가 은퇴한 공백기.”(남성, 61, 직업역량개발)
“순간순간이 고비니까 그때그때. 사업이 잘 안되거나, 직장에 다니다가 놀 때 많이 있었죠. 살아온 날이 있는데.”(남성, 66, 봉사/사회참여)
“첫 직장 때. 사회 물정 모르고 사람들한테 치이고 남을 먼저 생각하려고 하다 보니 부대끼는 면이 많아서 초기에 직장생활을 힘들게 한 거 같아

요."(남성, 57, 평생학습)

"힘든 부분은 있었죠, 젊었을 때는. 직장에 오랫동안 적응을 못한 부분이 있어서 조금 자주 옮겨 다녔던 부분이 어려웠죠."(남성, 60, 평생학습)

표 13. 가장 힘들었던 그 순간 어떻게 대처하고 극복하셨습니까?

| 구분 | 전체 (N) | 성별 | | 공동체유형 | | | | | |
|---|---|---|---|---|---|---|---|---|---|
| | | 남 | 여 | 1 | 2 | 3 | 4 | 5 | 6 |
| 능동적인 극복 | 21 | 6 | 15 | 4 | 1 | 7 | 3 | 4 | 2 |
| 수동적인 극복 | 11 | 3 | 8 | 4 | 1 | 2 | 1 | 2 | 1 |
| 회피적 극복 | 2 | 2 | - | - | - | - | 1 | - | 1 |
| 무응답 | 16명 | | | | | | | | |

공동체유형 1:직업역량개발, 2:종교, 3:봉사/사회참여, 4:평생학습, 5:취미생활, 6:신체건강

## Q. 가장 힘들었던 그 순간 어떻게 대처하고 극복하셨습니까?

이어서 가장 힘들었던 순간을 어떻게 대처하였는지 물어본 결과, 모임활동, 긍정적으로 받아들이기, 노력으로 극복 등을 포함하는 능동적 극복이 20명으로 가장 많았다. 그다음으로는 수동적인 극복 11명, 회피적 극복 2명 순으로 나타났다. 자세한 응답 내용은 다음과 같다.

### ● 능동적 극복

"친구도 만나고, 수레바퀴 모임에서 활동하고 있습니다."(남성, 61, 직업역량개발)

"그때부터 내가 직장 나가서 돈을 벌었죠. 애들 공부도 시켜야 하니까."(여성, 62, 직업역량개발)

"자기 일에 최선을 다하고 열심히 살아가는 자세를 가지는려고 했어요."(남성, 70, 직업역량개발)

"나에게 주어진 환경을 숙명적으로 받아들이는 것. 그러니까 (저에게 주어

진 환경을) 긍정적으로 받아들이고 고생을 달게 받아들이는 게 제 방법이죠."(남성, 59, 직업역량개발)

"교회 다니니까 새벽기도하고 풀어나갔지."(여성, 63, 종교)

"주로 애기 아빠랑 물 하나 싸 들고 산에 가서, 정상에 가서 우리가 살아온 얘기하고 앞으로 어떻게 살아갈지 이야기하면 마음이 편하더라고요." (여성, 57, 봉사/사회참여)

"회사를 나갔지. 다른 직장을 들어가서 생활하다가 점점 몸에 조직생활이 익혀져서 오래 다녔죠."(남성, 57, 평생학습)

"먼저 보낸 친구랑 이야기도 하고, 운동을 시작했던 거 같아요. 친구가 같이 하자고 해서 수영 시작했어요."(여성, 63, 평생학습)

"남편하고 같이 열심히 돈 벌고, 열심히 살았어요. 아껴 쓰고."(여성, 59, 평생학습)

"내 자식은 내가 키워야 한다는 의무감으로. 역경은 있었지만 힘들다고 생각 안 했지요."(여성, 65, 취미생활)

"아이들하고 시간도 보내고 친구들하고 여행 가자고 했어요. 고마운 친구들이 많거든요. 여행 가서 친구들이 내 가슴 아픈 걸 다 들어주더라고요" (여성, 63, 취미생활)

"모든 걸 다 절약하고, 허리띠 졸라매고, 쓸 거 안 쓰고, 먹을 거 줄이고 살았죠."(여성, 76, 신체건강)

"꾸준한 관심과 치료. 집사람도 아팠어요. 그래서 생활의 어려움이 일생동안 한 번 있더라고요. 끈질긴 노력, 배려, 사랑으로 극복했어요."(남성, 72, 신체건강)

● **수동적 극복**

"없을 땐 빚 내서도 살고, 있으면 갚고. 자녀들이 크고 자립하면서 버텼던 거 같아요."(여성, 57, 직업역량개발)

"아이의 의견을 처음부터 존중해 준 건 아니고, 서로 부딪치다 보니 상처를 받게 되니까 아이가 하자는 쪽으로 가게 되더라고요. 공부 안 한다고 자꾸 (잔소리) 하니까 아이도 엇나가고. 아이가 원하는 삶을 살게 두게 된 거죠."(여성, 58, 직업역량개발)

"세월 가니까 다 돼."(여성, 65, 직업역량개발)

"제일 가까이 있는 사람, 우리 집 양반이 시간을 많이 보내주더라고. 다른 일 안 하고, 친구도 안 만나고, 일찍 와서 산책도 하고, 제가 우울하니까 맛있는 것도 사주고."(여성, 58, 직업역량개발)

"부모님이 돌아가신 게 슬펐지만 그때는 애들 키우느라고 정신없어서 잊어버렸어요. 일을 해야지 먹고 사니까 일 다녔어요. 지금 생각해 보니까 그게 극복을 잘한 건지. 그렇게 일에 빠져서 살다 보니까 저절로 잊혀지더라고요."(여성, 60, 직업역량개발)

"부모의 도움으로 극복했어요. 친정아버지가 돈을 지원해 주셔서 위기를 모면했어요."(여성, 58, 종교)

"언니나 나이 많으신 분들한테 물어보니, 사춘기 1, 2넌 시나면 없어진다고 하니까 그냥 의견 존중하며 내버려두라고 하길래 많이 방치한 편이에요. 애들이 생각하고 느낄 때까지."(여성, 56, 봉사/사회참여)

"대처까지는 없어요. 그냥 지나가는 거죠."(여성, 70, 봉사/사회참여)

"그걸 말로 하면 뭐해. 살다 보니까 잊어버리고 살았죠."(여성, 80, 평생학습)

"세월이 약이라고 생각하며 대처하고 극복했어요. 그래도 후유증은 오래가는 거 같네요. 무언가를 판단할 때는 조심하고, 모든 걸 고려해서 해야 합니다. 너무 어려운 시간을 보냈기 때문에."(남성, 56, 취미생활)

"대처할 것도 없었어요. 시간이 해결해 줄 수밖에."(남성, 63, 취미생활)

● **회피적 극복**

"도망 다니고 숨어서 살았어요."(남성, 65, 신체건강)

표 14. 그 사건이 현재(지금의 삶)에 어떤 영향을 준다고 생각하십니까?

| 구분 | | 전체 (N) | 성별 | | 공동체유형 | | | | | |
|---|---|---|---|---|---|---|---|---|---|---|
| | | | 남 | 여 | 1 | 2 | 3 | 4 | 5 | 6 |
| 긍정적 영향 (32명) | 심리적 성장 | 12 | 3 | 9 | 3 | - | 3 | - | 4 | 2 |
| | 지혜로운 극복 | 9 | 4 | 5 | 2 | - | 1 | 3 | 1 | 2 |
| | 화목한 가정 | 6 | 2 | 4 | 1 | - | 1 | 1 | 1 | 2 |
| | 종교적 믿음 | 1 | - | 1 | - | 1 | - | - | - | - |
| 부정적 영향 (10명) | 경제적 궁핍 | 2 | 1 | 1 | - | 1 | - | - | 1 | - |
| | 기타 | 9 | 2 | 7 | 4 | 1 | 2 | 2 | - | - |
| 무응답 | | 8명 | | | | | | | | |

공동체유형 1:직업역량개발, 2:종교, 3:봉사/사회참여, 4:평생학습, 5:취미생활, 6:신체건강

**Q. 그 사건이 현재(지금의 삶)에 어떤 영향을 준다고 생각하십니까?**

앞에서 이야기한 역경과 시련이 현재의 삶에 긍정적으로 또는 부정적으로 영향을 주는지 물어본 결과, 전체 응답 중 긍정적 영향 32명, 부정적 영향이 10명으로 나타났다. 구체적으로 살펴보면, 긍정적 영향에서는 그 사건으로 인해 긍정적으로 생각하게 되거나 현재 삶에 만족을 느끼게 되었다는 응답을 포함하는 심리적 성장이 12명으로 가장 많았으며, 지혜로운 극복 9명, 화목한 가정 6명, 종교적 믿음 1명 순으로 나타났다. 또한 부정적 영향에서는 경제적 궁핍 2명, 기타 9명으로 나타났다. 자세한 응답 내용은 다음과 같다.

### 긍정적 영향

**● 심리적 성장**

"저를 강하게 만들었지요."(여성, 58, 직업역량개발)

"그 사건이 없었다면 바깥 활동을 하지 않았겠지. 집에 있거나 동네 아줌

마 할머니들하고 놀고 그랬겠지. 지금은 뭔가 배우고 새롭게 하려고 하는 마음이 생기니까 활동적인 친구들도 많이 생기고, 활력이 많이 되죠."(여성, 62, 직업역량개발)"

"제가 홀로서기를 할 수 있었죠. 긍정적으로 됐죠. 원래 누구를 의지하는 면이 많았어요. 그런데 이제는 그 일을 겪고 나서는 자아발전과 나를 사랑하는 방법을 배웠어요."(여성, 58, 봉사/사회참여)

"그때 생각해 보면 생활력이 강해졌죠. 지금은 (생활이) 윤택하게 돼서 그때 생각하면 좋았던 거 같아요."(여성, 59, 평생학습)

"도움이 된 점은, 뭐든 한 단계씩 노력으로써 얻는 것이 좋은 걸 알았다는 것. 투자로 일확천금을 바라서는 안 된다고 봅니다. 안정적으로 장기투자에 의해서 설계하고 계획을 통해서 이루어져야만 노후에 안정적이고 편안한 삶이 될 거라고 생각합니다."(남성, 56, 취미생활)

"생각하는 게 바뀐 것도 있고, 지금은 옛날에 비하면 부자지요. 다 풍부한 거지."(여성, 76, 신체건강)

"그때 당시에는 힘들고 고통스럽다고 생각했는데, 지나고 나니까 인내심과 어떤 일도 극복할 수 있겠다는 강인함이 생겼습니다. 그 당시에는 힘들었지만, 지금은 그 일들 덕분에 나쁘지 않다는 것에 대해서 오히려 고마워하는 마음이 생겼습니다."(남성, 56, 신체건강)

● **지혜로운 극복**

"지금 생각해 보면 요즘은 의학이 발달해서 좋은 것도 많이 먹고, 병원도 미리 가니까. 부모님이 일찍 돌아가시고 보니까 우리 자식을 위해서 내가 오래 건강하게 살아야겠다 싶었어요. 그래서 건강검진도 1년에 한 번씩 하고, 건강을 위해 좋은 것(비타민, 영양제)도 많이 먹으려고 하고 긍정적으로 생활하고 그러죠."(여성, 60, 직업역량개발)

"아무래도 그때 일을 열심히 했으니까. 어려운 일이 있으면 그때 생각해서 버티지요."(남성, 66, 봉사/사회참여)

"어려운 일이 있었기 때문에 지금까지 힘든 것도 잘 버텨왔다고 사람들한테 얘기해줘요. 경험을 얘기할 수 있어서 좋은 것 같아요."(여성, 64, 봉사/사회참여)
"앞으로도 그런 일이 생길 확률이 많잖아요. 아무래도 힘든 일이 있었으면 그때 잘 헤쳐 나갈 수 있는 밑거름이 되겠죠."(여성, 56, 봉사/사회참여)
"많은 도움이 된다고 봐요. 지금도 힘든 일이 없을 수 없기 때문에 그때 그런 상황들이 학습이 돼서 지금은 피하거나 유연하게 대처할 수 있는 방법이나 요령들(같은 것들을 알게 되었어요)."(남성, 57, 평생학습)
"좋은 경험. 한 번 고비가 있었기 때문에 단련이 돼서 바뀌고 검소하게 쓰고 있죠."(여성, 60, 평생학습)
"아무리 힘든 일이 닥쳐도 다 헤쳐 나갈 수 있을 것 같아요."(남성, 62, 신체건강)

- **화목한 가정**

"가족끼리 화목하게 됐다."(여성, 56, 직업역량개발)
"엄마가 열심히 사는 거 보고 자식들도 열심히 살려고 노력해요. 엄마가 막 살았으면 망나니 됐을 텐데, 우리 애들은 다 잘 됐어. 우리 영감님도 하늘에서 다 알고 자식들 보살펴 주고 잘 살고 그래요. 옛날에 잘 살아서 그렇죠."(여성, 80, 평생학습)
"나는 도움을 준다고 생각해요. 지금은 애들이 커가지고 잘하니까. 내가 그때 잘 참고 애들 뒷바라지를 잘했구나 생각해요."(여성, 65, 취미생활)
"아이들도 커 가는 것도 보고, 잘되는 것 보면서 위안을 삼고 있는 거지. 부정적인 것은 없어요"(여성, 63, 취미생활)
"애들이랑 집사람이 고맙게 생각하는 게 나에게 도움이 됐어요. 집사람은 나에 대한 신뢰, 아이들은 아빠에 대한 신뢰로 끈끈한 가정을 이끌어 가는 거지."(남성, 72, 신체건강)

● **종교적 믿음**

"신앙생활을 하니까 하느님한테 좀 더 다가가는 기회가 된 거 같아."(여성, 63, 종교)

"조금 더 하나님을 의지하면서 산다고 해야 되나."(여성, 73, 봉사/사회참여)

## 부정적 영향

● **경제적 궁핍**

"그 사건이 없었으면 친정 부모의 재산이 있어서 가만있어도 풍요롭게 살았을 텐데. 노후도 그렇고 편하게 살 걸. 욕심으로 인해 있는 돈을 다 날려서 지금 풍요롭게 못 살아서 후회가 돼요. 아무 일 없이 자식들과 사는 건데, 욕심 때문에."(여성, 58, 종교)

"아무래도 철공소를 하다 보니까 장사가 잘 돼야 되는데 그런 사건이 있어 수입이 줄고. 늙어서 (돈을) 쓸 일이 더 있는데 그런 게 문제지요."(남성, 63, 취미생활)

● **심리적 궁핍**

"힘들었던 순간이 좋을 리 있겠어요. 그냥 버텼다고 해야죠."(여성, 57, 직업역량개발)

● **기타**

"어차피 순리인데 그 시점이 빠르지 않았나 하는(생각이 들어요). 그로 인해서 미래의 계획했던 시점하고 차이가 있어서 힘들었고, 인생의 어떤 시작과 끝맺음을 정할 수 없으니까 거기에 대한 준비도 미약하고. 그게 가장 힘들었어요."(남성, 61, 직업역량개발)

활동적 노년을 보내는 노인들이 과거에 역경과 시련을 경험했는지 확인해 본 결과 모든 응답자가 힘들었던 순간이 있었다고 답했다. 세부적인 내용을 살펴보면 가족문제가 가장 많았으며 사별문제에 있어서도 남편이나 아내, 부모 등 가족의 사별을 응답한 경우가 많았다. 그 외에 금전적 어려움이 있었으며, 직업문제 또한 금전적 어려움과 유사한 맥락으로 이해할 수 있었다. 전반적으로 모든 응답들이 개인적 차원의 역경과 관련된 것으로 이해할 수 있었다. 이는 우리 사회가 비교적 안정된 상태인 것으로 해석할 수 있다. 혹은 자신과 매우 밀접한 관계(가족 등)의 역경에 대해서만 관심을 갖고 관여하고 있었을 수도 있다. 결과적으로 응답자 모두 개인적 차원의 역경을 경험했으며, 이를 각자의 방법으로 극복했다고 응답했다. 극복의 방법은 능동적이거나 수동적 혹은 회피적이었으며, 역경과 시련을 극복하고 현재에 이르렀다고 볼 수 있다. 또한, 해당 역경과 시련을 통해 현재의 삶에 긍정적인 영향을 있었다고 응답한 비율이 더 높았다. 긍정적 영향이 있었다는 응답 내용 중 상황이 실제로 긍정적으로 변화했다(부자가 되었다 등)는 내용도 있었으나, 긍정적 '해석'에 대한 내용도 많이 있었다. 예를 들면, "저를 강하게 만들었다.", "아무리 힘든 일이 닥쳐도 다 헤쳐나갈 수 있을 것 같다." 등과 같이 상황을 긍정적으로 해석하려는 경향이 있는 것을 확인할 수 있었다.

## 2) 미래에 대한 낙관적 사고

표 15. 지금까지 지내오시면서 하셨던 일들이 잘 되어왔다고 생각하십니까?

| 구분 | | 전체(N) | 성별 | | 공동체유형 | | | | | |
|---|---|---|---|---|---|---|---|---|---|---|
| | | | 남 | 여 | 1 | 2 | 3 | 4 | 5 | 6 |
| 예(43명) | 삶의 목표 달성 | 39 | 15 | 24 | 10 | 2 | 11 | 8 | 3 | 5 |
| | 경제적 안정 | 7 | 2 | 5 | - | - | 4 | - | - | 3 |
| | 건강한 삶 | 5 | 2 | 3 | 1 | - | 1 | 1 | - | 2 |
| | 기타 | 1 | - | 1 | - | - | 1 | - | - | - |
| 아니오(11명) | 삶의 목표 달성 실패 | 4 | 2 | 2 | 1 | - | - | 1 | 2 | - |
| | 심리적 궁핍 | 3 | 1 | 2 | 2 | - | - | - | 1 | - |
| | 경제적 궁핍 | 1 | - | 1 | - | 1 | - | - | - | - |

공동체유형 1:직업역량개발, 2:종교, 3:봉사/사회참여, 4:평생학습, 5:취미생활, 6:신체건강

**Q. 지금까지 지내오시면서 하셨던 일들이 잘 되어왔다고 생각하십니까?**

활동적 노년이 낙관적 사고를 지니고 있는지 살펴보기 위하여 총 2가지 질문을 하였다. 먼저 지금까지 지내오면서 하셨던 일들이 잘 되어왔다고 생각하는지 물어본 결과, 전체 응답 중 43명이 그렇다고 답하였고, 7명이 그렇지 않다고 답하였다. 구체적으로 지금까지 해 오셨던 일들이 잘 되어왔다고 생각하는 이유는 하고자 하는 일이 잘 이루어진 삶의 목표달성이 39명으로 가장 많았고, 다음으로 경제적 안정 7명, 건강한 삶 5명, 종교적 믿음 1명 순으로 나타났다. 또한 지금까지 해 오셨던 일들이 잘 되지 않았다고 생각하는 이유로는 삶의 목표달성의 실패 4명, 심리적 궁핍 3명, 경제적 궁핍 1명 순으로 나타났다. 자세한 응답 내용은 다음과 같다.

예

● **삶의 목표달성**

“지금까지는 잘 되고 있어요. 수레바퀴 모임을 하면서 주위 사람도 많이 알고, 외로움도 많이 줄어들었고, 사람과 만나다 보니 정보 교환도 되고.”(남성, 61, 직업역량개발)

“사람의 욕심은 끝이 없지만, 그런 데로 잘 됐다고는 보고 있어요.”(여성, 62, 직업역량개발)

“큰 난관이 없었으니까 그렇게 봐야죠. 별 탈 없이 순탄했으니까.”(남성, 60, 직업역량개발)

“걱정 없으니까. 애들도 잘 크고 신랑도 그렇고.”(여성, 65, 직업역량개발)

“어렵네요. 제가 생각하기엔 오래 살지 않았지만 결혼해서 아이들도 자기 자리를 잡아서 있고, 우리 남편도 한 직장 다니면서 근면 성실하게 해오고 있고 그래서 제가 이렇게 편한지 몰라요. 미래가 좋고, 평탄하게 갈 거라고 생각해야 편하지 않겠어요.”(여성, 58, 직업역량개발)

“특별하게 성공은 못 했다고 생각하지만, 지금 생활 유지하는 데 어느 정도 보탬이 됐다고 생각해요.”(남성, 59, 직업역량개발)

“잘 된 것도, 안 된 것도 있는데, 잘 됐다고 생각하는 편이에요. 현재를 보면 그래도 평탄하게 살고 있으니까.”(여성, 63, 종교)

“그런 부분도 있고, 아닌 부분도 있고 정답이 있을까요? 근데 대체로 잘 진행 되어온 거 같아요.”(여성, 56, 봉사/사회참여)

“네. 집안일 잘 됐고, 애들이 잘 자라주어서 다행이고.”(남성, 66, 봉사/사회참여)

“애들 잘 되고, 잘 컸으니까.”(여성, 64, 봉사/사회참여)

“거의 60%는 잘 됐다고 생각하는데. 애들도 뜻대로 잘 커 줬으니까요.”(여성, 63, 봉사/사회참여)

“지금 보면 잘 됐다고 봐요. 그 전에 힘들었다고 해도 지금은 애들이 잘됐

으니까."(여성, 64, 봉사/사회참여)
"잘 된 것도, 안 된 것도 있고. 이 정도면 괜찮다고 생각해요."(여성, 63, 평생학습)
"그런 편이에요. 별 어려움 없이 애들 잘 키우고, 가정 잘 꾸려오고, 내가 하고자 하는 일 어느 정도 잘 이루어졌고."(남성, 60, 평생학습)
"평탄하게 살았던 거 같아요. 어려움 없이. 신랑이 아픈 거 빼고는."(여성, 63, 평생학습)
"환갑도 넘고, 이 정도 먹고살 만하면 기본은 했다고 생각해요."(남성, 62, 신체건강)
"그럼요. 자식들 잘 되고, 며느리 얻고 얼마나 좋아요."(여성, 76, 신체건강)
"100%는 아니지만, 중심을 잃지 않고 해 왔던 것을 돌이켜보면 80%는 괜찮게 됐다고 생각합니다."(여성, 56, 신체건강)
"현재 삶이 부족한 것 없이 넉넉하게 그냥 살고."(남성, 69, 신체건상)

● 경제적 안정

"돈이 많은 건 아니지만, 빚진 것도 아니니까. 중산층으로 잘 지내온 거 같은데요. 남한테 싫은 소리 안 듣고."(여성, 56, 봉사/사회참여)
"노후 대책도 조금 되는 것 같아요."(여성, 63, 봉사/사회참여)
"잘 되었다고 생각해요. 남들 만큼 재산도 있고, 애들 다 컸고, 내 일 있고 이러니까. 나만의 공간도 있어서 행복하죠."(여성, 56, 봉사/사회참여)
"애들이 어느 정도 안정적인 직장생활을 하기 때문에."(남성, 72, 신체건강)

● 건강한 삶

"지금까지는 (괜찮은 것 같아요). 다 건강하고, 아프지 않으니까 다 좋은 거 같아요."(여성, 56, 직업역량개발)

"돈도 중요하지만, 가족 건강이 최고니까. 아직 아픈 사람 없고. 제가 조금씩 아프지만 저뿐만이 아니라 주부들은 그 정도는 다 아프다고 생각하니까 이걸로 만족해요."(여성, 57, 봉사/사회참여)
"어느 정도는요. 애들도 잘 컸고, 건강하니까."(여성, 60, 평생학습)
"자녀들이 안 아프고, 저도 아직 건강한 편이라 만족합니다."(남성, 56, 신체건강)
"내가 건강하기 때문에 그것은 잘됐다고 생각해요. 내가 건강하지 못하면 자녀들한테 걱정을 끼치거든. 그래서 내가 건강해야 자녀들도 안심하고, 건강 유지하는 게 중요하지. 그게 잘 됐다고 생각하고."(남성, 72, 신체건강)

● **기타**
"그렇지. 그러니까 이렇게 살았지. 하나님께서 여지껏 도와주신 거야."(여성, 73, 봉사/사회참여)

**아니오**

● **삶의 목표달성 실패**
"그렇게 느끼거나 생각하는 사람이 많지는 않을 것 같고. 나도 젊었을 때 생각했던 부분들 중 거의 반의 반도 제대로 한 것이 없지 않나 생각이 들어요."(남성, 60, 평생학습)
"전체적으로 봐선 안정적으로 살았지만 원래 계획했던 것보다 떨어진다고 생각하죠. 후회 안 하도록 깊이 생각하고 면밀하게 검토해서 10년 20년이 지난 다음에 후회하지 않는 삶이 되도록 노력해야 된다고 생각합니다."(남성, 56, 취미생활)
"우리 아들딸들이 사회에서 자리를 잘 잡고 건강하고, 똑똑한데, 아직 결혼을 못 했어요. 일을 너무 사랑해서 결혼을 못한 게 조금 그래요. 빨리 시집·장가 가서 손자녀도 봐야 하는데, 재미없지. 친구들은 다 손자녀 사진 찍어서 자랑하는데, 그런 게 좀 속상하지."(여성, 63, 취미생활)

● **심리적 궁핍**

"그렇지 않습니다. 사람은 항상 후회가 남는 거니까 그렇게 잘 해왔다고는 생각 안 해요."(여성, 58, 직업역량개발)

"후회되는 게 많죠. 아직 자식들 결혼도 시켜야 하니까."(여성, 60, 직업역량개발)

"그건 현재 왔으니까 그러려니 하지만 돌이켜 보면 '내가 이 쪽 길로 갔으면 더 좋았을 것 같지 않나'라는 생각을 많이 했지. 젊었을 때부터 지금까지 후회되는 것도 많고."(남성, 64, 취미생활)

● **경제적 궁핍**

"아뇨. 재테크를 실패해서요."(여성, 58, 종교)

표 16. 어르신의 미래가 긍정적(항상 좋은 일만 있을 것)이라고 생각하십니까?

| 구분 | | 전체(N) | 성별 | | 공동체유형 | | | | | |
|---|---|---|---|---|---|---|---|---|---|---|
| | | | 남 | 여 | 1 | 2 | 3 | 4 | 5 | 6 |
| 예<br>(35명) | 긍정적 삶의 자세 | 30 | 10 | 20 | 10 | 1 | 7 | 5 | 5 | 2 |
| | 건강한 삶 | 5 | 2 | 3 | 1 | 1 | 3 | - | - | - |
| | 경제적 풍요 | 4 | 2 | 2 | 1 | - | 2 | 1 | - | - |
| | 종교적 믿음 | 2 | - | 2 | - | 1 | 1 | - | - | - |
| | 원만한 사회관계 | 1 | - | 1 | - | - | - | - | 1 | - |
| 아니오<br>(8명) | 수용적 삶의 자세 | 4 | 2 | 2 | 1 | - | - | 3 | - | - |
| | 경제적 궁핍 | 2 | 1 | 1 | - | 1 | - | 1 | - | - |
| | 신체능력 저하 | 2 | - | 2 | - | - | 1 | 1 | - | - |
| | 사회관계 상실 | 1 | 1 | - | - | - | - | - | - | 1 |
| 모르겠음<br>(6명) | | | 4 | 2 | 1 | - | 1 | - | 1 | 3 |

공동체유형 1:직업역량개발, 2:종교, 3:봉사/사회참여, 4:평생학습, 5:취미생활, 6:신체건강

**Q. 어르신의 미래가 긍정적(항상 좋은 일만 있을 것)이라고 생각하십니까?**

미래에 좋은 일만 있을 것이라고 생각하는지 물어본 결과, 전체 응답 중 35명이 그렇다고 답하였고, 8명이 그렇지 않다고 답하였다. 구체적으로, 미래가 긍정적일 것이라고 생각하는 이유는 긍정적 삶의 자세가 30명으로 가장 많았으며, 그 다음 건강한 삶 5명, 경제적 풍요 4명, 종교적 믿음 2명, 사회적 관계 1명으로 나타났다. 또한 미래가 긍정적이지 않을 것이라고 생각하는 이유는 긍정적 및 부정적 일이 모두 일어날 것이라고 생각하는 수용적 삶의 자세가 4명으로 가장 많았으며, 그다음 경제적 궁핍 2명, 신체능력저하 2명, 사회관계 상실 1명 순으로 나타났다. 자세한 응답 내용은 다음과 같다.

**예**

● **긍정적 삶의 자세**

"지금 배우는 일도 너무 재미있고, 그것으로 인해서 도전 의식도 생기고, 육체적으로 좋은 거 같아요."(여성, 56, 직업역량개발)

"제가 일도 배워서 자립할 수 있고, 사람들하고 창업도 하려고 하고 있어요."(여성, 57, 직업역량개발)

"네. 그럴 거 같아요. 열심히 살아왔고 아이들이나 남편도 열심히 살았다는 거에 대해서는 인정해 주니까 긍정적이지 않을까 생각됩니다."(여성, 58, 직업역량개발)

"좋게 생각해야죠. 이제 나이 먹어서 마무리하는 시기인데, 즐거운 생각 많이 해야지요."(남성, 60, 직업역량개발)

"할 수 있는 게 많고, 자영업을 하면서도 다음 일거리를 준비하고 있으니까."(남성, 61, 직업역량개발)

"생삭하기 나름인데 긍정적이라고 생각해요. 아까 이야기 한 거랑 이어지는데 아이들이 반듯하게 잘 컸고, 믿음도 있고, 자기가 할 일 잘 알아서 할 것 같고. 지금 제가 봉사 활동하는 게 저하고 적성에 잘 맞고, 봉사하고 나면 마음이 편하고."(여성, 56, 봉사/사회참여)

"그럼요. 긍정적으로 살아야지. 부정적으로 살다 보면 이런 일이 생기거든요. 그래서 '항상 이렇게 할 수 있어. 그렇게 될 거야' 같이 신앙생활하다 보니까 아무 탈 없이 된 거 같아요. 아직까지는."(여성, 57, 봉사/사회참여)

"네. 긍정적으로 살려고 합니다. 경제가 어려울 때 힘은 들지만 긍정적으로 생각하고 있습니다."(남성, 74, 봉사/사회참여)

"일단 봉사하니까 마음이 편하고, 자식들도 속 안 썩이고, 잘살고 있고 그래요."(여성, 70, 봉사/사회참여)

"좋은 일만 있어야지. (아들이) 장가 가고, 손주 손녀 보고, 좋은 일만 있

으면 좋지. (애들이) 얼마나 귀엽겠어."(여성, 57, 평생학습)
"긍정적인 마인드로 사니까 크게 뭐 없을 것 같아요. 앞으로는 100세 시대고 하니까 어떻게 될지 모르고, 가끔은 걱정이 되지만, 걱정한다고 되는 건 아니니까 좋은 쪽으로 생각하는 편이에요."(여성, 63, 평생학습)
"어려운 일 겪어봤고, 안정적으로 생각하려고 하기 때문에 편안하게 살 거라고 생각합니다."(여성, 65, 취미생활)
"미래는 알 수 없으니까 어떤 일이 생길지 모르지만, 받아들이는 자세만큼은 긍정적으로 받아들일 것 같습니다."(여성, 56, 신체건강)"

● **건강한 삶**

"앞으로 미래는 밝다고 봅니다. 꾸준히 운동하고 있어서 건강도 믿을 수 있고."(남성, 70, 직업역량개발)
"긍정적이죠. 아직 건강하니까."(남성, 61, 직업역량개발)
"자식들도 잘 자랐고, 가족들이 건강하고, 미래에 대한 삶이 풍족하진 않지만, 현상 유지하고 누릴 수 있어서."(여성, 58, 종교)
"네. 열심히 사니까 나빠질 일이 없고, 가족들 다 건강하고, 아픈 데 없으니까."(남성, 66, 봉사/사회참여)
"건강하게 살고 있기 때문에 좋은 일만 있다고 믿고 살고 있습니다."(남성, 74, 봉사/사회참여)
"네. 애들이 잘됐고, 우리가 건강하니까. 남편하고 건강하니까 그냥 그걸로 만족하고 살아요. 특별한 욕심은 없고."(여성, 64, 봉사/사회참여)"
"네. 건강하니까. 나이 먹다 보니까 건강이 최고잖아요. 건강하니까 내 삶이. 건강이 최고라고 해서."(여성, 58, 봉사/사회참여)
"내가 등산을 하면서 몸 관리도 하니까."(여성, 63, 취미생활)

● **경제적 풍요**

"큰 빚 없고, 장사하는 데 별 어려움 없으니까."(여성, 56, 봉사/사회참여)

"네. 다 갖춰진 상태이니까 행복한 일만 남은 거죠."(여성, 56, 봉사/사회참여)
"애들 다 키웠고, 우리만 생각하면 되니까 어려울 게 없다고 생각하고, 경제활동을 하니까 괴롭히는 사람 없고."(남성, 57, 평생학습)
"네. 아직 괜찮아요. 아이들이 자기 몫을 잘하고 있고 남편도 일 열심히 하고 있고, 지금 불편한 것 없고 가정이 평안한 것 같아요."(여성, 59, 평생학습)
"연금은 들어놓고, 집도 있고, 조금씩 벌고 하니 아직까지 미래가 나쁘다고 생각 안 해."(여성, 65, 취미생활)

- **종교적 믿음**

"긍정적인 일이 더 많을 거라고 생각은 해요. 부정적인 면도 있겠지요. 일단 내가 신앙생활을 하다 보니까 하느님 믿고 기도 하다 보면 부정적인 면도 긍정적으로 바뀔 것 같아요."(여성, 63, 종교)
"그렇다고 보지. 항상. 안 돼도 하나님의 은혜이고 잘 돼도 하나님의 은혜라고 생각하고 거기에 맞춰서 내가 기도해."(여성, 73, 봉사/사회참여)

- **원만한 사회관계**

"그렇죠. 얼마나 남았다고. 지금 봉사활동 잘하고 있고 친구도 사이좋게 사귀고."(여성, 70, 봉사/사회참여)
"친구 만나서 좋은 관계도 유지하고. 아직 자녀가 시집, 장가를 못 가서 그렇지 다른 건 부정적인 게 없는 거 같아요. '아직까지는 좋은 일만 있을 거다' 하고 살고 있어요."(여성, 63, 취미생활)

## 아니오

### ● 수용적 삶의 자세

"그렇지 않아요. 하루하루 즐겁게 감사하게 살면 되지 미래까지 걱정하면서 살면 힘들어서 안 돼요."(여성, 60, 직업역량개발)

"그렇지는 않지요. 요즘 사회나 경제, 그리고 모든 흐름이 빨리 지나가다 보니까 거기에 따른 부주의도 나타날 것이고. 환경적인 변화가 있을 테니까."(남성, 60, 평생학습)

"그렇지는 않아요. 지금까지 살아온 것과 마찬가지로 그냥 평범할 것 같아요."(남성, 60, 평생학습)

### ● 경제적 궁핍

"소득이 없으니까."(남성, 56, 종교)

"내가 소득되는 일도 안 하고 쉬니까 아무래도 불안해요."(여성, 63, 평생학습)

### ● 신체능력저하

"아니죠. 이제부터 나쁜 일이 있을 거 같아. 70이 넘어가면서 건강 때문에 자손들도 혹시나 모르는 거지. 지금은 행복하지만. 그런 걸 생각해요."(여성, 64, 봉사/사회참여)

"아뇨. 건강이 점점 나빠지니까."(여성, 63, 평생학습)

### ● 사회관계 상실

"안 그러지. 나쁜 일도 있겠지. 아무래도 나이가 들어서 (언젠가) 마누라도 죽을 것이고, 나도 죽을 것이고."(남성, 65, 신체건강)

**모르겠음**

“글쎄요. 긍정적이라고 못 하고, 부정적이라고도 못 하죠.”(여성, 63, 봉사/사회참여)
“좋은 일만 있겠어요. 좋은 일도 있고, 궂은 일도 있고 똑같죠.”(남성, 63, 취미생활)
“좋아야 되겠지. 근데 사람 일은 모르지. 지금은 좋지만, 앞 일을 아나.”(여성, 76, 신체건강)
“희로애락이 있는 거죠. 인생 자체가 좋은 일만 있으면 좋겠지만, 항상 그렇지는 않으니까. 삶과 죽음이 있는 것처럼 슬픈 일도 있고, 기쁜 일도 있고. 여러 가지 일이 있을 수 있잖아요.”(남성, 56, 신체건강)

활동적 노년을 보내는 노인들이 낙관적 사고를 가지고 있는지 확인해 본 결과, 과거와 미래에 대해 전반적으로 낙관적인 생각을 갖고 있는 것으로 나타났다. 세부적으로는 자녀들의 성장과 경제적 성취, 가족들의 건강 등이 있었으며, 전반적으로 가정의 안정과 관한 답변이 주를 이루었다. ‘아니오’라고 응답한 경우에도 세부 내용은 주로 자녀들의 결혼, 출산 등과 관한 것으로 이 역시 가정과 관련되어 있음을 알 수 있다. 그 외에도 일부 경제, 경력 등에 관한 답변도 있었다.

자신의 미래를 낙관적으로 생각하는지에 대한 질문에 대해서도 많은 활동적 노인들이 낙관적일 것이라 답변했다. 세부 내용을 살펴보면 현재 건강을 잘 유지하고 있으며 긍정적인 삶의 자세를 유지하려고 노력한다는 답변이 많았다. 또한, 경제적으로 안정되어 있으며 자녀 양육에 대한 책임을 완수(자녀들을 잘 키웠다) 했다는 답변들도 있었다. 자신의 미래에 대해 낙관하지 못하는 경우에도, 부정적일 것이라는 예측보다는 어떠한 일이 발생할 수도 있고 그 또한 잘 받아들이겠다는 자세를 확인할 수 있었다.

즉, 대다수가 자신의 미래에 대해 긍정적으로 해석하고 있는 것을 확인할 수 있었다.

활동적 노년을 보내고 있는 노인들은 자신의 과거와 미래에 대해 전반적으로 낙관적인 자세를 보이고 있었으며, 특히 가정의 안정(자녀들의 성장, 경제적 성취, 성공적인 경력, 건강 등)과 관련된 긍정적 태도를 가지고 있었다.

### 3) 과거 및 현재 삶에 대한 통합적 자세

**표 17.** 어르신의 인생을 돌아보셨을 때 후회 없이 잘 살아오셨다고 생각하십니까?

| 구분 | | 전체 (N) | 성별 | | 공동체유형 | | | | | |
|---|---|---|---|---|---|---|---|---|---|---|
| | | | 남 | 여 | 1 | 2 | 3 | 4 | 5 | 6 |
| 예 (29명) | 긍정적 삶의 자세 | 18 | 8 | 10 | 4 | - | 6 | 2 | 3 | 3 |
| | 화목한 가정 | 8 | 3 | 5 | 3 | 1 | 2 | - | 1 | 1 |
| | 건강한 삶 | 3 | 1 | 2 | 1 | 1 | - | 1 | - | - |
| | 원민힌 사회관계 | 2 | 1 | 1 | 1 | - | - | - | - | 1 |
| 아니오 (21명) | 삶에 대한 후회 | 18 | 6 | 12 | 5 | - | 4 | 6 | 2 | 1 |
| | 경제적 궁핍 | 3 | 1 | 2 | 1 | 1 | - | - | - | 1 |

공동체유형 1:직업역량개발, 2:종교, 3:봉사/사회참여, 4:평생학습, 5:취미생활, 6:신체건강

### Q. 어르신의 인생을 돌아보셨을 때 후회 없이 잘 살아오셨다고 생각하십니까?

활동적 노년이 과거나 현재 삶에 대해 통합적인 자세를 지니고 있는지 살펴보기 위해, 지나온 인생에 대해 후회 없이 살아오셨다고 생각하는지 물어본 결과, 전체 응답 중 29명이 그렇다고 답하였고, 21명이 그렇지 않다고 답하였다. 구체적으로, 지나온 인생에 대해 후회가 없다고 생각하는 이유는 최선을 다해서 살아왔고 큰 탈 없이 지내왔다는 답변을 포함하는 긍정적 삶의 자세가 18명으로 가장 많았으며, 다음으로는 화목한 가정 8명, 건강한 삶 3명, 원만한 사회관계 2명 순으로 나타났다. 또한 지나온

인생에 대해 후회된다고 생각하는 이유는 삶에 대한 후회 18명, 경제적 궁핍 3명 순으로 나타났다. 자세한 응답 내용은 다음과 같다.

예

● **긍정적 삶의 자세**

"아직까지는 잘 살았다고 보시면 될 거 같아요. 특별한 건 없지만 그냥 편안하고, 남들과 비슷한 삶을 살았다고 생각하니까. 이 정도면 되지 않을까."(여성, 56, 직업역량개발)

"전혀 후회하지 않습니다. 주어진 여건에서 최선을 다하고, 어려워도 잘 인내하면 훗날 삶에서 많은 도움이 되지 않을까요."(남성, 70, 직업역량개발)

"네, 대체로 만족하는 편입니다. 자기 인생인데 대체로 잘 살아왔다고 얘기해야 맞는 거고. 실패한 인생이라면 너무 슬프고 비관적이니까. 이렇게 잘 살아왔다는 게 아니라, 큰 탈 없이 무리하지 않으면서 내 가족을 데리고 지금까지 왔으면 잘 살아온 게 아닌가."(남성, 61, 직업역량개발)

"네, 기본적인 것에 충실하면 그렇게 되는 것 같아요."(여성, 56, 봉사/사회참여)

"후회 없이 잘 살았다기보다는, 나무도 곧게 자라지 않고 길도 고불고불하니까. 좋았다, 안 좋았다 하는 거지. 지나간 고생은 고생으로 생각하지 않고, 지금은 행복하니까 이걸로 감사하고 살아요. 잘 살아온 편이에요."(여성, 64, 봉사/사회참여)

"자식들한테 부끄럽지 않으니까 후회 없이 잘 살았다고 생각합니다."(여성, 60, 평생학습)

"나름대로 슬기롭게 대처하고 살았다고 생각해요."(여성, 65, 취미생활)

"제 삶에 만족하고 불만은 없어요."(여성, 63, 취미생활)

"별 후회 없었어요. 내가 생각한 대로 재산을 불려 나갔으니까."(남성, 65, 신체건강)

● **화목한 가정**

"아이들도 잘 자라서 만족하고 사는 거 같아요."(여성, 57, 직업역량개발)

"자녀들이 열심히 살아주고, 외국에서 자기 할 일 하고, 공부도 잘하고 있으니까."(남성, 61, 직업역량개발)

"자식도 잘 컸고, 나도 살 만큼 살았고."(남성, 79, 직업역량개발)

"애들이 사업 때문에 힘들어했어도, 건강하게 잘 살고 남편하고도 잘 살고 있으니까."(여성, 63, 종교)

"네, 그럭저럭 살아왔습니다. 그냥 자식들도 잘되고 해서 잘 열심히 살아왔습니다."(남성, 74, 봉사/사회참여)

"그동안 하고 싶은 걸 못 해서 후회가 있겠지만 그래도 잘 살아온 것 같아요. 애들 잘 키우고 사니까."(여성, 64, 봉사/사회참여)

● **건강한 삶**

"지금까지 잘 살아왔고, 건강하니까."(남성, 61, 직업역량개발)

"별다르게 후회한 적 없습니다. 잘 살아왔지. 실패를 겪거나, 주변에 힘든 사람이나 환자 이런 게 없으니까."(남성, 60, 직업역량개발)

"네, 잘 살아왔어요. 아이들도 건강하니까."(여성, 59, 평생학습)

● **원만한 사회관계**

"그렇다고 봐야죠. 특별하게 누구한테 잘못하거나 그런 적 없으니까."(여성, 57, 직업역량개발)

"이웃 형제들이나 친척들하고 별 다툼 없이 살아왔다고 생각하기 때문에."(남성, 56, 신체건강)

"후회가 없지. 여태까지 남한테 나쁜 짓 하지 않고, 손가락질 안 받고, 금

전적으로 남한테 피해 안 줬으니 잘 살아왔지.”(남성, 72, 신체건강)

### 아니오

● **삶에 대한 후회**

“그렇지는 않죠. 어떻게 후회가 없겠어요. 열심히 살았지만, 어떤 일이든 간에 최선을 다하지 않았고. 지금은 부모님이 안 계시지만 어머니가 살아 계실 때 좀 더 잘할 걸 그런 생각이 납니다.”(여성, 58, 직업역량개발)

“후회야 많지. 다른 남자 만났으면 잘 살았을 텐데.”(여성, 65, 직업역량개발)

“후회가 있었죠. 남들보다 열심히 못 한 게 후회되고, 주어진 시간을 낭비한 게 후회되고.”(남성, 59, 직업역량개발)

“살면서 후회를 안 하겠어요. 조금씩은 있죠. 후히 안 하고 살려고 하는 편인데. 후회는 있겠죠? 나이가 들어보니까 내가 무슨 상황에 처했을 때 조금 더 현명하게 대처할 걸 하는 후회가 있죠.”(여성, 56, 봉사/사회참여)

“후회 없이 살았다고만 할 수는 없죠. 후회도 많이 했어요. 너무 사회생활을 안 하고 결혼을 하니까 사람 보는 눈도 없었다는 생각이 들어요.”(여성, 58, 봉사/사회참여)

“후회 많이 하죠. 아쉬운 점이 많죠. 학창 시절에는 운동이든 공부이든 열심히 했어야 했는데, 못해서 아쉽고. 대학교 때는 시간도 많고 새로운 뭔가를 준비 할 여유가 많았는데, 황금 같은 시간을 활용 못 했어요. 직장생활은 지금 와서 보니 너무 한 직장만 다녀서 아쉽지요. 지금은 좋아요.”(남성, 57, 평생학습)

“후회가 없다면 말이 안 되는 거고. 후회는 있죠. 지금까지 못 해본 거 해보고 싶고. 그때로 가도 후회스러운 게 있겠지요. 고등학교 밖에 안 나왔으니까. 그 시절로 돌아간다면 지금보다 현명하게 진로를 생각하지 않았을

까, 그럼 다른 삶을 살지 않았을까. 그런 생각 해요."(여성, 63, 평생학습)
"아뇨. 학교를 끝까지 못 나온 게 후회가 돼요. 부모님이 저희 때만 해도 고등학교만 나와도 된다고 해서 안 갔는데, 지금은 조금 더 공부해서 직장생활 하며 애들을 키웠으면 좀 더 풍족하게 키우지 않았겠나 싶어요."(여성, 63, 평생학습)
"후회가 많이 들죠. 인생을 한 번 살아본 경험. 그런 것들이 진짜 중요한 것 같은데. 사실 사람이 인생을 여러 번 살 수 없는 게 가장 큰 문제가 아닌가. 한 번 살아 봤기 때문에 다음 생이 있다고 하면 제대로 살 수 있을 것 같아요." (남성, 60, 평생학습)

● **경제적 궁핍**

"그렇지는 않죠. 후회되는 것도 많죠. 젊었을 때 좋은 집도 사 놨으면 더 나았을 텐데. 자식들 키우다 보니 애들 공부 가르치느라고 집이나 부동산 사 놓을 전혀 못 했죠. 지금 생각하니 돈이 최고니까. 부동산 많이 못 지니고 있던 게 후회되지. 자식들은 훌륭하게 잘 됐으니까 그건 후회 없는데, 돈 벌 기회가 왔을 때 못 잡았으니까 그런 건 후회가 되고 그래요." (여성, 60, 직업역량개발)
"후회돼요. 내가 직장생활도 잘해오고 남한테 베풀고 살았는데, 순간 실수로 너무 많은 돈을 잃으면서 친정 부모나 남편한테 신뢰를 잃어서 속상해요. 후회되고."(여성, 58, 종교)
"일단 현대를 다녔어요. 잘 다니다가 사업한다고 하니까. 아내가 반대가 심했어요. 어머니 살아계실 때도 대기업 다니면 좋아하시니까 돈 더 벌려고 주위 사람 쉽게 믿고, 집 담보 잡히고. 그게 제일 후회 돼요. 천천히 했어도 되는데 너무 급하게 해서."(남성, 62, 신체건강)

### 4) 스트레스에 대한 통제감

표 18. 어르신께서는 스트레스 받는 사건에 대해서 스스로 해결할 수 있다고 생각하십니까?

| 구분 | | 전체(N) | 성별 | | 공동체유형 | | | | | |
|---|---|---|---|---|---|---|---|---|---|---|
| | | | 남 | 여 | 1 | 2 | 3 | 4 | 5 | 6 |
| 예(45명) | 자발적 대처 | 27 | 9 | 18 | 11 | 1 | 6 | 2 | 3 | 4 |
| | 주변인의 도움 | 14 | 4 | 10 | 2 | 1 | 2 | 5 | 3 | 1 |
| | 회피적 대처 | 4 | 3 | 1 | 2 | - | 1 | - | - | 1 |
| | 종교적 대처 | 2 | 1 | 1 | - | 1 | 1 | - | - | - |
| 아니오(4명) | 대화로 해결 | 4 | 1 | 3 | - | - | 2 | 2 | - | - |
| 모르겠음(1명) | | | 1 | - | - | - | - | 1 | - | - |

공동체유형 1:직업역량개발, 2:종교, 3:봉사/사회참여, 4:평생학습, 5:취미생활, 6:신체건강

**Q. 어르신께서는 스트레스 받는 사건에 대해서 스스로 해결할 수 있다고 생각하십니까?**

활동적 노년이 스트레스에 대한 통제감을 지니고 있는지 살펴보기 위해 스트레스를 받는 사건에 대해 스스로 해결할 수 있는지 물어본 결과, 전체 응답 중 45명이 그렇다고 답하였고, 4명이 그렇지 않다고 답하였다. 구체적인 스트레스 사건에 대한 대처 방법은 취미생활을 하거나 긍정적으로 생각하기 등을 포함하는 자발적 대처가 27명으로 가장 많았으며, 다음으로 주변인의 도움 14명, 회피적 대처 4명, 종교적 대처 2명 순으로 나타났다. 또한 스트레스 사건에 대해 스스로 해결할 수 없다고 생각한 사람들은 4명으로, 혼자 해결하기보다 상대방과 대화로 해결하는 방법을 사용한다고 대답하였다. 자세한 응답 내용은 다음과 같다.

예

● **자발적 대처**

“본인이 해결 안 하면 누가 해결하겠습니까? 스트레스라고 생각 안 하고 좋은 쪽으로 생각하다 보면 잊혀지고 그러더라고요. 모임에서 많이 해소를 하죠.”(남성, 61, 직업역량개발)

“요즘은 동호회 활동을 통해 친구들 만나고, 대화 상대가 많으니까, 스트레스가 그다지 쌓이지 않은 거 같고. 예전에는 감정적인 부분에서 화를 내는 부분이 많았겠지.”(여성, 62, 직업역량개발)

“(스스로) 해결하려고 노력합니다. 스트레스받는 걸 어떻게 풀어야 하는지 방법을 생각하다 보면 좋은 쪽으로 풀리지 않을까요. 그게 해결하는 방법이지. 술 마시거나 화를 내면 뭐합니까, 몸만 상하지.”(남성, 60, 직업역량개발)

“스스로 해결해야지요. 제 스트레스로 인해 다른 사람한테 피해주면 안 되니까. 산책도 가고, 주변 사람들과 등산도 가고 해서 나름 스트레스 푸는 거예요.”(여성, 58, 직업역량개발)

“스트레스를 푸는 방법은 바깥에 나가서 운동한다든가, 자전거 탄다든가 이런 거죠.”(남성, 70, 직업역량개발)

“이제는 저희 친구들도 자식들 공부시켰으니까 친구들끼리 놀러 다니고, 산에도 가고, 맛난 것도 먹으러 다니고, 운동도 나와서 하고, 즐겁게 친구들 만나서 재미있게 웃고 떠들고 사는 게 재미죠. 여기 형님들이 많으니까 와서 놀고 얘기하면 시간 금방 가고 그래요.”(여성, 60, 직업역량개발)

“연륜이 있는데 대처하는 방법을 모르겠습니까. 여러 가지가 있는데 가까운 산을 간다든지. 아까 말했듯이 화가 나면 그 자리를 피하고. 본인이 감정 컨트롤이 안 되면, 상황이 누그러지고 다시 이야기하고 이런 게 일종의 위기를 피하는 방법이에요. 스트레스를 해소하는 건 자기가 좋아하는 거, 예를 들면 공원 걷거나 등산을 하면 어느 정도 풀리지 않을까.”(남성, 61,

직업역량개발)

“스트레스를 많이 받지는 않지만, (스트레스를 받으면) 내 시간을 갖기 위해 차로 드라이브를 가는 시간을 가져요.”(여성, 58, 종교)

“아까도 말씀드렸지만, 저는 수다를 많이 떨어요. 스트레스받으면 담고 있지 않고 다른 화젯거리를 만들어서 전화로 수다 떨다 보면 화가 난 일을 싹 잊어버려요. 커피숍 가서 혼자 차 마실 때도 있어요. 혼자 차 마시면서 사람들 구경하다 보면 ‘이렇게 사람들 살아가는구나 나도 할 수 있어’ (라고 생각해요).”(여성, 57, 봉사/사회참여)

“네, 잘 해결하고 있습니다. 옛날에 어려웠던 걸 더 생각하고 슬기롭게 지내고 있습니다. 가끔은 등산을 가서 풀기도 하고, 회원들하고 이야기도 하고 그러면 풀립니다.”(남성, 74, 봉사/사회참여)

“조금은 해결해요. 제가 하고 싶은 봉사활동도 하고, 사람들과 모임도 갖고 하면서 스스로 극복하려고 해요.”(여성, 64, 봉사/사회참여)

“네, 그냥 제가 먼저 자신을 다스려서 스스로 해결해 나가죠.”(여성, 58, 봉사/사회참여)”

“컨트롤하려고 노력을 해야겠더라고. 되도록 그렇게 하려고 노력하는데, 살아보니까 어린 사람보다 나이 먹은 사람들이 대화하다 보면 개성이 강해서 힘든 걸 느껴요. 이럴 땐 어떻게 해야 하나, 무조건 참아야 하나 생각하면서 ‘나도 자제를 해야겠구나’라고 생각을 해요.”(여성, 64, 봉사/사회참여)

“네, 취미생활도 하고, 친구들하고 대화도 많이 하고, 사는 얘기도 많이 하니까. 그게 스트레스를 풀어주는 거 같아요.”(여성, 59, 평생학습)

“그럼요. 글 배우러 오면 다 잊어버리고 얼마나 좋은지 몰라요.”(여성, 80, 평생학습)

“역시 잘 안되지만 나가서 친구들하고 새로운 것도 배우고요. 그럼으로써 스트레스를 어느 정도는 스스로 해결할 수 있다고 생각합니다.”(여성, 60, 평생학습)”

"노래 부르고, 춤추고. 활달하게 생활해요."(여성, 63, 취미생활)

"네, 잘 해결해요. 담배도 약간 하고, 친구 간에 대화도 많이 나누면서 풀기도 하고, 운동도 하면서 풀어왔습니다."(남성, 63, 취미생활)

"네, 맞아요. 잘 해결해요. 여행이나 등산도 가고 친구들 만나서 맥주도 한 잔 마시고 그렇게 풀어요."(여성, 63, 취미생활)

"조금은 그렇게 된 것 같습니다. 전에 같은 경우에는 하루 동안 그 감정에 지배당할 정도로 타격이 컸는데, 지금은 이것이 내게 어떤 메시지가 있을지 또는 어떤 데에 영향을 미칠지 돌아보게 되니까 해결 능력이 더 강해집니다. 그리고 스트레스로 인한 안 좋은 상태가 오래 가지 않는 걸 볼 때 많이 나아졌다고 생각합니다."(여성, 56, 신체건강)

"스스로 잘 해결해야지. 남한테 의지해서 풀 수는 없는 것이고. 내가 여태 큰 잘못이 없으니까 대화를 통해 나도 이해를 하고, 내 뜻을 그 사람한테 이해 시키고. (결과적으로) 논리적으로 이해를 시켜 서로 다툼 없이 잘 지내는 걸로."(남성, 72, 신체건강)

"네, 스트레스받으면 산책 하고 풀어요. 금방 풀리는 편이고."(남성, 69, 신체건강)

● **주변인의 도움**

"하고 있다고 봐야죠. 스트레스 받으면 친구들 만나서 얘기도 하고, 음식도 먹으면서 푸는 거 같아요."(여성, 57, 직업역량개발)

"그런 편입니다. 아는 사람이나 언니한테 말로 풀든가 주위 사람과 음주를 하면서 푸는 거지요."(여성, 58, 직업역량개발)

"있지. 다른 건 없고 웃으면서 사람들과 좋게 지내니까 스트레스가 그냥 풀리던데."(여성, 63, 종교)

"스스로 해결해요. 스트레스받으면 속으로 삭히지 않고 친한 사람들한테 얘기해요. (그러면) 주변에서 그런 게 별거 아니라고 생각하는 사람들이 있어서, 그런 얘기 들으면 풀리기 때문에 가까운 사람한테 얘기하는 편이

에요. 무슨 일 있으면."(여성, 63, 평생학습)
"혼자 해결하려고 노력하겠지만 혼자 다 해결할 수는 없죠. 그래서 이웃이 필요하고, 형제가 필요하고, 친구가 필요한 거겠지요."(남성, 60, 평생학습)
"주변 사람들한테 말하면서 푸는 게 제일 좋은 거 같아서, 요즘은. 어디 가서 일하게 되면 내 자식 흉은 나한테 마이너스라서 안 했는데, 지금은 해요. 그럼 풀려요."(여성, 65, 취미생활)

- **회피적 대처**

"참으면 돼. 화를 내면 뭐합니까."(남성, 79, 직업역량개발)

- **종교적 대처**

"네, 종교적으로요."(남성, 56, 종교)
"해결하려고 하지. 얘기도 하고 기도도 하고. 이것저것 많은데 일일이 어떻게 다 말을 하겠어. 그럴 때마다 나는 그냥 기도해. 찬양 부르고."(여성, 73, 봉사/사회참여)

**아니오**

- **대화로 해결**

"혼자 해결하지 못한다고 보는데요. 스트레스받는 상황이 내가 잘못한 경우면 내가 풀 수 있지만, 대부분 다른 사람과 연관되기 때문에 같이 풀어야 된다고 생각해요. 해결할 수 있는데 과정이 어렵다는 거지요. 상대방도 대화를 많이 해야 되고. 입장 바꿔 생각하면 빨리 진행되는 사람도 있지만 고집이 세면 오래가더라고요. 해결은 되지만 시간이 오래 걸린다는 이야기죠. 방법이 없는 건 아니지만 길고 오래 거리죠."(여성, 56, 봉사/사회참

여)
"혼자서 해결 할 수 있는 게 많지는 않지요. 사회생활 하다 보면 혼자 잘 한다고 되는 게 아니기 때문에 대화를 하고, 조언도 구하고 풀어가야 되겠지요. 혼자 해결하는 게 아니고요."(남성, 57, 평생학습)

활동적 노년을 보내고 있는 노인들에게 스스로 스트레스를 해결할 수 있다고 생각하는지 질문한 결과, 대다수가 그렇다고 응답했다. 세부 내용을 살펴보면, "모임에서 해소한다.", "대화를 통해 해결한다.", "친구들끼리 놀러 다닌다.", "등산을 한다.", "드라이브 간다." 등 나름의 스트레스 해소 방법을 가지고 있는 것을 알 수 있었다. 특히, 타인과의 대화를 통해 해결하거나 개인적 방법(운동, 취미, 사회활동 등)으로 해결하는 것으로 나타났다. '아니오'라고 응답한 경우에도 세부 내용을 살펴보면, "대화를 하며 풀어간다.", "혼자 해결하기 어렵다. 대화를 해야 한다." 등의 내용이었다. 이는 스트레스를 해결하는 것이 스스로 가능하거나 혹은 타인과의 관계(활동이나 대화)를 통해 해결한다는 것으로, 스트레스를 해결하는 과정에 있어서 일부 차이는 있을 수 있지만, 주도적으로 스트레스를 해결하려는 노력을 하는 것을 확인할 수 있었다.

### 5) 자신만의 기술

표 19. 어르신께서는 본인이 남들보다 더 잘하거나 자신 있다고 생각하시는 부분이 있으십니까?

| 구분 | | 전체(N) | 성별 | | 공동체유형 | | | | | |
|---|---|---|---|---|---|---|---|---|---|---|
| | | | 남 | 여 | 1 | 2 | 3 | 4 | 5 | 6 |
| 예(36명) | 취미 관련 전문성 | 11 | 2 | 9 | 5 | - | 1 | 3 | 2 | - |
| | 직원 관련 전문성(과거부터 현재) | 7 | 6 | 1 | - | - | 1 | 1 | 2 | 3 |
| | 운동 관련 전문성 | 3 | 3 | - | 1 | - | 1 | 1 | - | - |
| | 기타 | 11 | 2 | 9 | 3 | 1 | 4 | - | 1 | 2 |
| 아니오(14명) | 없음 | 14 | 5 | 9 | 3 | 1 | 5 | 3 | - | 2 |

공동체유형 1:직업역량개발, 2:종교, 3:봉사/사회참여, 4:평생학습, 5:취미생활, 6:신체건강

**Q. 어르신께서는 본인이 남들보다 더 잘하거나 자신 있다고 생각하시는 부분이 있으십니까?**

활동적 노년이 자신만의 기술을 가지고 있는지 살펴보기 위해 총 2가지 질문을 하였다. 먼저 다른 사람보다 자신이 더 잘한다고 생각하는 부분이 있는지 물어본 결과, 전체 응답 중 36명이 그렇다고 답하였고, 14명이 그렇지 않다고 답하였다. 구체적으로 다른 사람보다 잘하는 부분은 뜨개질, 서예 등을 포함하는 취미 관련 전문성이 11명으로 가장 많았고, 다음으로는 직업 관련 전문성 7명, 운동 관련 전문성 3명 순으로 나타났다. 자세한 응답 내용은 다음과 같다.

**예**

- **취미관련 전문성**

"하는 것은 노래. 특별히 배운 건 아닌데 옛날부터 노래에 관심이 있었고. 소싯적 가수가 꿈이었습니다."(남성, 61, 직업역량개발)

"예전부터 취미로 관심을 가져왔고 지금 1년여 동안 리빙 패션을 배워왔

기 때문에 잘하지 않을까. 틈틈이 작품이나 소품을 보면서 그런 걸 만들어 보고 싶다는 생각을 했었기 때문에 주저하지 않고 학교를 다니게 됐습니다."(남성, 61, 직업역량개발)

"재봉틀과 뜨개질을 잘해서 수세미를 뜨고, 남들 하나씩 나눠 주고. 그게 기술이지."(여성, 57, 평생학습)

"글씨도 잘 쓰고, 서예도 하니까."(남성, 57, 평생학습)

"만드는 것. 내가 공업 학계 출신이거든. 뚝딱거려서 만드는 건 잘하지. 닭장을 짓는다든지 필요한 것들을 만들지."(남성, 64, 취미생활)

"(내가) 우리 나이 또래 중에서 컴퓨터는 잘하는데."(남성, 69, 신체건강)

"요리요. 배우지는 않고, 약간 타고난 게 있는 것 같아요."(여성, 56, 직업역량개발)

"음식 잘한다고 생각해요. 사람들이 맛있다고 그래요. 배웠다기보다 엄마가 해주신 거 생각하면서 하고, 어디서 맛있는 거 먹으면 집에 와서 해보면서 즐거웠던 거 같아요."(여성, 57, 직업역량개발)

"음식을 잘 한다고. 맛있게 한다고 해서 제가 해 주는 음식은 주변에서 맛있다고 하니까. 주부들이 특별히 잘하는 거 뭐 있나요. 음식 맛있게 하는 거죠."(여성, 60, 직업역량개발)

"음식. 반찬 같은 거 간 잘 맞추고. 노인정에서 밥을 해서 음식을 잘해요."(여성, 64, 봉사/사회참여)

● **직업관련 전문성(과거부터 현재까지)**

"머리. 미용을 잘하죠. IMF 때 신랑이 퇴직 위기였어서. 신랑이 퇴직하면 뭐라도 해서 가정을 이끌어가야 한다는 (마음이) 있었어요."(여성, 56, 봉사/사회참여)

"우리 또래 사람답지 않게 IT 쪽, 컴퓨터 쪽에 해박하다고 할까."(남성, 60, 평생학습)

"지금하고 있는 철공소도 나름 손재주고. 하고 싶었던 일도 손재주에 관계

된 것 같기도 하고."(남성, 63, 취미생활)
"20년 넘었어요. 뜨개질을 하거든요. 우리 애들 어렸을 때도 다 떠서 입히고, 친구들도 가르쳐주고. 손재주가 좋거든요."(여성, 63, 취미생활)
"건축일 하다 보니 힘은 들지만 집 한 채는 지을 수 있고. 아래층에서 물 세고, 막히고 이런 건 직접 해결합니다."(남성, 62, 신체건강)
"제가 젊었을 때 자동차 정비를 했는데. 자동차 엔진 소리만 들어도 자동차가 뭐가 문제인지 다 알아."(남성, 65, 신체건강)
"운전도 자신 있고. 약속하면 잘 지켜서 신임을 잃지 않고. 남편이 사업할 때 오토바이를 타니까 위험해보여서 '운전을 배워야겠다' 생각해서 배웠어요."(여성, 64, 봉사/사회참여)

● **운동관련 전문성**

"당구장을 수십 년 운영해서 당구는 남들보다 잘하고 있습니다. 군대 가서 배웠습니다."(남성, 74, 봉사/사회참여)
"탁구를 잘 쳐."(남성, 72, 신체건강)

● **기타**

"기억력이나 총명함은 다른 사람보다 좋은 거 같아."(여성, 62, 직업역량개발)"
"성격이요. 성격이 밝아서 주변 사람들이 다 좋아해요. 그것도 잘하는 거 아닌가."(여성, 58, 직업역량개발)
"그냥 상대방 이야기 잘 들어주고, 많이 공감해 주고, 그런 거 같아요."(여성, 56, 봉사/사회참여)
"살림은 주부들 다 똑같고, 음식은 집에서 남들처럼 해서 주는 편이지요. 제가 친구는 많아요. 왜냐하면 제가 상담하는 거 좋아해서 저한테 와서 이런저런 얘기 하다 보니까 그런 거라고 생각해요. 제가 말하기 쑥스럽네요."(여성, 57, 봉사/사회참여)

표 20. 있다면 그 기술을 활용해 지금 어르신의 삶에 도움이 되고 있습니까?

| 구분 | 전체 (N) | 성별 | | 공동체유형 | | | | | |
|---|---|---|---|---|---|---|---|---|---|
| | | 남 | 여 | 1 | 2 | 3 | 4 | 5 | 6 |
| 개인의 성장과 발전 | 22 | 8 | 14 | 5 | 1 | 8 | 1 | 5 | 2 |
| 관계적 발달 | 14 | 4 | 10 | 7 | 2 | 1 | 3 | - | 1 |

공동체유형 1:직업역량개발, 2:종교, 3:봉사/사회참여, 4:평생학습, 5:취미생활, 6:신체건강

**Q. 있다면 그 기술을 활용해 지금 어르신의 삶에 도움이 되고 있습니까?**

자신이 가지고 있는 기술이 현재 삶에 어떤 도움이 되는지 물어본 결과, 즐거움, 자부심, 뿌듯함 등을 포함하는 개인적 발달 22명과 정보교환, 다른 사람에게 도움을 주는 것 등의 관계적 발달 14명으로 나타났다. 자세한 응답 내용은 다음과 같다.

**예**

- **개인적 성장 및 발전**

"가족들이 음식을 즐겁게 먹어주면 (그게) 즐거움 아니겠어요."(여성, 57, 직업역량개발)

"그렇죠. 모든 삶에 긍정적이고 당당하게 살아갈 수 있었다."(남성, 70, 직업역량개발)

"자기발전, 현재하고 있는 직업을 가진 사람들 중에서 남들보다 노력한 만큼 많이 알고, 경제적으로 도움이 되지 않았나 싶네요."(남성, 59, 직업역량개발)

"그냥 먹고 사는 것에 도움이 많이 됐습니다. 인생의 전부입니다."(남성, 74, 봉사/사회참여)

"도움이 되죠. 제가 소일거리 할 수도 있고, 리드할 수도 있고. 이런 것들이 삶에 도움이 되는 것 같아요."(여성, 64, 봉사/사회참여)
"아주 많이. 금전적인 게 1번이죠." (여성, 56, 봉사/사회참여)
"직업이 여러 사람을 만나는 일이니까 제 성격도 밝아지는 것 같고. 여러 사람을 만나서 사는 모습도 보게 되니까 내가 고쳐야 할 것을 발견도 하고, 고치기도 하고 그런 것 같아요."(여성, 56, 봉사/사회참여)
"많은 도움이 됐어요. 열심히 하니까 물질적인 것도 그렇고 자식들이 나를 보는 눈이 긍정적으로 돼서."(여성, 58, 봉사/사회참여)
"(운전을 배운 것)도움이 되지. 어제도 아픈 사람 태워다 주고. 한 가지 잃은 건 운전하다 보니 덜 걸어서 살이 쪄. 그래서 오늘도 아침에 걷고, 운동을 하러 왔어요. (음식) 남들이 맛있어하니까. 김치라도 담으려면 나를 찾으니까. 감사하죠."(여성, 64, 봉사/사회참여)
"그럼요, 가족들 건강을 챙기는 게 내가 할 일이니까. 가족들이 좋아하니까 좋아요"(여성, 63, 평생학습)
"나 힘들고 우울할 때, 노래 부르고 하니까. 제 몸에도 좋고 그래요."(여성, 63, 취미생활)
"저한테 도움이 되는 거 같아요. 내가 힘들게 하는 거 보면 아들이 옆에서 엄마 힘들게 왜 하냐고 그러는데, 저는 그 일을 함으로써 기분이 좋아지고 뿌듯해요. 그래서 해요."(여성, 65, 취미생활)
"지금 먹고 살잖아요. 아무래도 말을 잘하는 사람은 아나운서로 먹고살고, 나 같은 사람은 물건을 만들면서 그걸로 밥벌이를 해서 도움이 되죠."(남성, 63, 취미생활)
"삶의 도움보다는 내가 외롭거나 할 때 그걸 몇 시간씩 하다 보면 잡생각을 없애주니까 긍정적으로 도움을 준 거지. 그 기술 덕분에 친구들도 많이 생기고, 내 삶에 일정 부분 도움이 된 거 같아요."(여성, 63, 취미생활)
"그렇죠. 그걸로 먹고 살아왔고. 자랑할 건 아니지만 자부심은 있죠."(남성, 62, 신체건강)"

"네, 그전에는 그게 돈을 벌어 오는 것도 아니고, 바깥으로 보이는 그런 건 없었지만, 제 스스로의 마음이 평화로워지고, 봉사활동에서 나의 친절함이 어르신들한테 기쁨을 주는 걸 느꼈을 때, 내면에 장점이 크구나(라고 느껴요). 그것이 나의 삶은 물론이고, 생활하는 이웃한테도 작은 도움이 되겠구나. 그런 면에서 보람, 자부심이 들었습니다."(여성, 56, 신체건강)

● **관계적 발달**

"음악적인 이야기가 나올 때는 대화가 순조롭게 풀리더라고요."(남성, 61, 직업역량개발)

"좋은 사람 만나는 거. 그냥 같이 지내는 거지. 웃으면서."(남성, 79, 직업역량개발)

"주변에 사람들이 좋은 사람이 많고, 그 사람들과 시간을 보내는 게 내 삶에 도움이 되는 거지요."(여성, 58, 직업역량개발)

"네, 아무래도 주변 사람들이 저한테 물어보면 배웠던 기술을 가르쳐 주고 하니까 그 사람들한테 도움 줬다고 생각하죠."(여성, 60, 직업역량개발)

"가정생활."(여성, 63, 종교)

"당연히 되죠. 봉사활동 할 때도 노인들 얘기가 저와 관계없는 일이지만 잘 들어주고 공감해 주면, 상대방도 마음 열고 저한테 이야기하고 싶어하고, 좋아하시니까 도움이 많이 돼요."(여성, 56, 봉사/사회참여)

"많이 되지요. 요즘 젊은 사람한테 배울 점도 있고, 나는 이렇게 했는데 젊은 사람들은 이렇게 했구나 하고 많이 느낄 때가 있어요. 내가 나이 먹었다고 내 주장대로 하는 거보다 젊은 사람들도 이해를 해야겠고. 그렇게 하고 있어요."(여성, 57, 봉사/사회참여)

"항상 주변에 사람이 많으니까. 어려운 일 있을 때 서로 도와주고. 그리고 친구들이 또 항상 무슨 일 있으면 자꾸 정보도 주고, 전화도 많이 해주고, 어려운 일 있으면 찾아와서 위로해 주고, 그런 것들이 나한테 도움이 많이 되는 것 같아요."(여성, 64, 봉사/사회참여)

"아들하고 스마트폰 카톡도 하고, 여러 가지 정보도 전해 주고, 많이 도움돼요." (여성, 60, 평생학습)

활동적 노년을 보내고 있는 노인들에게 남들보다 더 잘하거나 자신있는 부분이 있냐고 질문한 결과, 많은 노인들이 스스로 잘한다고 생각하는 것들이 있는 것으로 나타났다. 구체적인 답변을 살펴보면 노래나 요리, 소품제작 등 취미와 관련된 것들이 많았으며, 본인의 직업관련 전문성에 대한 자신감도 나타났다. 세부적으로 구분해 보면 남성들은 주로 본인의 직업관련 전문성을 언급한 반면에, 여성들은 주로 취미와 관련된 답변이 많았다. 이는 활동적 노년을 보내고 있는 노인들이 겪어온 한국 사회의 시대상을 고려하면 이해할 수 있다. 여성들이 언급한 요리, 소품제작(재봉틀, 뜨개질 등) 등은 가정생활에 도움이 되는 것들이었다.

남들보다 잘하거나 자신 있는 부분이 있다고 응답한 경우, 개인의 성장과 관계적인 성장에 도움이 된다고 응답했다. 세부적인 응답 역시 여성들은 음식 등을 통해 가족이나 주변에 즐거움이 된다는 내용이 많았으며, 남성들은 직업관련 전문성으로 현재까지의 가정을 이루었다는 응답이 많아 위의 맥락과 유사한 것을 알 수 있었다. 개인적 성장과 관계적 성장의 응답은 전체적으로 자신의 전문성을 통해 자신만의 성장과 이득보다는 주변(가족과 가정, 친구 등)에 베풀거나 도움이 되는 것으로 이해할 수 있었다.

## 5. 가치관

### 1) 죽음에 대한 생각

표 21. 어르신께서는 주변 사람들의 죽음에 대해 어떻게 생각하십니까? 두려움을 느끼십니까?

| 구분 | | 전체(N) | 성별 | | 공동체유형 | | | | | |
|---|---|---|---|---|---|---|---|---|---|---|
| | | | 남 | 여 | 1 | 2 | 3 | 4 | 5 | 6 |
| 긍정적 생각(17명) | 수용적 사고 | 15 | 9 | 6 | 6 | 1 | 2 | 3 | 1 | 2 |
| | 두렵지 않음 | 3 | 1 | 2 | - | - | 2 | - | 1 | - |
| 부정적 생각(24명) | 상실로 인한 부적 감정 | 19 | 5 | 14 | 5 | - | 5 | 3 | 3 | 3 |
| | 일상적 부적 감정 | 5 | 2 | 3 | 1 | 1 | 1 | 2 | - | - |
| 모르겠음(6명) | | | 2 | 4 | 1 | 1 | 2 | - | 1 | 1 |

공동체유형 1:직업역량개발, 2:종교, 3:봉사/사회참여, 4:평생학습, 5:취미생활, 6:신체건강

**Q. 어르신께서는 주변 사람들의 죽음에 대해 어떻게 생각하십니까? 두려움을 느끼십니까?**

자신과 밀접하게 관련된 사람들의 죽음에 대해 어떻게 생각하는지 물어본 결과, 긍정적 생각 17명, 부정적 생각 24명, 모르겠음 6명으로 응답하였다. 긍정적 생각의 응답을 구체적으로 살펴보면, 누구나 한 번은 죽음을 경험하는 것이고 주변인의 죽음으로 인해 나를 돌아보게 된다는 수용적 사고가 15명으로 가장 많았고, 다음으로 죽음에 대해 두렵지 않음이 3명이었다. 또한 부정적 생각의 응답을 구체적으로 살펴보면, 안타까움, 슬픔, 겁이 남 등의 상실로 인한 부적 감정이 19명이었고, 이어서 일상적 부적 감정이 5명이었다. 자세한 응답 내용은 다음과 같다.

## 긍정적 영향

● **수용적 사고:**

"평생 태어나서 한번은 세상을 내려놔야 하는데, 그런 생각을 할 때마다 엄숙해집니다. (피부에 와 닿는다는 이야기죠? - 네)"(남성, 61세, 직업역량개발)

"일단 주변 사람들이 죽으면 가슴 아픈 일이지요. 보낼 때는 가슴 아프지만 살면서 (죽은 사람들이) 조금씩 잊어가는 건 사람 살아가는 이치 같아요." (여자, 58세, 직업역량개발)

"장례식장도 많이 다녀봤지만, 나이가 들어가면서 죽음이라는 건 크게 두려움의 대상은 아니라고 판단이 돼요. 사람이 살아가면서 반드시 거쳐야 하는 관문으로 생각을 해요."(남성, 61세, 직업역량개발)

● **두렵지 않음 :**

"두려움은 없지만 평소에 건강관리를 해야 되고, 검진이라든지 체크할 필요는 있습니다."(남성, 56세, 취미생활)

"(두려움을)전혀 그런 건 안 느낍니다. 이건 내가 이 세상을 후회 없이 살았다, 이렇게 말할 수 있기 때문인 것 같아요."(남성, 70세, 직업역량개발)

## 부정적 영향

● **상실로 인한 부적 감정:**

"슬프지요. 주위 아는 사람들이 하나둘씩 떠나가는데, 슬프지 않겠어요." (남성, 66세, 봉사/사회참여)

"안타깝지요. 요즘 자살도 많고. 오늘도 주위에서 삶이 괴로워서 자살한 분이 계셨거든요. 그런 거 보면 안타깝고, 조금 더 대화를 해봤으면 이렇

게까지 하지 않았을 텐데 이런 생각이 들었지요."(여자, 57세, 봉사/사회참여)

"슬프지. 나하고 수다 떨고 얘기했던 사람이 갑자기 없어져 버리니까. 그 사람 찾아갈 수도 없고, 그렇다고 묘에 가서 뭐라고 할 수도 없고. 조카 얼굴도 마음 편히 못 보겠더라고."(여자, 57세, 평생학습)

● **일상적 부적 감정:**

" 나이가 드니까 당연한 건데 슬프고, 기분이 우울하고. 나도 나이를 먹는구나 싶어요."(여자, 63세, 평생학습)

"저는 종교인이기 때문에 죽음을 많이 생각해 봤어요. 헤어짐의 슬픔 때문에 이웃의 죽음이 가장 두렵게 생각돼요."(여성, 56세, 신체건강)

"죽는다고 하면 당연히 두렵겠죠. 현실적으로 와 닿는 부분이냐, 생각만으로 얘기하는 부분이냐에 따라서 느낌 차이가 있는 거예요. 실제적으로 당연히 두렵겠죠."(남성, 60세, 평생학습)

**모르겠음**

● **모르겠음:**

"아직 두렵지는 않고. 그 사람이 너무 일찍 간 거에 대해서는 안쓰럽지만, 두렵다 까지는 아닌 거 같아요."(여성, 57세, 직업역량개발)

"요즘 주변에서 그런 일이 심심치 않게 있다 보니까 생각하게 되는데, 아직 두려움은 없어요. (왜냐하면) 아직 확실하게 나한테 다가오는 것 같지는 않아서. 그게 확 무섭지는 않거든요."(여성, 56세, 봉사/사회참여)

"죽음에 대해서는 저희 또래에서 많이 생각하는데, 저는 당겨서 생각 안 해요."(남성, 69세, 신체건강)

표 22. 어르신께서는 자신의 죽음에 대해 어떻게 생각하십니까?

| 구분 | | 전체 (N) | 성별 | | 공동체유형 | | | | | |
|---|---|---|---|---|---|---|---|---|---|---|
| | | | 남 | 여 | 1 | 2 | 3 | 4 | 5 | 6 |
| 긍정적 생각 (25명) | 수용적 사고 | 25 | 13 | 12 | 6 | 1 | 4 | 5 | 4 | 5 |
| 부정적 영향 (6명) | 일상적 부적 감정 | 6 | 2 | 4 | 2 | 2 | - | 1 | - | 1 |
| 모르겠음(5명) | | | - | 5 | 5 | - | - | - | - | - |

공동체유형 1:직업역량개발, 2:종교, 3:봉사/사회참여, 4:평생학습, 5:취미생활, 6:신체건강

**Q. 어르신께서는 자신의 죽음에 대해 어떻게 생각하십니까?**

주변인의 죽음뿐만 아니라 자신의 죽음에 대해 어떻게 생각하는지 물어본 결과, 긍정적 생각 25명, 부정적 영향 6명, 모르겠음 5명으로 응답하였다. 구체적으로 긍정적 생각은 죽음은 자연의 순리이고 덤덤히 받아들여야 한다는 응답이 포함되고, 부정적 생각은 두려움의 감정을 느낀다는 의견이 포함된다. 주변인의 죽음보다 자신의 죽음에 대해 더 긍정적으로 받아들이는 것으로 나타났다. 자세한 응답 내용은 다음과 같다.

**긍정적 생각(수용적 생각)**

● **수용적 사고:**

"나이가 들면 먼저 돌아가신 분들처럼 돌아갈 텐데. 숙명으로 생각하고, 긍정적으로 받아들이려고 생각하고 있어요. 두려운 것도 사실이지만, 순리로 받아들이려고 노력하는 편이에요."(남성, 59세, 직업역량개발)

"저는 죽음에 대해 두렵지 않아요. 왜냐하면 어차피 사람은 한번 와서 가는 거기 때문에. 아직 (나의 죽음에 대해서) 생각해 보지 않았어요. 죽으면 가는구나(라는 생각이 들어요). 죽음은 두렵지 않고 저는 지금 가도 두렵지 않아요. 자식들이 능력껏 살 수 있게 키워놨고, 아이들도 능력이 되어

서 그거에 대해 두려움은 없어요."(여성, 57세, 봉사/사회참여)

"요즘에는 치매가 많아서. 그렇게 살 바에는 오래 사는 게 좋은 게 아니고 그럴 때 죽는 것도 좋겠다(라는 생각이 들어요). 예전는 너무 일찍 죽고 그러면 우리도 얼마 남지 않았구나 라고 생각했는데, 주변에 치매 걸리고 아파서 누워있는 거 보면, 그렇게 사는 거보다 짧게 살아도 건강할 때. 조금 아쉽다 싶어도 빨리 가는 것도 괜찮겠다 싶더라고요."(여성, 63세, 평생학습)

"지금은 신께서 저의 생명을 주관하시기 때문에, 저를 불러 간다면 회개를 하고 당당히 앞으로 나아가겠다는 생각을 갖고있지만, 죽음에 임박할 때 마음은 잘 모르겠습니다. 지금은 크게 두려움을 느끼지 않고, 믿음을 내세워서 기꺼이 응하고 싶은 자세를 갖고 있습니다."(여성, 56세, 신체건강)

"담담하게 받아들여요. 누구든지 죽음은 있으니까. 내가 오래 살고 싶다고 사는 건 아니니까. 죽음이라는 것은 빨리 가느냐 늦게 가느냐 그 차이가 있을 뿐이니까. 나는 사는 동안에 길게, 살고 내가 죽음이 돌아오면 받아들이지, 두렵지는 않아요."(남성, 72세, 신체건강)

### 부정적 생각

- **일상적 부적 감정:**

"저는 두려워요. 저에게 닥칠 거라고 생각하면 무섭지요."(여성, 58세, 직업역량개발)

"(자신의 죽음에 대해서 어떻게 생각하십니까, 두려움 느끼시나요?) 그럼. 건강하게 오래 살아야 되는데."(여성, 65세, 직업역량개발)

## 모르겠음

● **모르겠음:**

"(생각해 본 적)없어요. 아직은 건강하고, 죽음을 생각할 수 있는 나이는 아닌 거 같아요."(여성, 58세, 직업역량개발)

"죽음에 대해서 깊게 생각해 본 상황이 아니라서. 아무래도 죽는다고 하는 건 생이 끝나는 거니까 두렵다고 생각하겠는데, 현실적으로 아직 와 닿는 건 없다 보니까 느낌이 확실하게 없어요."(남성, 60세, 평생학습)

표 23. 어르신의 생의 마감에 대해 따로 준비하고 계신 것이 있으십니까?

| 구분 | | 전체(N) | 성별 | | 공동체유형 | | | | | |
|---|---|---|---|---|---|---|---|---|---|---|
| | | | 남 | 여 | 1 | 2 | 3 | 4 | 5 | 6 |
| 예(14명) | 경제적 대비 | 8 | 3 | 5 | 2 | - | 2 | 1 | - | 3 |
| | 심리적 대비 | 4 | 1 | 3 | 1 | - | 1 | - | 1 | 1 |
| | 기타 | 2 | 1 | 1 | 1 | - | - | - | 1 | - |
| 아니오(34명) | 없음 | 34 | 15 | 19 | 9 | 3 | 7 | 7 | 4 | 4 |
| 무응답 | | 2명 | | | | | | | | |

공동체유형 1:직업역량개발, 2:종교, 3:봉사/사회참여, 4:평생학습, 5:취미생활, 6:신체건강

### Q. 어르신의 생의 마감에 대해 따로 준비하고 계신 것이 있으십니까?

생의 마감을 위해 따로 준비하고 계신 것이 있는지 물어본 결과, 예 14명, 아니오 34명으로 응답하였다. 구체적으로 보험, 연금, 상조, 산소준비 등의 경제적 대비가 8명, 마음의 준비, 종교생활 등의 심리적 대비 4명, 기타 2명으로 나타났다. 자세한 응답 내용은 다음과 같다.

**예**

● **경제적 대비:**

"말하기 뭐하지만, 우리 집 양반하고 묻힐 산소는 다 준비해 놓았어요. 애들 부담 덜 하게 준비는 해놨습니다."(여성, 58세, 직업역량개발)

"준비된 건 없고 예전에 연금 같은 것 들어놓은 거 있고요. 지금 부동산 하나 해 놓은 거 있고."(여성, 64세, 봉사/사회참여)

"우리 아버지 보내고 나서 친구들이 물어보니까 수의를 먼저 준비해 놓으면 조금 더 건강하게 산다고 그러더라고요. 그런 것하고 내가 묻힐 곳도 따로 준비해 놓고 그랬어요. 애들한테 부담 주기 싫어서 나름대로 준비했어요."(여성, 63세, 취미생활)

● **심리적 대비:**

"저는 종교를 가지고 있거든요. 사후에도 두렵거나 한 건 없으니까. 어느 정도 마음에 위안도 되고, 저한테는 좋은 거 같아요. 종교 생활이."(여성, 57세, 직업역량개발)

"사람들한테 죄 안 짓고 살려고 해. 내가 잘해야지 자식들도 잘 사니까."(여성, 73세, 봉사/사회참여)

"준비하는 건 없고. 나의 바람을 자식들한테 부탁해 놓은 글들은 써 놓고 있지."(남성, 64세, 취미생활)

● **기타:**

"현재 생활에 만족하고, 건강을 챙겨야겠다. 그런 쪽이요. (마감을 위해서 따로 준비하고 있는 거는요? 자녀들을 위해서라든지 자신을 위해서라든지?) 없습니다."(남성, 61세, 직업역량개발)

**아니오**

- **없음:**

"준비할 게 뭐 있어. 건강하게 살면 되지."(여성, 65세, 직업역량개발)
"준비하는 건 없고. 죽을 때까지 열심히 사는 것."(여성, 58세, 봉사/사회참여)
"뭘 준비해, 아무것도 없지. 깨끗하게 가면 되지."(여성, 80세, 평생학습)

활동적 노년을 보내고 있는 노인들에게 주변 사람들과 자신의 죽음에 대해 어떻게 생각하고 있는지 질문한 결과, 자신의 죽음에 대해서는 비교적 긍정적인 답변이 많았으나, 주변 사람들의 죽음에 대해서는 부정적인 생각이 더 많았다. 세부적인 응답을 살펴보면, 주변 사람들이 하나둘 떠나갈 때 슬프고 안타깝다는 의견이 많았다. 또한 자신이 나이가 들어간다는 것에 대해 부정적인 감정을 느끼는 것으로 나타났다. 그러나 반대로 죽음이라는 것은 삶의 순리이기 때문에 이를 수용적인 자세로 받아들인다는 응답도 많았다. 특히 주변 사람이 아닌 자신의 죽음에 대해서는 수용적으로 생각한다는 응답이 더 많았다. 이는 주변인들의 죽음에 대해서는 슬프고 부정적인 감정을 느끼면서도, 죽음이라는 것은 막을 수 없기 때문에 자신의 죽음에 대해서는 가능한 긍정적인 태도로 받아들이려는 것으로 해석할 수 있다. 생의 마감에 대해 따로 준비하고 있냐는 질문에는 주로 준비하지 않고 있다는 응답이 많았다. 다만, 죽을 때까지 열심히 살고 건강하게 살아야 한다는 응답이 많았다.

## 2) 신체적 능력과 질병에 대한 생각

표 24. 어르신의 신체적 능력과 질병에 관해 어떻게 생각하십니까?

| 구분 | | 전체 (N) | 성별 | | 공동체유형 | | | | | |
|---|---|---|---|---|---|---|---|---|---|---|
| | | | 남 | 여 | 1 | 2 | 3 | 4 | 5 | 6 |
| 수용적 사고 (29명) | 건강함 | 23 | 9 | 14 | 7 | 1 | 3 | 5 | 1 | 6 |
| | 건강하지만 질병 있음 | 6 | 4 | 2 | 2 | 1 | - | 1 | 1 | 1 |
| 부정적 생각 (2명) | 건강하지 않음 | 2 | 2 | - | - | - | - | - | 2 | - |
| 모르겠음(2명) | | 2 | 1 | 1 | - | - | - | - | 2 | - |
| 무응답 | | 17명 | | | | | | | | |

공동체유형 1:직업역량개발, 2:종교, 3:봉사/사회참여, 4:평생학습, 5:취미생활, 6:신체건강

**Q. 어르신의 신체적 능력과 질병에 관해 어떻게 생각하십니까?**

자신의 신체적 능력과 질병에 관해 어떻게 생각하는지 물어본 결과, 수용적 사고 29명, 부정적 생각 2명, 모르겠음 2명으로 응답하였다. 수용적 사고의 응답을 구체적으로 살펴보면, 활동하는 데 지장이 없고 건강하다는 응답이 23명, 건강하지만 질병이 있다는 응답이 6명이었다. 자세한 응답 내용은 다음과 같다.

**수용적 사고**

- **건강함:**

"건강한 편이고요. 등산도 하고, 친구들하고 대화도 많이 하니까 건강한 편이라고 생각해요."(여성, 56세, 직업역량개발)

"친구들하고 한 달에 두 번은 등산도 가고, 한강에 산책도 가고, 많이 걸으려고 하고. 건강보조식품 같은 좋은 거 많잖아요. 그런 것도 꾸준히 자식들이 사다 줘서 복용하고."(여성, 58세, 직업역량개발)

"이 나이에 충분하다고 생각해서 따로 생각해 본 적 없어요."(여성, 63세, 평생학습)
"아직. 지금 나이가 조금 들어가면서 전체적으로 조금 기력이 떨어진다는 부분이 있기는 한데, 아직까지 질병 같은 건 전혀 없어요."(남성, 60세, 평생학습)

● **건강하지만 질병은 있음:**
"위가 약해서 소화제 가끔 먹는 거 외에는 건강한 편이에요. 생활에 무리 없고."(여성, 56세, 봉사/사회참여)
"아직은. 나는 건강한데 살이 쪄서 그렇지. 당뇨, 혈압이 없어서 건강한데 살이 쪄서 문제야. 좀 빼야겠다 싶어서 야채 많이 먹으려고 해요."(여성, 64세, 봉사/사회참여)
"몸의 질병보다는 정신적, 그러니까 마음의 병이지요. 나는 골다공증으로 좀 불편한데, 나는 누구보다 충분히 내 마음이 건강하다고 생각해요. 나름 스트레스 풀고, 다른 사람들한테 긍정적이라는 소리를 들어요. 친구들이 나를 만나면 즐거워하고, 스트레스도 풀린다고 하니까."(여성, 63세, 취미생활)

**부정적 사고**

● **건강하지 않음:**
"건강한 건 아니야. 내가 간이식 받은 사람이야. 12-13년 되는데, 그래서 약을 늘 먹지. 이번에도 한참 혼났어. 아파서 혼난 게 아니고 내가 다니는 병원이 삼성병원이라 메르스 때문에 걱정 많이 했지."(남성, 64세, 취미생활)
"많이 건강하다고 생각은 안 해요. 노동을 많이 해서."(남성, 63세, 취미생활)

**모르겠음**

● **모르겠음:**

"모르겠어요."(여성, 63세, 취미생활)

"없습니다."(남성, 56세, 취미생활)

표 25. 본인이 얼마나 건강하다고 생각하십니까?

| 구분 | 전체 (N) | 성별 | | 공동체유형 | | | | | |
|---|---|---|---|---|---|---|---|---|---|
| | | 남 | 여 | 1 | 2 | 3 | 4 | 5 | 6 |
| 건강함 | 27 | 10 | 17 | 8 | 1 | 6 | 4 | 2 | 6 |
| 건강하지 않음 | 3 | 1 | 2 | 1 | 2 | - | - | - | - |
| 그저 그럼 | 4 | 2 | 2 | - | - | 1 | 2 | 1 | - |
| 무응답 | 16명 | | | | | | | | |

공동체유형 1:직업역량개발, 2:종교, 3:봉사/사회참여, 4:평생학습, 5:취미생활, 6:신체건강

**Q. 어르신께서는 본인이 얼마나 건강하다고 생각하십니까?**

종합적으로 보았을 때, 자신의 건강에 대해 어떻게 생각하는지 물어본 결과, 건강하다 27명, 건강하지 않다 3명, 그저 그렇다 4명으로 응답하였다. 대체로 활동적 노년을 보내는 노인은 본인이 건강하다고 생각하는 것으로 나타났다. 자세한 응답 내용은 다음과 같다.

● **건강하다:**

"등산이라든지, 걷기라든지. 제일 먼저 수레바퀴 모임에 가끔 참석해서 수지침이라든가, 뜸이라든가. 내가 하고 있는 일에 신경 쓰다 보니 건강은 나름 잘 유지하고 있다고 봅니다."(남성, 61세, 직업역량개발)

"소화가 잘 안되는 게 있었는데, 봉사활동 후에 마음이 편해지니까 스트레

스 덜 받고 더 건강해진 거 같아요. 마음이 건강하니까 몸도 건강한 거 같아요."(여성, 56세, 봉사/사회참여)

"노력해야지. 이제는 1년에 한 번씩 건강 검진받아요. 즐겁게 살려고 노력해요. 노래를 하든지, 운동을 하든지. 남들과 대화를 하면서 긍정적으로 즐겁게 살아요. 치매는 걱정되는데 모르겠어요."(여성, 64세, 봉사/사회참여)

"질병을 이기기 위해 지금 축구를 하고 있고. 축구를 해보면 내가 남들보다 순발력이 있고, 골키퍼를 내가 잘 보고 그런 거 보면 내가 건강한 편이라고 생각해요."(남성, 65세, 신체건강)

- **건강하지 않다:**

"건강식품 먹죠."(남성, 56세, 종교)

- **그저 그렇다:**

"제가 60을 바라보고 있으니까 보통이라고 생각해요. 아직까지 아침 일찍 일어나서 조깅도 하는데, 맘대로 안 되고. 건강은 보통이라고 생각하는데, 병원 가서 정확히 검진받아야겠지요."(여자, 57세, 봉사/사회참여)

**표 26.** 건강을 유지하기 위해 어떤 활동을 하고 계십니까?

| 구분 | 전체 (N) | 성별 | | 공동체유형 | | | | | |
|---|---|---|---|---|---|---|---|---|---|
| | | 남 | 여 | 1 | 2 | 3 | 4 | 5 | 6 |
| 운동 | 24 | 10 | 14 | 6 | 1 | 6 | 5 | 2 | 4 |
| 건강관리 | 7 | 3 | 4 | 1 | 1 | 3 | - | 2 | - |
| 취미활동 | 6 | - | 6 | 1 | 1 | 3 | 1 | - | - |
| 무응답 | 13명 | | | | | | | | |

공동체유형 1:직업역량개발, 2:종교, 3:봉사/사회참여, 4:평생학습, 5:취미생활, 6:신체건강

**Q. 건강을 유지하기 위해 어떤 활동을 하고 계십니까?**

건강을 유지하기 위해 주로 어떠한 활동을 하고 있는지 물어본 결과, 산책, 등산, 수영 등의 운동 24명, 건강검진, 건강식품, 담배 끊기 등의 건강관리 7명, 교회활동, 봉사활동 등의 취미활동 6명으로 나타났다. 자세한 응답 내용은 다음과 같다.

- **운동:**

"산에도 가고 많이 걷고."(남성, 79세, 직업역량개발)

"운동 꾸준히 하고 있어요. 공원 가서 걷기라든지 일주일에 한 번씩."(여성, 57세, 직업역량개발)

- **건강관리:**

"정기적으로 아침저녁 약 먹고, 운동하고, 검진받고."(남성, 63세, 취미생활)

"소식하는 편이고. 스트레스받을 일 있으면 가만히 있지 않고 사람들과 의논하면서 풀어요."(여성, 65세, 취미생활)

- **취미활동:**

"교회에서 여전도회 일을 같이 하고 있는 거지."(여성, 63세, 종교)

"등산이라든지, 걷기라든지, 제일 먼저 수레바퀴 모임에 가끔 참석해서 수지침이라든가, 뜸이라든가. 내가 하고 있는 일에 신경 쓰다 보니 건강은 나름 잘 유지하고 있다고 봅니다."(남성, 61세, 직업역량개발)

"소화가 잘 안되는 게 있었는데 봉사활동 후에 마음이 편해지니까 스트레스 덜 받고 더 건강해진 거 같아요. 마음이 건강하니까 몸도 건강한 거 같아요."(여성, 56세, 봉사/사회참여)

활동적 노년을 보내고 있는 노인들에게 자신의 신체적 능력과 질병에 대해 질문한 결과, 신체적으로 건강하다는 응답이 주를 이루었다. 자신이 신체적으로 건강하다고 판단하는 이유로는 등산이나 산책 등 신체활동을 할 수 있기 때문에, 자신의 신체적 건강을 긍정적으로 판단하는 것으로 이해할 수 있었다. 일부 응답에서는 질병이 있기는 하지만 전반적으로는 건강하다는 답변도 있었다. 자신이 얼마나 건강하다고 생각하냐는 질문 또한 건강하다는 응답이 많았다. 특히, 자신의 건강에 대해 신체적인 활동(등산, 걷기, 기타 운동 등)뿐만 아니라 스트레스 관리나 긍정적인 자세 등 심리적인 요인까지도 고려하여 자신의 건강을 평가하고 있는 것을 알 수 있었다.

## 6. 관계_다양한 네트워크

표 27. 어르신께서는 현재 지속적으로 다른 사람들과 어울리는 활동을 하고 계십니까?

| 구분 | 전체(N) | 성별 | | 공동체유형 | | | | | |
|---|---|---|---|---|---|---|---|---|---|
| | | 남 | 여 | 1 | 2 | 3 | 4 | 5 | 6 |
| 친목활동 | 24 | 11 | 13 | 9 | - | 1 | 6 | 5 | 3 |
| 운동 | 15 | 8 | 7 | 4 | - | 2 | 1 | 2 | 6 |
| 학습활동 | 13 | 5 | 8 | 5 | - | 1 | 5 | 2 | - |
| 봉사활동 | 10 | 1 | 9 | 1 | - | 9 | - | - | - |
| 종교활동 | 5 | 1 | 4 | - | 3 | 1 | - | - | 1 |

공동체유형 1:직업역량개발, 2:종교, 3:봉사/사회참여, 4:평생학습, 5:취미생활, 6:신체건강

**Q. 어르신께서는 현재 지속적으로 다른 사람들과 어울리는 활동을 하고 계십니까?**

활동적 노년이 다양한 사회적 관계망을 구축하고 있는지 알아보기 위하여 총 3가지 질문을 하였다. 먼저, 현재 지속적으로 다른 사람들과 만나는

활동을 하고 있는 노인들은 전체 50명 중 26명이 그렇다고 답하였다. 이후 구체적으로 어떤 활동을 하고 있는지 대답한 결과로는 대부분 친구들과 모임을 갖는다거나 계모임, 동호회 모임과 같은 친목활동이 24명으로 가장 많았으며, 그다음으로 등산, 걷기, 축구와 같은 운동으로 사람들을 만난다는 응답이 15명으로 많았다. 이에 대한 자세한 응답 내용은 아래와 같다.

예

● **친목활동**

"친구들하고 모임도 하고 회식 같은 거."(여성, 56세, 직업역량개발)
"동창회요. 두 달에 한번씩."(남성, 58세, 직업역량개발)
"친목활동을 하지요. 많이 하는 편이에요."(여성, 63세, 평생학습)
"학교 동창들도 가끔 만나고요. 그냥 밥 먹고 그럽니다."(여성, 60세, 평생학습)

● **운동**

"게이트볼을 지속적으로 하고 동창모임도 있고."(남성, 64, 취미생활)
"등산. 북한산 둘레길 간다고 했잖아요."(여성, 63, 취미생활)
"축구단체."(남성, 65세, 신체건강)
"충청향우회 등산을 다니고 있습니다. 한 달에 한 번씩 나가고 있습니다."(남성, 74세, 봉사/사회참여)

● **학습활동**

"바리스타 동호회하고 있습니다."(여성, 62세, 직업역량개발)
"같이 리빙 패션을 하는 분들과 주기적으로 만나서 각자 잘한다고 판단되는 과제를 제출하고, 제품에 대한 의견도 나누고, 간단한 식사도 하고 있습니다."(남성, 61세, 직업역량개발)
"도예 교실을 하고 있어요."(여성, 59세, 평생학습)

● **봉사활동**

"지금 봉사 활동하고 있어요, 부녀회에서."(여성, 70세, 봉사/사회참여)
"독거노인한테 가서 청소도 해주고, 이야기도 들어주고, 한 달에 2번 정도 하고 있어요."(여성, 56세, 봉사/사회참여)
"봉사활동을 하고 있거든요."(여성, 57세, 봉사/사회참여)

● **종교활동**

"교회에서 여전도회에 소속이 되어 있어서 회원으로 활동하고 있다."(여성, 63세, 종교)
"교회에서 권찰 직분 맡고 있고, 여전도회에서 전도도 맡고 있어요."(여성, 58세, 종교)

표 28. 다른 사람들과 어울리는 활동을 하시는 이유는 무엇입니까?

| 구분 | 전체 (N) | 성별 | | 공동체유형 | | | | | |
|---|---|---|---|---|---|---|---|---|---|
| | | 남 | 여 | 1 | 2 | 3 | 4 | 5 | 6 |
| 자기개발활동 | 21 | 13 | 8 | 7 | - | 1 | 5 | 2 | 6 |
| 원만한 사회관계 | 17 | 9 | 8 | 3 | - | 5 | 2 | 3 | 4 |
| 봉사활동 | 9 | 2 | 7 | 1 | - | 7 | - | - | 1 |
| 정신적 건강 | 5 | 1 | 4 | 1 | 1 | 2 | - | 1 | - |
| 기타 | 1 | - | 1 | 1 | - | - | - | - | - |
| 종교적 믿음 | 5 | 1 | 4 | 1 | 4 | - | - | - | - |
| 무응답 | 7 | 1 | 6 | 2 | - | 2 | 3 | - | - |

공동체유형 1:직업역량개발, 2:종교, 3:봉사/사회참여, 4:평생학습, 5:취미생활, 6:신체건강

**Q. 어르신께서는 현재 지속적으로 다른 사람들과 어울리는 활동을 하시는 이유는 무엇입니까?**

앞서 다른 사람들과 만남을 유지하고 있는 노인들에게 다양한 활동에 참여하는 이유를 물어봤을 때, 주로 건강을 되찾거나 스스로 자기개발을 위해서라는 의견이 21명으로 가장 많았고, 다음으로 다른 사람들과 친분관계를 유지하고, 사람들과의 교류를 통해 정보를 공유하기 위해서라고 17명이 응답했다. 이에 대한 자세한 응답 내용은 아래와 같다.

● **자기개발활동**

"자기개발이지요."(남성, 59세, 직업역량개발)

"내 자신이 스스로 배움을 원하기 때문에."(남성, 60세, 평생학습)

"나 자신을 위해 새로운 것을 배우는 보람도 있고, 무료함도 달래는 것도 좋고."(여성, 62세, 직업역량개발)

● **원만한 사회관계**

"스트레스도 풀리고, 친분관계도 유지하려고."(남성, 56세, 직업역량개발)

"친구들도 보고. 여자들이 수다 떠는 거지."(여성, 58세, 직업역량개발)

"친구라고 해야 되나. 사람 사귀는 일이 재미가 있으니까."(여성, 63세, 봉사/사회참여)

"세상은 공존, 서로 어울림 속에서 유지해 나가기 위한 자연스러운 현상 같습니다."(남성, 61세, 직업역량개발)

● **봉사활동**

"내가 가진 기술을 남들에게 보상해 줄 수도 있고, 봉사도 할 수 있고."(여성, 56세, 봉사/사회참여)

"나 혼자 사는 세상이 아니니까. 세상을 살면서 내 가족과 이웃을 위해 할 수 있는 일에 참여하는 거라고 생각해요."(여성, 56세, 신체건강)

"이웃도 만나고, 봉사도 하고, 지역발전에 도움도 주고 해서."(여성, 70세, 봉사/사회참여)
"박수치며 나보고 하라고 해서 하게 됐어요."(여성, 64세, 봉사/사회참여)

● **건강**

"혼자 있으면 빨리 늙으니까."(남성, 79세, 직업역량개발)
"내 건강을 위해서 하는 거지요. 건강이 최고예요."(남성, 63세, 취미생활)
"나이 들수록 외로워져요. 나가서 많이 대화를 나누려면 친구도 봐야 하고, 운동하는 사람도 봐야 하고."(여성, 63세, 취미생활)

● **종교적 믿음**

"교회로 전도해서 구원시키려고."(여성, 58세, 종교)

**표 29.** 다른 사람과 어울리는 활동은 어르신께 어떤 가치가 있습니까?

| 구분 | 전체(N) | 성별 | | 공동체유형 | | | | | |
|---|---|---|---|---|---|---|---|---|---|
| | | 남 | 여 | 1 | 2 | 3 | 4 | 5 | 6 |
| 심리적 발달 | 24 | 11 | 13 | 6 | 2 | 5 | 4 | 1 | 6 |
| 관계적 발달 | 13 | 7 | 6 | 3 | - | 4 | 3 | 2 | 1 |
| 개인적 발달 | 11 | 6 | 5 | 8 | - | - | 1 | 1 | 1 |
| 종교적 믿음 | 1 | - | 1 | - | 1 | - | - | - | - |
| 기타 | 1 | - | 1 | 1 | - | - | - | - | - |
| 무응답 | 6 | 1 | 6 | - | - | 3 | 1 | 1 | 1 |

공동체유형 1:직업역량개발, 2:종교, 3:봉사/사회참여, 4:평생학습, 5:취미생활, 6:신체건강

**Q. 어르신께 다른 사람과 어울리는 활동은 어떤 가치가 있습니까?**

이어서 다른 사람과 어울리는 활동을 통해 가질 수 있는 가치가 어떤 것이 있는지 물어본 결과, 친구들을 만남으로써 우울이 감소되거나 마음의 위안을 얻는 것과 같은 심리적 발달에 관한 응답이 24명으로 가장 많았으

며, 다음으로는 다른 사람들과 어울릴 수 있는 관계적 발달에 관한 응답이 13명으로 많았다. 또한 자기 자신에게 초점을 맞춰 자기개발을 할 수 있다는 응답이 11명으로 나타났다. 자세한 응답은 아래와 같다.

● **심리적 발달**

"심적으로 위안이 되죠."(남성, 56세, 종교)

"행복, 즐거움 이런 게 다 가치라고 생각해요."(여성, 63세, 평생학습)

"삶의 활력소랄까 제가 젊어지는 느낌, 뭘 할 수 있다는 느낌이 좋아요."(여성, 59세, 평생학습)

"시간도 잘 가."(여성, 65세, 직업역량개발)

"인생에 활력도 주고. 희망이라든지 발전된 제 모습을 보면서 윤활유 역할을 하는 거 같아요."(여성, 57세, 직업역량개발)

"처음에는 독거노인이 불쌍해서 했지만, 봉사하다 보니 저한테 더 봉사가 되는 느낌이 들더라고요."(남성, 66세, 봉사/사회참여)

"꽃꽂이는 제 즐거움입니다. 꽃을 보면서 생명력을 느끼고, 말없이 피었다가 기쁨을 주고, 소리 없이 지는 모습을 보면 우리 인생도 그렇게 살아야겠다는 것 배워요. 꽃에서 배우는 것 때문에 꽃을 좋아하고 의미 있는 작품 활동이라고 생각해요. 항상 제가 살아가면서 누군가를 위해서, 이웃을 위해서, 하나님 위해서 한두 가지라도 할 수 있다는 것에 대해 시간과 가치를 두고 있습니다."(여성, 56세, 신체건강)

● **관계적 발달**

"여러 사람들하고 어울리고, 화합도 하고, 같은 고향 사람들끼리 만나서 좋습니다."(남성, 74세, 봉사/사회참여)

"가치라면 여러 가지가 있죠. 젊을 때는 혼자 이겨내고 살아갈 수 있지만, 나이가 들면 혼자서 안 되는 경우가 많이 생기거든요. 그런 경우를 대비해 이런 동아리 활동도 하고."(남성, 60세, 평생학습)

"삶의 활력도 주고. 아무래도 나이가 들어갈수록 외로운 느낌이 많을 텐데 사람들하고 부딪히면서 얘기도 나누고 하면 그런 쪽이 줄어들지 않을까." (남성, 60세, 평생학습)

"긍정적인 가치라고 생각하죠. 얘기하기 어려운 게 각자 사는 방식이 다르니까 (내가) 좋아하는 거는 동호회, 우정을 느끼는 건 동창회, 인맥 유지 면에서는 직장 선후배 모임 각각 나름 가치가 있다고 생각합니다."(남성, 66세, 취미생활)

● **개인적 발달**

"자기개발. 나는 남들이 모험하지 않는 걸 한다고 생각해요. 나 스스로 개발을 한다는 거죠."(여성, 58세, 직업역량개발)

"세상 살아가는 정보를 주고받으면서 직업에 많은 도움이 되고 있다."(남성, 59세, 직업역량개발)

"새로운 걸 배우는 것에 대한 기대감도 있고. 내 나이에 무언가 할 수 있다는 게 좋은 거지요."(여성, 63세, 평생학습)

"(그냥) 가치 있죠."(남성, 70세, 직업역량개발)

"그럼요. 사람을 만나다 보면 잘한 점, 못한 점을 생각해서 과거를 돌이켜 볼 수도 있고. 특히 수레바퀴 모임을 중요시하니까 그 모임이 좋습니다." (남성, 61세, 직업역량개발)

"내가 배워서 다른 사람한테 이야기 해줄 수 있고. 내가 알고 있으니까 식구들이나 주위 사람들한테 설명도 하는 즐거움이 있는 거지요."(여성, 62세, 직업역량개발)

● **종교적 믿음**

"신앙적으로 가치가 많이 있지."(여성, 63세, 종교)

활동적 노년을 보내고 있는 노인들에게 다른 사람들과 어울리는 활동을 지속적으로 하고 있는지, 하고 있다면 어떤 활동인지 질문한 결과, 다른 사람들과 지속적으로 활동하고 있다는 응답이 많았다. 세부적으로 살펴보면 운동(등산, 게이트볼, 축구 등)이나 취미(바리스타, 도예 등) 관련 활동들이 있었으며 그 외에도 친목이나 봉사활동 관련 내용도 많았다. 지속적인 활동 참여의 이유로는 자기개발(취미활동 등), 자신의 건강(외로움 극복, 신체적 건강 등)과 사회공헌의 목적이 많았다.

이러한 활동들이 어떤 가치가 있는지에 대한 질문에는 개인의 심리적 발달과 관련된 답변이 가장 많았다. 이는 활동적 노년을 보내는 노인들이 다른 사람들과 지속적인 활동을 하는 이유가 자신의 심리적 발달과 건강을 위한 것임을 알 수 있다. 또한, 관계적 발달과 개인적 발달의 일부 응답들 또한 심리적 발달과 연관이 있는 것으로 볼 수 있다. 예를 들어, “내 나이에 무언가 할 수 있다는 게 좋은 것이다”, “여러 사람들하고 어울리고”와 같은 내용은 결국 새로운 것을 학습하고 여러 사람과의 관계형성과 유지를 통해 스스로 만족하며 행복한 감정을 느끼는 것과 깊은 관련이 있다고 할 수 있다.

## 6. 관계_가족, 친구와의 관계

표 30. 가족 또는 친척과 자주 시간을 보내십니까?

| 구분 | | 전체 (N) | 성별 | | 공동체유형 | | | | | |
|---|---|---|---|---|---|---|---|---|---|---|
| | | | 남 | 여 | 1 | 2 | 3 | 4 | 5 | 6 |
| 예 (32명) | 사교활동 | 21 | 6 | 15 | 5 | - | 8 | 4 | 3 | 1 |
| | 여가활동 | 12 | 4 | 8 | 1 | 1 | 4 | 4 | - | 2 |
| | 단순생활공유 | 3 | 3 | - | 2 | - | - | 1 | - | - |
| 아니오 (10명) | 바쁜 시간 | 9 | 5 | 4 | 2 | 2 | 2 | - | 1 | 2 |
| | 자녀와 분리 | 2 | - | 2 | 1 | 1 | - | - | - | - |
| 보통 | | 2 | 2 | - | 1 | - | - | - | - | 1 |
| 무응답 | | 6 | 1 | 5 | 2 | - | - | 1 | 2 | 1 |

공동체유형 1:직업역량개발, 2:종교, 3:봉사/사회참여, 4:평생학습, 5:취미생활, 6:신체건강

**Q. 어르신께서는 가족 또는 친척과 자주 시간을 보내십니까?**

활동적 노년의 특성으로 다양한 관계적 네트워크를 가지고 있다는 점에서 두 번째로 가족, 친지와의 관계에 관해 3가지 질문을 하였다. 그 중 첫 번째로 가족 혹은 친척과 원활한 관계를 맺고 있는가를 물어본 결과, 전반적으로 그렇다는 응답이 전체 응답 중 32명으로 가장 많았다. 긍정적인 응답의 구체적인 내용으로는 가족, 친지들과 사교활동을 자주 갖는다는 응답이 21명, 여가활동을 통해 원활한 관계를 유지하고 있다는 응답이 12명으로 나타났다. 하지만 반대로 자주 시간을 가지지 못한다는 응답도 보였는데, 그 이유로는 서로 바빠 시간이 잘 맞지 않는다는 내용들이 있었다. 이에 대한 자세한 응답은 다음과 같다.

**예**

● **사교활동**

"저희는 식사도 하고, 야유회도 가고. 식구들 같은 경우는 식사를 많이 하고, 차 마시고, 대화를 하고, 집 방문도 하고."(여성, 57세, 봉사/사회참여)

"네, 대화를 많이 하죠."(여성, 58세, 봉사/사회참여)

"그런 편이에요. 외식도 하고, 대화도 많이 하고."(남성, 60세, 평생학습)

● **여가활동**

"네, 여형제도 있으니까. 영화도 같이 보고, 같이 놀러도 가고, 잘 지내고 있어요."(여성, 63세, 평생학습)

"네, 가족과 산에도 가고. 여행을 주로 가요."(여성, 58세, 종교)

● **단순생활공유**

"어차피 집에 와서는 다 가족들하고 보내는 시간이죠."(남성, 60세, 평생학습)

"아들하고 붙어 있으니까 자주 보내는 거고. 아들은 게임방에 가서 자기 친구들하고 게임하고, 나는 농장에 가고."(남성, 64세, 취미생활)

**아니오**

● **바쁜 시간**

"바쁘니까 가끔. 일하다 보니까 만나기 쉽지 않죠. 만나면 식사도 하고 해요."(남성, 70세, 직업역량개발)

"보내려고 하는데, 서로 시간이 안 맞아서 그렇게 못하는 것 같아요. 애들이 다 커서 친구들도 만나고, 일도 해야 하다 보니 자주 시간을 보내지 못하는 것 같아요."(여성, 56세, 봉사/사회참여)

"함께 시간을 보내는 여유는 없는 것 같아요. 아이들을 키우고 입시를 앞두고 있어서 자신을 압박하는 것 같습니다."(여성, 56세, 신체건강)

● **자녀와 분리**

"자주는 못 해요. 애들이 가끔씩 집에 와서 밥도 먹고 가는데 자주는 못 가고 한 달에 두 번."(여성, 64세, 봉사/사회참여)

**보통**

"가끔. 이야기."(남성, 79세, 직업역량개발)

"자주는 못하고 보통이에요. 멀리 떨어져 있어서. 전화는 자주 합니다."(남성, 69세, 신체건강)

표 31. 가족 또는 친척과의 관계에 만족하십니까? 그 이유는 무엇입니까?

| 구분 | | 전체(N) | 성별 | | 공동체유형 | | | | | |
|---|---|---|---|---|---|---|---|---|---|---|
| | | | 남 | 여 | 1 | 2 | 3 | 4 | 5 | 6 |
| 예(39명) | 관계적 만족 | 27 | 11 | 16 | 8 | 2 | 7 | 6 | 1 | 3 |
| | 개인적 만족 | 7 | 3 | 4 | - | - | 1 | 1 | 1 | 4 |
| | 기타(이유 무응답) | 6 | 4 | 2 | 2 | - | 3 | - | 1 | - |
| 무응답 | | 11 | 3 | 8 | 3 | 1 | 1 | 2 | 3 | 1 |

공동체유형 1:직업역량개발, 2:종교, 3:봉사/사회참여, 4:평생학습, 5:취미생활, 6:신체건강

**Q. 어르신은 가족 또는 친척과의 관계에 만족하십니까?**

이어서 가족, 친척들과의 관계에서 만족감을 느끼고 있는가를 물어본 결과, 39명이 그렇다고 답하였다. 구체적으로는 가족, 친척들과 관계가 편안하고 유대관계가 돈독해지는 등 관계적 만족의 응답이 27명으로 가장 많았으며, 다음으로 자신을 사랑해 주는 느낌으로 인한 개인적 만족을 느낀다는 응답이 7명으로 많았다. 자세한 응답 내용은 아래와 같다.

● **관계적 만족**

"조카들하고 다 같이 가니까 아주 만족해요. 관계도 편하다고 생각해요."(여성, 58세, 직업역량개발)

“내가 원하는 대로 사람들이 와서 있고. 맛있는 거 있으면 먹으러 다니고, 영화도 보고 만족합니다.”(남성, 61세, 직업역량개발)
“네, 사회하고 유대관계를 돈독하게 할 수 있어서 좋아요.”(여성, 58세, 봉사/사회참여)

● **개인적 만족**

“식구들도 저를 끔찍이 여겨주니까.”(여성, 57세, 직업역량개발)
“그럼요, 자식들 보면 좋고.”(여성, 58세, 직업역량개발)
“만족한다고 해야죠, 만족하지. 그 이유가 뭐 있겠어. 만나면 좋으니까 그런 거겠지.”(여성, 63세, 봉사/사회참여)

**표 32.** 친구 또는 이웃들과 자주 시간을 보내십니까?

| 구분 | | 전체(N) | 성별 | | 공동체유형 | | | | | |
|---|---|---|---|---|---|---|---|---|---|---|
| | | | 남 | 여 | 1 | 2 | 3 | 4 | 5 | 6 |
| 예(24명) | 사교활동 | 21 | 8 | 13 | 9 | 1 | 3 | 3 | 2 | 3 |
| | 여가활동 | 9 | 2 | 7 | 3 | - | 3 | - | 1 | 2 |
| | 봉사활동 | 1 | - | 1 | - | - | - | - | 1 | - |
| | 종교활동 | 1 | - | 1 | - | 1 | - | - | - | - |
| 아니오(3명) | 시간부족 | 2 | 2 | 1 | - | 1 | - | 1 | - | - |
| | 기타 | 1 | 1 | - | - | - | - | - | 1 | - |
| 무응답 | | 23 | 9 | 14 | 4 | 1 | 7 | 5 | 3 | 4 |

공동체유형 1:직업역량개발, 2:종교, 3:봉사/사회참여, 4:평생학습, 5:취미생활, 6:신체건강

## Q. 어르신께서는 친구 또는 이웃들과 자주 시간을 보내십니까?

다음으로 가족, 친척들뿐만 아니라 주변 친구, 이웃들과의 관계성을 알아보기 위해 친구 또는 이웃과 자주 교류하는가를 물어봤을 때 전체 응답 중 그렇다는 응답이 24명으로 가장 많았다. 친구, 이웃과 많은 시간을 보내는 활동으로는 구체적으로 사교활동이 21명으로 가장 많았으며, 이어서

여가활동을 같이 보낸다는 의견이 9명으로 많았다. 하지만 반대로 자주 시간을 보내지 못하는 노인들도 있었는데 주로 시간이 부족하여 자주 만나지 못한다는 응답이 주를 이뤘다. 이에 대한 자세한 응답은 다음과 같다.

**예**

● **사교활동**

"서로 음식을 나눠 먹으며 시간을 보내요."(여성, 56세, 직업역량개발)

"친구들과 낮에 시간이 나니까 자주 만나죠. 식사하고, 차 간단하게 하고."(남성, 60세, 직업역량개발)

"이웃은 매일 보지. 얘기하고 음식도 먹고, 애들 얘기도 하고."(여성, 65세, 직업역량개발)

● **여가활동**

"네, 저는 시간만 나면 친구들도 만나고 운동하러 나오고 그래요. 쇼핑도 많이 하고, 맛있는 거 먹으러 다니고, 운동도 하러 나오고."(여성, 60세, 직업역량개발)

"네, 같이 산에 가고, 산책도 하고."(여성, 70세, 봉사/사회참여)

"친구들하고 만나서 수다 떨며 놀고, 노래방도 가고, 운동도 하고, 탁구도 치고, 그런 게 있어요. 걷기도 하고, 산도 가고."(여성, 64세, 봉사/사회참여)"

● **봉사활동**

"친구들하고 봉사는 취미생활로 해요."(여성, 65세, 취미생활)

● **종교활동**

"교회에 와서 교회 식구들과 주로 보내지."(여성, 63세, 종교)

**아니오**

● **시간부족**

"아니오, 바쁘니까."(남성, 56세, 종교)

● **불필요함**

"아직까지 서로 만나서 얘기할 만한 시간에 대해서 특별한 필요성을 못 느끼겠더라고."(남성, 60세, 평생학습)

"큰 잡음 없이 지내왔으니까."(여성, 63세, 취미생활)

표 33. 친구 또는 이웃들과의 관계에 만족하십니까?

| 구분 | | 전체 (N) | 성별 | | 공동체유형 | | | | | |
|---|---|---|---|---|---|---|---|---|---|---|
| | | | 남 | 여 | 1 | 2 | 3 | 4 | 5 | 6 |
| 예 (18명) | 관계적 만족 | 10 | 3 | 7 | 4 | - | 3 | 1 | - | 2 |
| | 개인적 만족 | 3 | - | 3 | - | 1 | - | - | 2 | - |
| | 기타 (이유 무응답) | 5 | 2 | 3 | 4 | - | 1 | - | - | - |
| 아니오 (1명) | 시간부족 | 1 | 1 | - | - | - | - | 1 | - | - |
| 무응답 | | 31 | 14 | 17 | 5 | 2 | 8 | 7 | 4 | 5 |

공동체유형 1:직업역량개발, 2:종교, 3:봉사/사회참여, 4:평생학습, 5:취미생활, 6:신체건강

**Q. 어르신께서는 친구 또는 이웃들과의 관계에 만족하십니까?**

이어서 친구, 이웃들과의 관계에서 만족감을 느끼고 있는가를 물어본 결과, 응답한 19명 중 18명이 그렇다고 응답하였다. 구체적으로는 친구, 이웃들과 관계에서 이야기를 나누거나, 도움을 주고받는 등 관계적 만족의

응답이 10명으로 가장 많았으며, 관계를 통한 긍정적인 감정으로 개인적 만족을 느낀다는 응답은 3명이었다. 만족하지 않는다고 응답한 1명은 시간부족을 이유로 만족하지 못한다고 하였다. 자세한 응답 내용은 아래와 같다.

**예**

- **관계적 만족**

"친구들 사는 얘기 하면서 하하호호 하고. 동아리가면 나랑 같은 관심분야 얘기하고 그래서 만족해요."(여성, 54세, 직업역량개발)

"어울리다 보면 상추도 갖다 주고 나도 꿀이나 감자 있으면 주고 받고 해요."(여성, 64세, 봉사/사회참여)

"네, 만족해요. 만나면 반찬 해주고, 잘 먹었다고 하고."(여성, 63세, 평생학습)

- **개인적 만족**

"평생을 그래 왔는데. 만족을 알 순 없지만."(남성, 61세, 직업역량개발)

"네, 만족해요. 사람들을 만나고 돌아오면서 기분이 좋으니까."(여성, 65세, 취미생활)

**아니오**

- **시간부족**

"충분히 만나서 얘기도 많이 나누고 해야 되는데, 시간이 부족한 측면도 있고. 옛날만큼 관계를 밀접하게 가지지 못하는 부분이 있어요. 아직까지

서로 만나서 얘기할 만한 시간도 특별한 필요성을 못 느끼겠더라고."(남성, 60세, 평생학습)

## 6. 관계_세대 간 통합감

표 34. 10대나 20대와 갈등 없이 소통하고 이해하고 계십니까?

| 구분 | | 전체 (N) | 성별 | | 공동체유형 | | | | | |
|---|---|---|---|---|---|---|---|---|---|---|
| | | | 남 | 여 | 1 | 2 | 3 | 4 | 5 | 6 |
| 예 (19명) | 수용적 자세 | 12 | 4 | 8 | 2 | - | 3 | 5 | 1 | 1 |
| | 적극적 관심과 참여 | 6 | 2 | 4 | 1 | 1 | 2 | 1 | - | 1 |
| | 기타(무응답) | 1 | - | 1 | - | - | 1 | - | - | - |
| 아니오 (22명) | 비수용적 자세 | 20 | 9 | 11 | 7 | 2 | 2 | 1 | 4 | 4 |
| | 기타(무관심) | 2 | 1 | 1 | - | - | 1 | - | - | 1 |
| 모르겠다 (9명) | 제한된 이해 | 5 | 1 | 4 | 2 | - | 2 | - | 1 | - |
| | 보통 | 1 | 1 | - | 1 | - | - | - | - | - |
| | 모름 | 3 | 2 | 1 | - | - | 2 | 1 | - | - |

공동체유형 1:직업역량개발, 2:종교, 3:봉사/사회참여, 4:평생학습, 5:취미생활, 6:신체건강

**Q. 어르신께서는 10대나 20대와 갈등 없이 소통하고 이해하고 계십니까? 그렇다면 10대나 20대의 어떤 점을 이해하고 소통하십니까?**

활동적 노년의 관계적 특성에서 마지막으로 세대와의 관계적 측면에서도 원활한 교류를 하고 있는가 물어보기 위해 10대와 20대와의 갈등, 소통에 대해 질문을 하였다. 이때 10대, 20대와 원활한 소통을 한다는 노인들이 19명, 그렇지 않다는 노인들이 22명으로 비슷하게 나타났다. 그렇다고 응답한 구체적인 내용으로는 적극적으로 노력하기보다는 10대, 20대의 문화를 이해하려고 노력한다는 의견이 주를 이뤘으며, 반대로 그들을 이해하지 못한다는 구체적인 내용으로는 10대, 20대와의 가치관 등으로 인해

세대 차이가 느껴진다는 의견이 주를 이뤘다. 자세한 응답 내용은 다음과 같다.

**예**

● **수용적 자세**

"그렇게까지는 소통은 안 해도 이해하려고 노력하고 있어요. 예쁘게 봐줘야지요. 요즘 젊은 애들 화장 진하게 하고, 옷차림 짧아지고, 그런 거에 대해서 좋게 생각하면서 이해하려고 생각해요."(여성, 57세, 직업역량개발)
"네, 이해해요. 밤과 낮의 문화가 바뀌었어도 요즘 시대가 그러려니 하고 이해해요. 우리 자녀들이 20대인데요, 애들이 원하는 게 무엇인지 거기에 맞춰 같이 즐기려고 해요."(여성, 58세, 종교)
"네, 나름대로 자기들만의 생각이나 소신 같은 거 스타일이 있으니까 그대로 봐줘요."(여성, 63세, 평생학습)

● **적극적 관심과 참여**

"젊은 애들 노래를 아이돌이라고 하더라고. 누가 어떻다 하면 검색을 하곤 하죠. 젊은 애들 노래 어떤 것들이 좋은가, 우리 애들한테 물어보기도 합니다."(남성, 56세, 신체건강)
"그러려고 노력하는 편이에요. 애들이 좋아하는 음악을 알아야 대화가 되고, 애들이 좋아하는 영화를 같이 봐야 얘기가 통하기 때문에 많이 투자하려고 해요. 관심사가 비슷해야 얘기가 통하거든요."(여성, 56세, 봉사/사회참여)

**아니오**

Q. 소통이 어려운 점이 있다면 무엇입니까?

● **비수용적 자세**

"일단 우리가 살아온 세대랑 너무 달라서 옷 입는 것 자체가 나하고 안 맞아."(여성, 63세, 종교)

"같이 공유하는 부분이 없으니까, 그런 부분이 어려운 것 같아요."(여성, 60세, 평생학습)

"어려워요. 대화가 안 통하죠. 애들 생각하고 내 생각하고 다르고, 뭐라고 하면 대들기나 하고, 뭐라고 하면 안 돼요, 요즘은. 소통하려고 노력하고 있는 건 없어요."(여성, 70세, 봉사/사회참여)

● **무관심**

"없어요. 아직 손주들이 어리니까 필요성을 못 느끼는 것 같아요."(여성, 63세, 평생학습)

● **제한된 이해**

"아이돌 가수나 스마트폰은 잘 이해 못 하겠던데. 손주는 그거 들고 화장실도 가더라고."(여성, 73세, 봉사/사회참여)

"요즘 아이들의 스마트폰이나 옷차림에 대해서도 이해하지만, 이성 교제가 개방적인 것은 반대한다."(남성, 56세, 취미생활)

"이해하는데 무슨 얘긴지 몰라. 짧은 거 입고, 그런 거 잘 몰라."(여성, 65세, 직업역량개발)

표 35. 10대나 20대의 문화 중 관심을 가지는 부분이 있으십니까?

| 구분 | | 전체 (N) | 성별 | | 공동체유형 | | | | | |
|---|---|---|---|---|---|---|---|---|---|---|
| | | | 남 | 여 | 1 | 2 | 3 | 4 | 5 | 6 |
| 예 (16명) | 세대적응 | 5 | 1 | 4 | 2 | 1 | - | 1 | - | 1 |
| | 자기관리 | 4 | 1 | 3 | - | - | 2 | - | 1 | 1 |
| | 후속 세대에 대한 교육 | 1 | 1 | - | - | - | - | - | - | 1 |
| | 즐거움 | 1 | 1 | - | - | - | - | 1 | - | - |
| | 기타(무응답) | 5 | 2 | 3 | 1 | - | 2 | 1 | - | 1 |
| 아니오 (22명) | 세대차이 인정 | 10 | 3 | 7 | 3 | 1 | 1 | 2 | 1 | 2 |
| | 무관심 | 10 | 5 | 5 | 4 | - | 3 | 1 | 2 | - |
| | 시간부족 | 2 | 1 | 3 | 1 | - | 1 | - | 1 | 1 |
| 모르겠다 (3명) | 능력 부족 | 1 | - | 1 | - | - | 1 | - | - | - |
| | 모름 | 2 | 1 | 1 | 1 | - | 1 | - | - | - |
| 무응답 | | 7 | 5 | 2 | 1 | 1 | 1 | 2 | 1 | 1 |

공동체유형 1:직업역량개발, 2:종교, 3:봉사/사회참여, 4:평생학습, 5:취미생활, 6:신체건강

**Q. 어르신께서는 10대나 20대의 문화 중 관심을 가지고 있는 부분이 있으십니까? 있다면 무엇입니까? 관심을 가지시는 이유는 무엇입니까?**

10대, 20대와의 관계를 이어 나가기 위해 그들의 문화를 수용하기 위해 노력하는 부분이 있는가를 질문해 본 결과, 그렇다는 응답이 16명, 그렇지 않다는 응답이 22명으로 관심이 없다는 응답이 더 많았다. 먼저 10대, 20대의 문화에 관심을 가지는 유형은 주로 음악, 스마트폰 등이 있었으며, 관심을 가지는 이유로는 세대에 적응하고 뒤처지지 않기 위해서라는 응답이 5명으로 가장 많았다. 반대로 그들의 문화에 관심을 가지지 않는 이유는 세대 차이를 느끼거나 아예 관심이 없기 때문이라는 응답이 각각 10명으로 가장 많았다. 자세한 응답의 내용은 다음과 같다.

**예**

● **세대적응**

"요즘 젊은 사람들은 뭐라 그럴까, 흐름이 좀 빨라요. 빠른 것은 좀 배워야 되지 않겠나. 그리고 뭘 해보려고 하는 의지가 강한 거 같아요. 또 스마트폰으로 하는 부분이 기성세대들하고 차이가 있지 않은가."(남성, 61세, 직업역량개발)

"네, 영화라든지, 애들 문화생활을 이해하는 거지요."(여성, 58세, 종교)

"음악도 듣고, 애들 좋아하는 영화도 가끔 보고, 그런 편이에요. 카톡도 하고, 요즘 애들이 쓰는 줄임말도 자꾸 물어보고 재미 삼아 사용할 때도 있고."(여성, 56세, 봉사/사회참여)

"있어요, 스마트폰. 정보화시대에 꼭 필요하니까."(여성, 59세, 평생학습)

"아이들이 티비를 볼 때 재미있어하는 것. 시간 낭비 같은데 아이들하고 대화하기 위해서 같이 보는 게 있습니다. 랩 하는 프로그램 있으면 욕도 나오고 해서 어른으로서 좋아하는 건 아니지만 아이들이 좋아하기 때문에 같이 보는 시간을 갖습니다."(여성, 56세, 신체건강)

● **자기관리**

"춤을 추고 싶지. 춤을 추면 운동도 되고 살도 빠지고."(남성, 65세, 신체건강)

"관심은 뭐. 글쎄 자전거 타는 거 보면 나도 타고 싶고, 그런데 이 나이에 될까 몰라. 걷다 보면 자전거 많이 타더라고."(여성, 57세, 평생학습)

● **후속세대에 대한 교육**

"기성세대로 봤을 때, 솔직히 성하고 이성 교제에 대해서는 관심을 가지려고 하죠. 어른으로서 그런 문제는 바로 잡아야 되지 않나. 아무래도 대한민국은 동방예의지국이니까. 이성이나 성에 대해서, 젊은 애들의 지나친

스킨십, 길거리 행위에 대해서요. 어른의 입장에서 바로잡아야 하고 그런 거에 관심을 가지는 편이지요."(남성, 60세, 평생학습)

● **즐거움**

"저는 춤추고 그런 거 좋아해요."(여성, 63세, 취미생활)

**아니오**

**Q. 관심을 가지지 않는 이유는 무엇입니까?**

● **세대 차이 인정**

"나하고는 안 맞아. 내 나이가 나이다 보니까. 지금 세대 아이들의 문화와 내가 살아온 환경이 너무 다르기 때문에 이해 안 되는 부분이 있어서 신경을 안 쓰게 되더라고." (여성, 63세, 종교)

"딱히 없어요. 어려워요. 세대 차이가 너무 많이 나니까."(여성, 60세, 평생학습)

"글쎄, 특별한 관심은 없고. 세대와 생활 패턴이 차이가 나기 때문에 걔네들한테 무엇을 관심 가져야 될지 모르겠더라고."(남성, 72세, 신체건강)

"관심까지는 아니지만 애들이 하는 행동도 나쁘게만 보지 않고 '저 나이 때 할 수 있는 행동이다'라고 생각하죠, 그 자체로 봐줘요."(여성, 63세, 평생학습)

● **무관심**

"관심은 크게 없고. 왜냐하면 누군지도 모르고, 이름은 몰라도 목소리 듣고 알아도, 특별한 관심을 갖고 그런 건 없어요."(남성, 61세, 직업역량개발)

"딱히 없어요. 특별하게 나랑 그런 부분에서 부딪히지 않기 때문에."(남성, 60세, 평생학습)

● **시간부족**

"없어. 나 살기 바쁜데. 내 생활도 바빠." (여성, 65세, 직업역량개발)

"별로 없어요. 내가 하는 일이 바쁜 일이 많아요. 이것저것 하는 일이 있어서."(여성, 58세, 봉사/사회참여)

**모르겠음**

● **능력부족**

"딱히 없어요. 어려워요."(여성, 60세, 평생학습)

● **모름**

"몰라요, 잘 모르겠어."(여성, 63세, 봉사/사회참여)

표 36. 10대나 20대의 문화에 관심을 가지려고 노력하는 부분이 있으세요?

| 구분 | | 전체 (N) | 성별 | | 공동체유형 | | | | | |
|---|---|---|---|---|---|---|---|---|---|---|
| | | | 남 | 여 | 1 | 2 | 3 | 4 | 5 | 6 |
| 예 (15명) | 새로운 것에 대한 학습 | 5 | 1 | 4 | 1 | - | 2 | - | - | 2 |
| | 젊은 세대의 문화 | 3 | 1 | 2 | 2 | 1 | - | - | - | - |
| | 긍정적 수용 | 3 | 1 | 2 | 2 | - | 1 | - | - | - |
| | 기타 | 4 | 1 | 3 | 1 | - | 2 | 1 | - | - |
| 아니오 (12명) | 세대 차이 | 6 | 3 | 3 | 2 | - | 1 | - | 2 | 1 |
| | 무관심 | 8 | 3 | 5 | 3 | - | - | 3 | 1 | 1 |
| 무응답 | | 22 | 10 | 12 | 3 | 2 | 6 | 5 | 3 | 3 |

공동체유형 1:직업역량개발, 2:종교, 3:봉사/사회참여, 4:평생학습, 5:취미생활, 6:신체건강

**Q. 어르신께서는 10대와 20대의 문화 중 관심을 가지려고 노력하는 부분이 있으세요? 있다면 무엇입니까? 관심을 가지시는 이유는 무엇입니까?**

10대, 20대의 세대 간 교류를 위해 관심을 가지는 문화가 있다면 그 이유는 무엇인지 물어봤을 때, 관심을 가지는 이유는 대개 세대에 뒤처지지 않기 위해 학습하고자 하는 응답이 5명으로 가장 많았으며, 반대로 관심을 가지지 않는 이유로는 아예 10, 20대 문화에 무관심하다는 응답이 8명으로 가장 많았다. 자세한 응답 내용은 다음과 같다.

### 예

**● 새로운 것에 대한 학습**

"스마트폰 작동도 해보고, 젊은 층이 하는 노래도 노래방 가면 불러보기도 하고, 언어를 응용해서 사용하기도 합니다."(남성, 61세, 직업역량개발)

"스마트폰 쓰고 있어서 통신사에 가서 자주 물어보고 해요. 알려주기도 하고, 우리가 배우기에는 기능이 어렵더라고요."(여성, 64세, 봉사/사회참여)

"소통하기 위해 노력하는 건 없고, 책 읽는 것. 10대, 20대들 놀이 같은 것. 인터넷이나 그런 걸 알려고 하죠."(여성, 58세, 봉사/사회참여)

● **젊은 세대의 문화**

"옷차림 같은 건 눈여겨 볼 때가 있긴 해. 너무 짧게 입긴 하는데."(여성, 63세, 종교)

"노래를 따라 부름."(여성, 56세, 직업역량개발)

● **긍정적인 수용**

"일부러 노력하는 부분은 없고, 긍정적으로 보는 편이에요."(남성, 59세, 직업역량개발)

**아니오**

● **세대차이**

"없어요. 저하고 세대 차이도 많이 나고, 아직까지 자녀들이 10대, 20대가 없어서 그런지 별로 그런 건 (없어요)."(여성, 57세, 직업역량개발)

"없습니다. 제가 할 수 있는 얘기가 아니네요. (어린) 친구들 이해하는 걸 도저히 못 합니다."(남성, 79세, 직업역량개발)

● **무관심**

"없는 것 같아. 노력하지 않는 이유는 그거 때문에 문제가 되지 않는다고 생각하기 때문에."(남성, 60세, 평생학습)

"특별히 그런 건 없어."(여성, 80세, 평생학습)

● **기타**

"저 나름대로 노력하는데 애들이 볼 때 미흡하다고 볼 수 있지요. 노력한다면 멘토로서 서로 대화를 하거나 술, 조언, 의견수렴을 통해서 좋은 결과를 얻도록 많이 합니다."(남성, 56세, 취미생활)

표 37. 젊은 세대와 소통하기 어려운 점이 있다면 무엇인가요?

| 구분 | 전체 (N) | 성별 | | 공동체유형 | | | | | |
|---|---|---|---|---|---|---|---|---|---|
| | | 남 | 여 | 1 | 2 | 3 | 4 | 5 | 6 |
| 세대 간 갈등 | 9 | 5 | 4 | 4 | - | - | 3 | 1 | 1 |
| 소통의 기회 부족 | 41 | 15 | 26 | 9 | 3 | 12 | 6 | 5 | 6 |

공동체유형 1:직업역량개발, 2:종교, 3:봉사/사회참여, 4:평생학습, 5:취미생활, 6:신체건강

**Q. 어르신께서는 젊은 세대와 소통하기 어려운 점이 있다면?**

전반적으로 젊은 세대와 소통하는데 어렵게 느끼는 부분에 대해서 물어봤을 때, 대부분 젊은 세대와 소통을 할 수 있는 기회가 부족하다는 의견이 41명으로 가장 많았으며, 다음으로는 세대 간 갈등이 크다는 의견이 9명으로 뒤를 이었다. 자세한 응답 내용은 다음과 같다.

● **기회부족**

"만날 기회도 많지 않고, 말해도 들을 것 같지도 않고."(여성, 57세, 직업역량개발)

"노인들과 젊은 사람의 소통 계기가 마련되어있지 않다는 거지."(남성, 65세, 신체건강)

● **세대 간 갈등**

"아무래도 보고 듣고 느끼는 게 다르니까, 사고방식도 많이 다른 것 같아

요. 사고방식을 극복해 보고자 대화도 많이 해봤는데 바꾸기 힘들더라고." (남성, 57세, 평생학습)

"젊은 애들은 나이 먹은 사람들이 젊은 세대를 이해 못 한다고 생각하니까, 젊은 세대하고는 대화하기도 어려울 것 같아."(여성, 59세, 평생학습)

"말이 안 통해. 뭔 말을 하는지 모르겠고. 여자애들은 교복 입고, 빨갛게 화장하고 다니고, 짧은 치마 입고 다니고. 소통이 안 돼."(여성, 58세, 직업역량개발)

활동적 노년을 보내는 노인들에게 젊은 세대와의 소통 등에 대해 질문한 결과, 적극적인 노력과 관심을 갖는 경우도 있지만 세대차이에 따른 소통의 어려움과 이해의 한계 등을 언급한 경우가 더 많았다. 구체적으로 10대, 20대와의 소통에 대해 수용적인 자세를 갖거나 적극적으로 참여하려 노력한다는 응답보다는 "어렵다", "이해 못 하겠다", "무슨 얘긴지 모른다" 등의 응답이 더 많았다. 10대, 20대의 문화에 대한 관심을 묻는 질문에도 "안 맞다", "어렵다", "모르겠다", "관심 없다" 등의 부정적 답변이 더 많았다. 젊은 세대들의 문화에 대해 관심을 갖고 이해하려고 노력하는 분야에 대해서는 새로운 것을 학습하거나 젊은 세대들의 문화(패션, 음악 등)와 관련된 것들이 많았으며, 이 역시도 부정적 응답("관심이 없다", "이해 못 하겠다" 등)이 더 많았다.

앞서 언급한 젊은 세대 이해에 대한 질문에 잘 모르거나, 관심이 없거나, 어렵거나 등이 있었고, 젊은 세대와의 소통이 어려운 이유에 대해서는 소통의 기회가 부족하다는 응답이 많았다. 다만, 세부 응답을 살펴보면 "말해도 들을 것 같지 않다", "대화도 많이 해봤는데 바꾸기 힘들더라고", "말이 안 통해" 등 젊은 세대가 자신들의 생각을 이해하지 않으려 한다는 의미로 이해할 수 있었다. 즉, 노인들은 그동안의 삶의 경험을 통해 자신들의 사고방식에 대한 확신이 있으며, 그와 다른 사고방식을 갖고 있는 젊은 세대들이 자신들의 방식에 맞춰야 한다는 태도를 갖고 있는 것으로 이해할 수 있었다.

## 7. 역할정체감_사회봉사활동참여

표 38. 어르신께서는 지역사회나 이웃을 위해 하고 계신 봉사활동이나 비슷한 다른 사회활동 참여를 하고 계십니까?

| 구분 | | 전체(N) | 성별 | | 공동체유형 | | | | | |
|---|---|---|---|---|---|---|---|---|---|---|
| | | | 남 | 여 | 1 | 2 | 3 | 4 | 5 | 6 |
| 예(25명) | 지역사회활동 | 8 | 4 | 4 | 2 | - | 2 | - | 3 | 1 |
| | 봉사활동 | 8 | 3 | 5 | 1 | - | 7 | - | - | - |
| | 종교활동 | 5 | 1 | 4 | 2 | 1 | - | 1 | - | 1 |
| | 기타 | 1 | 1 | - | - | - | - | - | - | 1 |
| 아니오(20명) | 기회부족 | 6 | 2 | 4 | 2 | - | - | 3 | - | 1 |
| | 시간부족 | 4 | 3 | 1 | 1 | - | - | 1 | 1 | 1 |
| | 체력부족 | 3 | 1 | 2 | 2 | - | - | 1 | - | - |
| | 경제력 부족 | 2 | 2 | - | 1 | - | - | - | - | 1 |
| | 무관심 | 4 | 3 | 1 | 1 | 1 | - | 1 | - | 1 |
| | 기타 | 6 | 4 | 2 | 2 | - | - | 2 | - | 2 |
| 무응답 | | 5 | 1 | 4 | 1 | 1 | 1 | 1 | 1 | - |

공동체유형 1:직업역량개발, 2:종교, 3:봉사/사회참여, 4:평생학습, 5:취미생활, 6:신체건강

**Q. 어르신께서는 지역사회나 이웃을 위해 하고 계신 봉사활동이나 비슷한 다른 사회활동 참여를 하고 계십니까? 하고 계시다면 어떤 활동을 하고 계십니까?**

두 번째로 활동적 노년은 상실되는 사회적 역할을 보완하고, 새로운 사회적 역할 정체감을 확립하기 위해 봉사활동과 같은 시민참여 활동을 유지할 것이라고 예상하였다. 즉, 사회 내에서 봉사활동 혹은 사회적 참여를 통해 자신의 또 다른 사회적 역할을 가지고 유지하는가를 확인해 본 결과, 봉사활동에 참여한다는 의견이 25명, 참여하지 않는다는 의견이 20명으로 비슷하게 나타났지만, 봉사활동에 참여한다는 노인이 더 많았으며, 참여하지 못한다는 의견 중에서도 시간과 기회만 주어진다면 참여할 의향이 있음을 확인할 수 있었다. 자세한 응답 내용은 다음과 같다.

**예**

● **지역사회활동**

"동네에서 일주일에 한 번씩 청소하고, 환경 정리도 하고."(남성, 61세, 직업역량개발)

"아파트다 보니 가끔씩 복날에 닭 삶는 거 꼭 참여하고, 혼자 사는 어른들에게 식사를 대접해줍니다."(여성, 57세, 봉사/사회활동)

"운동이 끝나면 공원 정리를 합니다."(여성, 63세, 취미생활)

● **봉사활동**

"조그맣게 자원봉사 참여하고 있어요."(남성, 60세, 직업역량개발)

"독거노인을 위해서 한 달에 2번 봉사하고 있어요."(여성, 56세, 봉사/사회참여)

● **종교활동**

"교회에서 여전도 일을 하고 있어."(여성, 63세, 종교)

"교회에서 전도회를 해서 어버이날은 전철역에서 어르신들한테 꽃도 달아드리고 있어요."(여성, 58세, 종교)

Q. 그러한 활동을 하지 않는 이유는 무엇입니까?

● **기회부족**

"기회가 없어서 못 했는데 앞으로 해야지요. 아이를 키우느라 바빴어요."(남성, 57세, 평생학습)

"그건 없어요. 아직 기회가 없었어요."(남성, 60세, 평생학습)

"기회가 없죠. 기회가 있다면 내가 한문을 잘 아니까 예절이라든지, 봉사활동으로 탁구 지도라든지."(남성, 72세, 신체건강)

● **시간부족**

"따로 못합니다. 지금 생활이 바쁘고 하니까."(남성, 70세, 직업역량개발)

"딱히 없어요. 친구도 만나고 하니까 바빠서. 우리 남편도 집에 있어서 밥도 챙겨줘야 하니 시간이 없어요."(여성, 63세, 취미생활)

● **체력부족**

"없어요. 체력적으로 힘들고."(남성, 79세, 직업역량개발)

"봉사는 무슨. 내 몸이 쑤셔 죽겠는데 무슨 봉사야. 봉사 안 해."(여성, 57세, 평생학습)

● **경제적 부족**

"10년 전까지만 해도 참여했는데 그 뒤로는 중단된 상태에요. 나이가 들어 수입이 줄다 보니 그렇게 됐습니다."(남성, 59세, 직업역량개발)

● **무관심**

"계기가 없어서 생각해 본 적이 없는 거 같아요."(여성, 56세, 직업역량개발)

"아니요. 특별하게 할 필요성을 못 느껴요."(남성, 60세, 평생학습)

● **기타**

"안 해요. 게을러서 그래요. 활동을 해야 되는데 내가 나쁜 놈이지 한 마디로."(남성, 65세, 신체건강)

표 39. 그러한 활동을 통해 얻고 계신 것은 무엇입니까?

| 구분 | 전체 (N) | 성별 | | 공동체유형 | | | | | |
|---|---|---|---|---|---|---|---|---|---|
| | | 남 | 여 | 1 | 2 | 3 | 4 | 5 | 6 |
| 개인적 만족 | 12 | 2 | 10 | 2 | 1 | 7 | - | 2 | - |
| 관계 향상 | 5 | - | 5 | - | - | 2 | - | 2 | 1 |
| 심리적 건강 | 3 | 1 | 2 | - | - | 2 | - | 1 | - |
| 기타 | 1 | - | 1 | - | - | 1 | - | - | - |

공동체유형 1:직업역량개발, 2:종교, 3:봉사/사회참여, 4:평생학습, 5:취미생활, 6:신체건강

**Q. 어르신께서는 지역사회나 이웃을 위해 하고 계신 봉사활동이나 비슷한 다른 사회활동을 통해 얻고 계신 것은 무엇입니까?**

활동적 노년이 봉사활동, 지역사회 활동과 같은 시민 활동을 통해 그들의 삶에 긍정적인 영향을 가져오는지 알아보기 위해 질문해 본 결과, 12명이 행복감, 뿌듯함과 같은 개인적인 만족감을 가장 많이 느끼고 있다고 응답하였으며, 이어서 5명이 다른 사람과의 관계를 통해 친밀감을 형성할 수 있다는 관계적인 만족도 역시 느끼고 있다고 응답하였다.

● **개인적 만족**

"그 활동을 통해 제가 행복하다는 걸 많이 느껴요."(여성, 57세, 직업역량개발)

"즐거움이죠. 뿌듯하고."(여성, 70세, 봉사/사회활동)

"그걸 통해서 보람이나 만족을 느끼지."(여성, 63세, 종교)

● **관계적 만족**

"여러 사람들이 같이 어울려서 하니까 친밀감도 생기고, 소일거리도 되니까 여러 가지 즐거움도 있고, 스트레스도 해소하니까 좋아요."(여성, 64세, 봉사/사회활동)

"내가 노래하고 나면 그분들도 좋아하시고, 최고예요. 노래가."(여성, 63세, 취미생활)

● **심리적 만족**

"나의 정체성이 그걸 함으로 인해 조금 더 높여지는 것 같고, 사회가 그런 걸 많이 지향하잖아요. 그래서 하고 있어요."(여성, 58세, 봉사/사회활동)

"자기만족이죠. 몸에 활력도 오고, 정신적인 건강도 조금이라도 더 유지할 수 있고."(여성, 63세, 취미생활)

● **기타**

"복지협의체 이런데도 얼마 전에 들었는데, 그런 데 가면 노인정 얘기도 많이 하고, 운동기구 같은 것도 (지원)해주려고 하고 있어요."(여성, 65세, 취미생활)

활동적 노년을 보내는 노인들을 대상으로 지역사회나 이웃을 위해 봉사나 사회활동에 참여하는지 질문한 결과, 절반이 그렇다고 응답했다. 세부적으로는 봉사활동이나 지역사회활동(청소 등)과 종교활동에 대한 응답이 많았다. 아니라고 응답한 경우에도 "앞으로 해야지", "기회가 없었다" 등의 응답이 일부 있었으며, "과거에 했었으나, 경제적으로 어려워졌다" 등의 응답도 있었다. 봉사나 사회활동을 하지 못하고 있는 경우에는 체력, 시간, 경제력 등의 현실적 한계로 실천하지 못하는 것으로 나타났다. 이 역시 여건이 가능하다면 봉사나 사회활동에 참여할 여지가 있는 것으로 이해할 수 있었다. 봉사나 사회활동에 참여함으로써 심리, 사회적 만족을 느끼는 것으로 나타났다. 이는 곧 봉사나 사회활동을 통해 스스로 행복감과 보람, 만족을 느끼고, 다른 사람들과의 친밀감 등을 통해 결과적으로 자신에게 도움이 되는 것으로 이해할 수 있었다.

## 7. 역할정체감_역할 유연성

표 40. 어르신의 가정 내 대소사 결정은 보통 어떻게 이루어지십니까?

| 구분 | 전체 (N) | 성별 | | 공동체유형 | | | | | |
|---|---|---|---|---|---|---|---|---|---|
| | | 남 | 여 | 1 | 2 | 3 | 4 | 5 | 6 |
| 남편 | 15 | 9 | 6 | 3 | 2 | 1 | 5 | 1 | 3 |
| 아내 | 10 | 2 | 8 | 4 | - | 2 | - | 3 | 1 |
| 부부 | 13 | 6 | 7 | 4 | - | 5 | 1 | 1 | 2 |
| 가족 | 7 | 3 | 4 | - | - | 3 | 1 | 1 | 2 |
| 남편과 자녀 | 4 | - | 4 | - | - | 3 | 1 | - | - |
| 시부모님 | 1 | - | 1 | - | - | 1 | - | - | - |

공동체유형 1:직업역량개발, 2:종교, 3:봉사/사회참여, 4:평생학습, 5:취미생활, 6:신체건강

### Q. 어르신의 가정 내 대소사 결정은 보통 어떻게 이루어집니까?

활동적 노년의 노년기 삶 적응에서 역할 정체감 중 성역할 정체감이 양성적인 성향이 보이는가를 알아보기 위해 질문한 결과, 남편이 결정한다는 응답이 15명, 아내가 결정한다는 응답이 10명으로 나타났다. 남편 혹은 아내가 주도적으로 의사결정을 하는 경우가 대체적으로 많았으나 남편과 아내가 함께 평등하게 의사결정을 내린다고 13명이 대답하였다. 자세한 응답 내용은 아래와 같다.

● **남편**

"대부분 남편의 결정에 따르는 편이고요."(여성, 56세, 신체건강)

"남편이 이렇게 하자고 이야기해요."(여성, 59세, 평생학습)

● **아내**

"제가 다 하죠. 제가 도맡아서 해요."(여성, 63세, 취미생활)

"우리 와이프가 다 하고 나는 뒤에서 시키는 것만 하지. 난 집에서 말 잘 들어요."(남성, 65세, 신체건강)

● **부부가 함께 상의**

"저하고 남편하고 상의해서 하는 편이에요."(여성, 57세, 직업역량개발)

"와이프하고 같이 협의해서."(남성, 70세, 직업역량개발)

● **가족 모두가 결정**

"애들이 크니까 가족이 모여서 서로 결정하는 편이에요."(여성, 56세, 봉사/사회참여)

"그런 일이 있으면 집안 식구 다 모여서 회의해서 결정해요."(남성, 69세, 신체건강)

● **남편과 자녀**

"아직은 영감이 있으니까. 영감하고, 자식들하고 얘기하지."(여성, 73세, 봉사/사회참여)

● **시부모님과 대화**

"아직까지는 위에 어른도 있고 해서. 어른들 얘기 참고해서 대화로 결정하는 거죠."(여성, 56세, 봉사/사회참여)

표 41. 어르신께서는 가정 내에서 주로 어떤 결정을 하십니까?

| 구분 | 전체(N) | 성별 | | 공동체유형 | | | | | |
|---|---|---|---|---|---|---|---|---|---|
| | | 남 | 여 | 1 | 2 | 3 | 4 | 5 | 6 |
| 가족문제 | 10 | 5 | 5 | 3 | - | 3 | 1 | 2 | 1 |
| 대소사 | 6 | 3 | 3 | 2 | 1 | - | - | 2 | 1 |
| 자녀 | 5 | 3 | 2 | 3 | - | - | - | 1 | 1 |
| 기타 | 7 | 5 | 2 | 3 | - | - | 2 | 1 | 1 |
| 무응답 | 33 | 12 | 21 | 8 | 2 | 9 | 6 | 3 | 5 |

공동체유형 1:직업역량개발, 2:종교, 3:봉사/사회참여, 4:평생학습, 5:취미생활, 6:신체건강

**Q. 어르신께서는 주로 어떠한 결정을 하십니까?**

위의 질문과 연결하여 스스로 집안에서 의사결정을 하는 내용은 무엇이 있는지, 집안 내에서 성역할에 대한 경계가 존재하지 않는지에 대해 알아본 결과, 남성과 여성의 의사결정 내용에는 큰 차이가 없는 것으로 나타났다. 자세한 응답 내용은 다음과 같다.

● **가족문제**

"나는 큰 돈을 써야 하는 경우, 서로서로 얘기하고 나서 결정하도록 하는 편이에요."(여성, 56세, 봉사/사회참여)

"가족회의에서 결정이 되면 제가 많이 참여해서 꾸미죠."(여성, 58세 봉사/사회참여)

● **대소사**

"주로 집도 그렇고 놀러 간다든지, 이사를 간다든지 그런 거에서."(여성, 63세, 취미생활)

"대소사는 시대에 맞게끔. 우리 집 제사가 매월 한 개씩 있어요. 하지만 합동으로 1년에 한 번만 지내자 하는 동의를 얻어서 다들 좋아하더라고."(남성, 72세, 신체건강)

● 자녀
"자녀들이 혼기 문제 때문에 얘기할 때 그런 역할을 많이 해요."(여성, 57세, 직업역량개발)
"우리 가족 내에서는 배우자나 자녀들 얘기를 많이 하죠."(남성, 59세, 직업역량개발)

● 기타
"특별히 이 일에 따라서 여자가 해야 될 일은 여자가 더 많이 관여해야 하는 부분도 있고, 당연히 남자가 해야 되는 그런 일은 내가 하고 하는 부분은 있죠."(남성, 60세, 평생학습)

표 42. 어르신께서 어떻게 결정을 도맡아서 하시게 되셨습니까?

| 구분 | 전체 (N) | 성별 | | 공동체유형 | | | | | |
|---|---|---|---|---|---|---|---|---|---|
| | | 남 | 여 | 1 | 2 | 3 | 4 | 5 | 6 |
| 가부장적 가치관 | 3 | 3 | - | - | - | - | - | 2 | 1 |
| 성격 | 1 | - | 1 | - | 1 | - | - | - | - |
| 기타 | 3 | 2 | 1 | 2 | - | 1 | - | - | - |
| 무응답 | 43 | 16 | 27 | 11 | 2 | 11 | 9 | 4 | 6 |

공동체유형 1:직업역량개발, 2:종교, 3:봉사/사회참여, 4:평생학습, 5:취미생활, 6:신체건강

## Q. 어르신께서는 어떻게 결정을 도맡아서 하시게 되셨습니까?

위의 질문과 이어서 본인이 가지는 의사결정권이 이전부터 이어져 왔던 것인지 노인기에 들어 변화된 것인지를 알아보고자 물어본 결과, 성역할 정체감 변화로 인한 의사결정권의 변화로는 보기 어려웠다.

● 가부장적 가치관
"가족 대소사를 제가 장남, 장손이어서 결정해야 된다고 생각을 하고."(남

성, 56세, 신체건강)
"아무래도 우리 세대가 가부장적인 사회에서 살아서 아직은 내가 결정을 많이 하는 편이고, 마누라도 따라주는 편입니다."(남성, 63세, 취미생활)

● **성격**

"제 성격이 그런 거 좋아해요."(여성, 58세, 종교)

● **기타**

"남편이 저보고 결정하라고 하니까 다 결정해요."(여성, 56세, 직업역량개발)
"현재는 그럴 수밖에 없어요. 애들은 외국 나가 있고 저 혼자 있으니까." (남성, 61세, 직업역량개발)

표 43. 과거에 하지 않으셨지만 현재 새롭게 맡은 사회적 역할이나 지위를 가지고 있으십니까?

| 구분 | | 전체 (N) | 성별 | | 공동체유형 | | | | | |
|---|---|---|---|---|---|---|---|---|---|---|
| | | | 남 | 여 | 1 | 2 | 3 | 4 | 5 | 6 |
| 예 (9명) | 임원 | 7 | 4 | 3 | - | - | 2 | 1 | 1 | 3 |
| | 회원 | 2 | - | 2 | - | - | 1 | - | 1 | - |
| 아니오 (33명) | 현재에 만족 | 4 | 1 | 3 | 1 | 1 | 1 | - | - | 1 |
| | 시간 부족 | 1 | 1 | - | 1 | - | - | - | - | - |
| | 기타 | 28 | 10 | 18 | 11 | 2 | 7 | 5 | 2 | 1 |
| 무응답 | | 12 | 8 | 4 | 4 | - | - | 1 | 3 | 2 |

공동체유형 1:직업역량개발, 2:종교, 3:봉사/사회참여, 4:평생학습, 5:취미생활, 6:신체건강

**Q. 어르신께서는 과거에 하지 않았지만, 현재 새롭게 맡은 사회적 역할이나 지위가 있으십니까?**

활동적 노년의 역할정체성 중 사회적 역할 정체성과 관련하여 노년기에

상실되는 사회적 역할을 어떻게 대체하고 있는가 확인하기 위해 먼저 현재 자신의 사회적 역할, 지위에 대해서 물어본 결과, 동호회 임원 혹은 회원으로 새로운 사회적 역할을 가지고 있음이 나타났다.

● **임원**

"독거노인 봉사 신우회 회장직 맡고 있어요."(여성, 56세, 봉사/사회참여)

"네. 솔빛봉사 회장이니까."(남성, 66세, 봉사/사회참여)

"축구 회장을 맡고 있어요. 예전에는 못 해봤는데 회장을 나한테 주더라고요."(남성, 65세, 신체건강)

"신체건강체조에서 총무 하고 있어요."(여성, 76세, 신체건강)

● **회원**

"자원봉사 회원이라는 거."(여성, 73세, 봉사/사회참여)

"여유가 많아서 무슨 단체에 들어갔어요. 지위는 들어간 지 얼마 안 돼서 말단이구요."(여성, 65세, 취미생활)

**Q. 어르신께서는 과거에 하지 않았지만 현재 새롭게 맡은 사회적 역할이나 지위가 없으시다면 그 이유는 무엇입니까?**

위의 질문과 이어서 노년기 상실되는 사회적 역할을 새로운 역할로 대체하거나 보완하지 않은 노인에게 그 이유를 물어본 결과, 이전과 동일하게 사회적 역할을 유지하고 있다는 응답과 시간이 부족하다는 응답이 나타났다.

● **현재에 만족**

"없어요. 하고 있는 동호회 회원만 하고 있어요. 현재 하고 있는 역할에 만족해요."(여성, 58세, 직업역량개발)

"나는 바뀌는 걸 썩 좋아하는 편이 아니라, 내가 했던 걸 꾸준히 하는 걸 선호해서 계속 수행하고 있는 거지요."(여성, 63세, 종교)
"그런 건 특별히 없어요. 계속 봉사활동하는 걸로 만족해요."(여성, 64세, 봉사/사회참여)

● **시간부족**

"많이 권유는 받았지만, 시간문제 때문에 거의 고사를 하는 편이지요."(남성, 59세, 직업역량개발)

● **이유 없음**

"없어요."(남성, 56세, 종교)

표 44. 과거에 하지 않으셨지만 현재 새롭게 가정 내에서 맡으신 역할이 있으십니까?

| 구분 | | 전체 (N) | 성별 | | 공동체유형 | | | | | |
|---|---|---|---|---|---|---|---|---|---|---|
| | | | 남 | 여 | 1 | 2 | 3 | 4 | 5 | 6 |
| 예(4명) | 유연한 성역할 | 4 | 3 | 1 | - | - | - | 2 | 1 | 1 |
| 아니오(3명) | 경직된 성역할 | 3 | 2 | 1 | 2 | - | 1 | - | - | - |
| 무응답 | | 43 | 15 | 28 | 11 | 3 | 11 | 7 | 5 | 6 |

공동체유형 1:직업역량개발, 2:종교, 3:봉사/사회참여, 4:평생학습, 5:취미생활, 6:신체건강

**Q. 어르신께서는 과거에 하지 않았지만 현재 새롭게 가정 내에서 맡으신 역할이 있으십니까?**

활동적 노년의 새로운 역할 중 가정 내에서 변화된 역할이 있는지 알아보기 위해 물어본 결과, 그렇다는 응답이 4명, 그렇지 않다는 응답이 3명으로 각각 비슷하게 나타났다.

**예**

- **유연한 성역할**

"내가 안 하는 거 있다, 설거지. 남편 시키고, 요즘은 남편이 하고, 한 번씩은 내가 하지."(여성, 57세, 평생학습)

"집안일, 설거지도 가끔 하고. 예전에는 전혀 (안 했지). 경상도 사람들은 전혀 안 합니다."(남성, 62세, 신체건강)

**아니오**

- **경직된 성역할**

"가장의 역할을 해왔다는 거. 그 부분에서 바뀌는 건 말도 안 되고."(남성, 60세, 직업역량개발)

"과거와 마찬가지로 가정주부지요."(여성, 70세, 봉사/사회참여)

표 45. 어르신께서는 새롭게 맡은 역할에 만족하십니까?

| 구분 | | 전체 (N) | 성별 | | 공동체유형 | | | | | |
|---|---|---|---|---|---|---|---|---|---|---|
| | | | 남 | 여 | 1 | 2 | 3 | 4 | 5 | 6 |
| 예 (14명) | 심리적 만족 | 9 | 4 | 7 | - | - | 3 | 2 | 2 | 4 |
| | 관계적 만족 | 4 | 2 | - | - | - | 1 | - | 1 | - |
| | 기타 | 2 | - | 2 | - | - | - | - | 1 | 1 |
| 아니오(1명) | 자신 부족 | 1 | 1 | - | - | - | - | 1 | - | - |
| 무응답 | | 35 | 13 | 22 | 13 | 3 | 8 | 6 | 3 | 2 |

공동체유형 1:직업역량개발, 2:종교, 3:봉사/사회참여, 4:평생학습, 5:취미생활, 6:신체건강

**Q. 어르신께서는 과거에 하지 않았지만 현재 새롭게 맡은 역할, 지위에 대해 만족하십니까?**

활동적 노년들이 새로운 역할, 지위를 가지는 것처럼 다양하게 역할 정체감을 유지하고 있는가를 위의 질문에서 확인하였으며, 이에 대해서 만족감을 느끼고 있는지 알아본 결과, 응답자 중 14명이 그렇다고 응답하였다. 그중에서도 구체적으로 활력, 즐거움과 같은 심리적 만족감을 크게 느끼고 있음을 확인할 수 있었다.

**예**

- **심리적 만족**

"편해요. 만족해요."(남성, 64세, 봉사/사회참여)

"좋아요. 스트레스 해소지요. 회원들끼리 의견 소통이 안 될 땐 한잔해요."(여성, 63세, 취미생활)

"활동하면서 젊어지는 기분이고, 건강하고. 집에만 있으면 안 건강한데 나가서 같이 활동하니까 건강하지."(여성, 76세, 신체건강)

- **관계적 만족**

"네, 만족합니다. 봉사를 통해 다른 사람들과 소통하고, 생활 방식도 이해할 수 있고, 도움을 받는 거지요. 실질적으로."(남성, 66세, 봉사/사회참여)

"게이트볼 회원이 되면서 저한테 많은 활력이 되고 있어요. 폭넓게 사람들 사귀고. 만족해요."(여성, 63세, 취미생활)

- **기타**

"누가 해도 되지만 내가 해도 된다고 생각하기에 하는 거지요."(남성, 56

세, 신체건강)

**아니오**

● **능력 부족**

"잘 못해요. 예전에는 생활 축구에서 역할을 맡았을 때는 열심히 했는데 지금은 그렇게 까진 안 되네요."(남성, 57세, 평생학습)

가정 내 대소사에 있어 남편 혹은 아내가 주로 의사결정 하는 사례도 있었지만, 부부 혹은 가족 전체가 논의를 통해 의사결정 하는 비율도 높았다. 남편과 자녀 혹은 시부모님과의 대화를 통해 의사결정한다는 응답도 있었으며, 이는 전체적으로 의견수렴을 통해 결정하는 방식을 더 많이 사용하는 것으로 이해할 수 있었다.

과거와 달리 새롭게 역할을 맡은 것이 있는지 질문한 결과, 그렇지 않다고 응답한 사례가 더 많았다. 그러나, 세부 응답을 살펴보면 회장이나 임원 등 특별한 직책을 맡지 않을 뿐, 봉사활동이나 동호회 활동을 하는 등의 역할을 수행하고 있는 것으로 이해할 수 있었다.

활동적 노년을 보내는 노인들은 가정 내적으로 중요한 결정에 있어 대체로 협의를 통해 결정하려 하며, 가정 외적으로는 특정 직책은 아니더라도 어떠한 역할을 담당하고 있었다. 이들은 이러한 역할을 수행하면서 "젊어지는 기분이고 건강하고", "활력이 된다" 등 심리적, 관계적으로 만족감을 느끼고 있는 것으로 나타났다. 이는 은퇴 이후의 삶에서 자신의 역할을 인식하고 이를 충실히 수행함으로써 만족감을 느끼는 것으로 이해할 수 있다.

## 8. 활동적 노년에 대한 인식, 나이에 대한 지각

표 46. 어르신께서는 활동적 노년이 무엇이라고 생각하십니까?

| 구분 | | 전체 (N) | 성별 | | 공동체유형 | | | | | |
|---|---|---|---|---|---|---|---|---|---|---|
| | | | 남 | 여 | 1 | 2 | 3 | 4 | 5 | 6 |
| 긍정적 인식 (45명) | 여가활동 | 18 | 6 | 12 | 3 | 1 | 6 | 3 | 5 | - |
| | 자기개발활동 | 10 | 5 | 5 | 4 | - | 2 | 3 | 1 | - |
| | 사교활동 | 9 | 3 | 6 | 4 | - | 1 | 2 | 1 | 1 |
| | 봉사활동 | 7 | 4 | 3 | - | - | 2 | 1 | - | 4 |
| | 긍정적 생각 | 5 | 2 | 3 | 1 | 2 | - | 1 | - | 1 |
| 부정적 인식 (4명) | 부정적 생각 | 4 | 2 | 2 | 2 | - | 1 | - | - | 1 |
| 무응답 | | 1 | - | 1 | - | - | - | 1 | - | - |

공동체유형 1:직업역량개발, 2:종교, 3:봉사/사회참여, 4:평생학습, 5:취미생활, 6:신체건강

### Q. 어르신께서는 활동적 노년이 무엇이라고 생각하십니까?

마지막으로 노인들이 생각하는 활동적 노년이란 것이 어떤 것인지 그들의 인식을 알아보기 위해 물어본 결과, 응답자 중 대다수가 긍정적으로 인식하고 있음을 확인할 수 있었다. 구체적으로는 여가활동을 즐기는 것이 18명으로 가장 많았고, 이어서 자기개발활동을 하는 것이 10명으로 두 번째로 많음을 알 수 있었다.

● **여가활동**

"같이 즐기고 운동할 수 있는 공간이 좋은 거 같은데요."(여성, 58세, 종교)

"일단은 즐겁게 생활하는 게 활동적 노년에 제일 중요할 것 같고, 자기 혼자 즐길 수 있는 취미가 2, 3개 있으면 활동적 노년을 보내기 편할 것 같아요."(여성, 56세, 봉사/사회참여)

"배드민턴치고, 게이트볼하고, 노인정이나 복지관에 가서 배우고. 그렇게 활발하게 활동하는 게 활동적 노년 아닌가요."(여성, 70세, 봉사/사회참여)
"개인 취미활동 하는 것."(여성, 59세, 평생학습)
"자기 취미나 원하는 것을 계속할 수 있는 것이 활동적이라고 생각합니다. 취미나 사진 동호회 같은 것을 하는 게 활동적 노년이라고 생각합니다." (남성, 56세, 취미생활)

● **자기개발활동**

"집에만 가만히 있지 않고, 노년에 무언가 자기개발을 위해서 배운다거나, 새롭게 (시도)해보는 게 활동적 노년이라고 봐야지."(여성, 62세, 직업역량개발)
"그냥 집에서만 있는 게 아니고, 자꾸 밖으로 나가야지. (예컨대) 복지관이나 이런 데서 알려주는 게 많으니, 자기 것을 업그레이드시키고 뭐든 배우고 노력하는 게 활동적 노년이라고 생각해요. 꾸준히 노력해야 될 것 같아요."(여성, 58세, 직업역량개발)
"자기개발. 나이를 먹으면 환경이 좁아지기 때문에 한 번 밖으로 나가서 운동도 하고, 다른 사람들도 만나고, 여가로 낚시한다든가. 자기개발하는 게 좋을 것 같아."(남성, 70세, 직업역량개발)
"집에만 있지 않고, 친구들도 만나고, 등산이나 이런 취미생활을 하는 것. 자기를 위해 투자를 하는 게 활동적 노년이라고 생각을 해요."(여성, 63세, 취미생활)

● **사교활동**

"노인들도 너무 집에 있지 말고 직업 같은 것을 갖고, 사회적으로도 활동을 해야 되는 거 아닌가 라는 생각이 드네요."(여성, 56세, 직업역량개발)
"봉사활동이라든지, 경제력 같은 걸 본인이 알아서 (해결)하고, 더 활기차게 사회생활 하는 것을 활동적 노년이라고 보는데요, 저는."(여성, 57세,

직업역량개발)
"지금 사람 만나고 열심히 돌아다니면 되는 거지."(여성, 65세, 직업역량개발)
"나이 들었다고 집 안에만 있는 게 아니라, 친목활동이나 내가 참여할 수 있는 곳에 참여하는 게 활동적 노년이 아닐까 싶네요."(여성, 63세, 평생학습)
"말 그대로 나이 들어서도 사회생활 열심히 할 수 있고, 신체적인 부분에서도 건강하고, 건강하게 나이 들고, 노년을 보낼 수 있는 걸 얘기하는 거 아닌가요."(남성, 60세, 평생학습)

● **봉사활동**

"나이 들어서 집에서 쉬지 않고, 그 시간을 이용해서 사회적 봉사활동이나 동호회 활동, 이런 것을 하는 게 (활동적)노년이 아닐까요?"(남성, 56세, 신체건강)
"남에게 베풀 수 있는 활동을 하고, 그렇지 않으면 건강을 위해서 노력하는 것."(남성, 72세, 신체건강)

● **긍정적 인식**

"활동적 노년은 마음이 젊은 사람이죠."(여성, 60세, 평생학습)
"나이를 불문하고 예전처럼 의식이 젊어야 됩니다. 육체는 젊은 사람만 못하지만 의식이 깨어 있으면 신체적 노화는 문제가 안 되거든요. 항상 젊은 생각을 갖고 긍정적으로."(남성, 62세, 신체건강)

● **부정적 인식**

"어려운데요."(여성, 76세, 신체건강)
"선진국 같은 경우는 연금 보장제도가 잘 되어있으니까, 노년에 많은 시간을 자기 취미나 동호회를 할 수 있도록 조성이 되지, 국내 같은 경우는 생계형으로 해야 되는 상황이라 내 취미로 생각되는 리빙패션도 (생계를 위해) 시작을 한 거고. 활동적 노년이란 게 사치가 아닌가?"(남성, 61세, 직업역량개발)

표 47. 어르신께서는 활동을 하는데 있어서 나이가 중요하다고 생각하십니까?

| 구분 | | 전체 (N) | 성별 | | 공동체유형 | | | | | |
|---|---|---|---|---|---|---|---|---|---|---|
| | | | 남 | 여 | 1 | 2 | 3 | 4 | 5 | 6 |
| 중요하다 (10명) | 신체적 제약 | 3 | 1 | 2 | 1 | - | - | - | - | 2 |
| | 사회적 제약 | 2 | 1 | 1 | - | - | 1 | - | 1 | - |
| | 기타 | 2 | 1 | 1 | 1 | - | - | - | - | 1 |
| 중요하지 않다 (34명) | 정신적 건강 | 8 | 3 | 5 | 2 | - | 1 | 3 | 1 | 1 |
| | 신체적 건강 | 7 | 4 | 3 | 2 | - | 1 | 2 | 1 | 1 |
| | 기타 | 3 | 2 | 1 | 3 | - | - | - | - | - |
| 무응답 | | 6 | 2 | 4 | - | 1 | 2 | 2 | 1 | - |

공동체유형 1:직업역량개발, 2:종교, 3:봉사/사회참여, 4:평생학습, 5:취미생활, 6:신체건강

**Q. 어르신께서는 활동을 하는데 있어서 나이가 중요하다고 생각하십니까?**

이어서 노년기가 되어서도 사회적 활동을 유지하거나 다양한 사람들과의 관계를 유지하는 활동을 하는 데 있어 자신의 나이가 영향을 미치는지에 대한 인식을 확인한 결과, 응답자 중 34명이 중요하지 않다고 응답하였다. 반대로 중요하다는 의견이 이유에는 사회적 혹은 신체적으로 제약이 생길 수 있다고 응답하였다. 자세한 응답 내용은 다음과 같다.

### 중요하다

● **신체적 제약**

"나이에 따라 신체가 많이 달라지는 경우가 있으니까."(남성, 60세, 직업역

량개발)
"아무래도 젊은 사람들은 잘 움직이고, 나이를 먹으면 좀 둔하고 힘들어요. 활동하는데도 그렇고."(여성, 76세, 신체건강)

● **사회적 제약**
"그럼요. 나이가 중요하지요. 너무 젊은 나이에 노인정 가면 못 오게 하잖아요. 70을 넘어야 가는데. 나이가 중요하지요."(여성, 70세, 봉사/사회참여)
"사회가 중요하다고 생각하죠."(남성, 56세, 취미생활)

**중요하지 않다**

● **정신적 건강**
"나이는 중요하지 않다고 생각해요. 생각이 문제지."(여성, 60세, 직업역량개발)
"중요하다고 생각하지 않아요. 자기 마음이 있으면 시작이 반이라고, 마음이 있으면 되지 않겠습니까?"(남성, 66세, 봉사/사회참여)
"나이가 뭐가 중요하겠어요. 마음에 기쁜 일이 있거나, 하고 싶은 일이 있으면 나이는 숫자에 불과한 것 같아요."(여성, 63세, 취미생활)
"마음이 중요한 거지. 나이만 먹었다고 해서 남을 이끌거나, 중요한 이야기 해줄 수 있는 것도 아니고. 마음을 어떻게 갖느냐에 따라 다르다고 봐요."(남성, 72세, 신체건강)

● **신체적 건강**
"자기(몸)만 건강하면 됐지. 나이가 크게 중요하지 않다고 생각됩니다."(여성, 56세, 직업역량개발)

"나이는 그렇게 중요하지 않고 실질적으로 몸의 건강한 정도가 중요하지. 자기가 활동적으로 진짜 행동할 수 있는 그런 게 더 중요한 부분이지."(남성, 60세, 평생학습)

● **기타**

"나이가 중요하지 않고 경제 여건이 중요하다고 생각해요."(남성, 61세, 직업역량개발)

표 48. 나이가 장애가 되는 경우가 있다고 보십니까?

| 구분 | | 전체 (N) | 성별 | | 공동체유형 | | | | | |
|---|---|---|---|---|---|---|---|---|---|---|
| | | | 남 | 여 | 1 | 2 | 3 | 4 | 5 | 6 |
| 예 (26명) | 사회활동제약 | 8 | 5 | 3 | 4 | - | 1 | | 2 | 1 |
| | 신체적 건강 | 8 | 3 | 5 | 3 | 1 | 1 | 3 | - | - |
| | 사회적분위기 | 4 | 1 | 3 | 2 | - | 1 | - | - | 1 |
| | 세대차이 | 3 | 1 | 2 | 1 | - | 1 | - | - | 1 |
| | 기타 | 2 | - | 2 | - | - | 1 | - | - | 1 |
| 아니오 (20명) | 신체적 건강 | 5 | 1 | 4 | - | - | 3 | 2 | - | - |
| | 사회적분위기 | 3 | 1 | 2 | - | 1 | - | - | 1 | 1 |
| | 세대 차이 | 2 | 1 | 1 | 1 | - | - | - | - | 1 |
| | 정신적 건강 | 2 | - | 2 | - | - | 1 | 1 | - | - |
| | 없음 | 8 | 3 | 5 | 1 | 1 | 2 | 2 | 2 | - |
| 모르겠음(1명) | | 1 | 1 | - | 1 | - | - | - | - | - |
| 무응답 | | 3 | 2 | 1 | - | - | 1 | 1 | 1 | - |

공동체유형 1:직업역량개발, 2:종교, 3:봉사/사회참여, 4:평생학습, 5:취미생활, 6:신체건강

**Q. 어르신께서는 활동을 하는데 있어서 나이가 장애가 되는 경우가 있다고 보십니까?**

위의 질문과 이어서 활동적 노인들의 시선에서 나이와 활동과의 관계에서 나이로 인해 사회적으로 문제가 된다고 느낀 적이 있는지, 만약 있다면

구체적으로 어떤 상황인지 알아본 결과, 대체적으로 나이로 인해 제약을 느낀다는 의견이 가장 많았다. 이에 대한 상황으로는 주로 취업활동과 같은 사회활동에서 제약을 느끼고 있음을 확인할 수 있었다. 반대로 나이가 장애가 되지 않다고 말한 응답자 중에서는 오히려 사회가 나이를 장애로 인식하고 있음을 문제로 지적하였다. 자세한 응답내용은 다음과 같다.

**있다**

- **사회활동제약**

"그렇죠, 취업할 땐 연령 제한이 있으니까."(여성, 56세, 직업역량개발)

"나는 일을 하고 싶은데, 채용하고자 하는 회사에서는 나이로 인해서 채용이 안되는 경우가 있어요."(남성, 61세, 직업역량개발)

"많죠. 일단 직업전선에서 밀려난다는 게 가장 크고, 노화로 인해서 장차 예상되는 경제적 비용들 이런 부분이 많이 우려가 되지요."(남성, 61세, 직업역량개발)

"있죠. 일을 하려고 할 때. 나는 충분히 할 수 있는데 그쪽에서는 나이가 많으니까 보지도 않고 차단 한다든지, 그런 경우가 있죠."(여성, 64세, 봉사/사회참여)

"이번 우리 회사도 65세 이상은 채용을 안 하더라고요. 몇 년 지나면 나도 그 나이가 되는데 그런 게 개선돼야 될 것 같아요."(남성, 62세, 신체건강)

"취업을 해야 된다거나 노후에 경제적인 일을 해야 할 경우는 아무래도 나이가 많아서 제한을 받는 데가 있으니까."(여성, 62세, 직업역량개발)

- **신체적 건강**

"아무래도 나이가 많으면 자기 몸이 마음대로 안 따라주니까 한 살이라도 젊었을 때 해야겠죠."(여성, 60세, 직업역량개발)

"장애가 있기는 있죠. 아무래도 신체적으로 아프고 이러면 나이가 있어도 못 하죠."(여성, 56세, 봉사/사회참여)
"많아요, 동네 한 바퀴 도는 것밖에 못해요. 아무것도."(여성, 80세, 평생학습)
"나이가 장애가 되면 힘든 일이라든가 그런 건 아무래도 힘들겠죠."(여성, 60세, 평생학습)

● **사회적 분위기**

"나이가 장애가 되는 경우는 사회적인 인식 부분에서."(남성, 60세, 평생학습)
"네, 축구장에 가면 연세 많다고 게임에 넣어주지도 않고, 다친다고 뛰지도 못하게 하고, 지하철이나 버스 타면 앉기 싫은데 앉혀놓고, 내가 나이 들어 보이나."(남성, 65세, 신체건강)

● **세대차이**

"어느 정도는 있지. 젊은 애들 있는데 가기 싫으니까."(여성, 65세, 직업역량개발)
"아무래도 나이 먹으면 젊은 사람들이 가는 곳이 꺼려지지요. 젊은 사람 있는데 못 가는 것은 나이가 장애가 되기 때문이지요. 젊은 사람이 많은 곳 가는 게 꺼려져요."(여성, 70세, 봉사/사회참여)
"나이를 많이 먹으면 어떤 새로운 세대와 맞지 않는 활동이 있지 않나. 예를 들어 남을 가르칠 때 나이가 장애가 된다고 느끼죠. 요즘은 세대 차이가 너무 크잖아요."(남성, 72세, 신체건강)

● **기타**

"많죠. 마음은 청춘인데 뜻대로 안 되는 일이 많으니까. 꼬집어 말할 수도 없고."(여성, 76세, 신체건강)

**없다**

● **신체적 건강**

"건강만 하면 나이가 장애가 되지 않는다고 보는데요."(여성, 58세, 봉사/사회참여)

"없지. 관계는 없는데, 몸이 육체적으로 늙어가는 건 어쩔 수 없지. 나이보다 건강이 중요해."(여성, 64세, 사회/봉사참여)

● **사회적 분위기**

"우리는 그렇지 않은데 사회 인식이 노인네라고 골방 취급하는 거야. 나이하고는 전혀 관계없어."(남성, 69세, 신체건강)

"우리 나이에는 할 수 없다는 사람들의 인식 때문에 장애가 된다고 생각을 하지."(여성, 63세, 종교)

● **세대차이**

"나이가 장애가 되는 건 세대 간에 대화가 부족해서 그런 것뿐."(남성, 70세, 직업역량개발)

● **정신적 건강**

"생각하기 나름인 것 같아요."(여성, 63세, 평생학습)

● **기타**

"모르겠습니다."(남성, 79세, 직업역량개발)

활동적 노년을 보내는 노인들에게 '활동적 노년'이란 무엇인지 질문한 결과, 대다수가 긍정적인 의미로 응답하였으며 세부적으로 여가활동, 자기개발활동, 사교 및 봉사활동 등에 관해 응답하였다. 이는 결국 노년의 삶을 "활동"적으로 보내는 것으로 이해할 수 있다.

활동하는 데 있어 나이가 중요한지, 장애가 되는지 질문한 결과, 절반 이상인 26명이 "나이는 중요하지 않다"고 응답한 반면, "나이가 장애가 된다"는 응답도 20명으로 많은 편이었다. 이는 활동적 노년을 보내는 데 있어 나이는 중요하지 않다고 "생각"하고 있으나, 실제 사회적인 활동에 있어서는 "현실적인 제약"이 있는 것으로 느끼고 있다고 해석할 수 있다. 세부적인 응답을 살펴보면 특히, 직업과 관련한 제약을 많이 보고했으며 사회적 인식에 대한 응답도 다수 있었다. 또한 신체적 능력에 대한 응답도 있었다. 결과적으로 자신의 신체적 건강을 제외하고는 "나는 괜찮은데, 사회적으로 인식이나 제한이 많다"고 느끼는 것으로 볼 수 있다.

한림대학교 조직심리전공
대한민국의
ACTIVE AGEING
활동적노인

# Part 2

## 활동적 노년의 효과

## Ⅰ. 개인적 차원의 효과

### 활동적 노년의 개인적 효과에 대한 연구

활동적 노년을 보내는 사람들을 대상으로 공동체 활동에 적극적으로 참여하는 것이 개인적 차원에 미치는 효과에 대한 연구는 두 가지 차원에서 이루어졌다. 활동적 노년의 특성을 이루는 건강, 안전, 참여의 세 축 중 특정 활동에 활발히 '참여'하는 것이 긍정적 효과를 미치는지 알아보기 위해 연구 1에서는 "노년기 활동적인 공동체 참여가 삶의 의미에 미치는 영향: 활동의미창조의 매개효과"를 분석하였다. 연구 2에서는 "은퇴 후 일하는 노인의 활동적 참여가 노인의 삶 만족, 삶의 의미 및 노화 불안에 미치는 효과: 직무의미창조의 매개효과를 중심으로" 연구를 진행하였다.

연구 1에서는 노년기에 활동적으로 공동체 활동에 참여하고 있는 700명 전원을 대상으로 활동적 노년의 긍정적 효과를 분석하는 것에 집중하였고 연구 2에서는 연구 1에서 분석한 활동적 노년이 삶의 의미에 대한 효과를 은퇴 후에도 '경제적 활동에 참여하고 있는 개인'들을 대상으로 좁혀 재분석하였다. 추가적으로 삶 만족과 노화 불안에 미치는 효과를 분석하면서 직무의미창조의 영향을 분석하였다.

# 연구 1*

## 노년기 활동적인 공동체 참여가 삶의 의미에 미치는 영향 : 활동의미창조의 매개효과

고령화는 세계적으로 진행되고 있다. 노인 인구는 2018년까지 연간 약 22만 명씩 증가할 것이며, 2026년까지 연간 약 40만 명씩 증가할 것으로 예상된다(통계청, 2005; 2011). 하지만 노인 인구의 증가율과는 별개로, 우리나라 노인들의 현실은 긍정적이지 않다. 2011년 전국의 19세 이상 1,524명을 대상으로 한 한국 갤럽의 조사 결과, 한국인은 나이가 들수록 행복지수가 낮아지는 경향이 있는 것으로 나타났다. 특히 50세 이상이 전 연령대에서 가장 낮은 행복감을 느끼는 것으로 나타났으며, 노인 빈곤율과 자살률은 OECD 국가 중 1위인 것으로 집계되었다(OECD, 2016). 즉, 노년기 삶의 질, 행복과 같은 안녕감(well-being)은 높지 않다는 것을 알 수 있다. 국내 노인 인구가 빠르게 증가하고 있는 현실을 고려한다면 노년기 삶의 질과 행복에 관심을 가질 필요가 있다.

노년기 삶에 관한 초기 연구들은 연금과 같은 경제적인 영역과 의료보험, 검진 등 신체적 건강 영역에 집중되었다가, 점차 노년의 삶의 질이 경제적 대비나 신체적 건강뿐만 아니라 행복, 안녕감 등이 포함된 심리적 문제와도 밀접한 관련이 있다는 인식이 확장되어 이와 관련된 연구들이 일부 이루어졌다. 국내보다 먼저 고령화 현상을 겪은 유럽과 일본에서는 노년기 삶의 질을 높이기 위한 제도적 장치로 '활동적 노년(active ageing)'이라는 시스템 개발에 노력을 기울여 왔다. 활동적 노년이라는 용어를 풀어보면 '노화(ageing)'는 사람들이 겪는 일생의 한 단계를 의미하며, '활동

---

* 본 연구는 한림대학교 조직 및 성격심리 연구실 주영신, 김수진에 의해 초고가 작성되었으며, 김태웅에 의해 정리됨.

적(active)'이라는 것은 사회, 경제에서부터 규칙적인 일상에 이르기까지 다양한 활동에 지속적으로 참여하는 것을 의미한다(Walker, 2006). 즉, 활동적으로 다양한 활동에 참여하는 것이 노년기 삶의 질 향상 도움이 된다는 가정을 기반으로 다양한 제도를 시행하고 있다고 볼 수 있다.

그렇다면, 특히 활동적인 노년의 삶을 살고 있는 노인들에게 공동체는 어떤 의미일까? 은퇴 후 매일 아침 일어날 의미를 잃은 노인들에게는 특정 공동체 내에서 하는 활동들이 아직 에너지가 넘치고 쓸모가 있음을 증명하는 등 특별한 의미로 다가올 수 있으며, 더 나아가 남은 삶을 충만하게 만드는 의미가 될 수 있다.

### 노년기 활동적인 공동체 참여

세계보건기구(WHO)는 행복한 노년을 다루던 기존 개념인 성공적 노년, 생산적 노년의 대안으로 '활동적 노년(active aging)'을 제시하였다. 활동적 노년은 '나이가 들어서도 삶의 질을 높이기 위해 참여(participation), 건강(health), 안전(security)의 기회를 극대화하는 과정으로 정의할 수 있다(WHO, 2002). 활동적 노년에서 제시하는 '활동적(active)'의 의미는 신체적 건강 및 경제적 활동 참여만을 의미하는 것이 아니라, 사회적, 경제적, 문화적, 공적 문제 등에 지속적으로 참여하는 것을 말한다.

활동적 노년의 세 차원 중에서도 '참여'는 그게 무엇이든 자신이 원하는 활동에 참여하는 것을 의미하는데, 이는 곧 특정 활동 또는 공동체 참여를 통해 노년기에도 인간이 느끼는 다양한 욕구를 충족할 수 있음을 나타낸다. Deci와 Ryan(2000)은 자기결정성이론에서 인간은 누구나 유능성과 자율성, 관계에 대한 욕구를 가지고 있으며, 모든 욕구가 저절로 만족되어 자신이 어떤 것을 선택하고 달성할지 선택할 필요가 없다면 만족을 느낄 수 없다고 하였다. 노년기의 활동적인 공동체 참여는 자신이 나이가 들어서도 누군가에게 도움을 주고 쓸모가 있는 존재라는 느낌을 충족할 수 있으며(유능성), 스스로 참여하고자 하는 공동체를 선택하고 참여하며(자율성), 공동체 내에서 다양한 사람을 만나 소속감을 느낄 수 있다는 점(관계)에서 노년기 삶에 대한 만족감의 원천이 될 수 있다.

실제로 다양한 분야에 활동적으로 참여하는 노인을 대상으로 많은 연구가 이루어졌다. 여가활동 참여는 삶의 질(김보현, 안영선, 2008)과 생활만족도(정유리, 이신숙, 2013)를 높여주며, 신체활동은 심리적 안녕감에 긍정적인 영향을 미치고(김석일, 2012), 자원봉사활동에 참여하는 노인들은 자아효능감이 더 높은 것으로 알려졌다(김주현, 한경혜, 2001). 따라서 본 연구에서는 노인들이 활동적 참여를 통해 자신의 삶에 대한 만족도, 안녕감을 넘어 삶의 의미를 더 긍정적으로 지각할 수 있는 가능성을 알아보고자 하였다.

### 삶의 의미

삶의 의미는 Frankl(1959)이 제시한 개념으로 '삶에 대한 목표를 가진 인간의 보편적 동기'로 정의된다. Steger, Fraizer, Oishi와 Kaler(2006)는 삶의 의미에 대해 삶에서 의미를 가지고 있다는 주관적 느낌, 즉 '의미의 존재'와 의미를 찾고자 하는 동기인 '의미의 추구'로 구분하여 설명하기도 하였다.

삶의 의미는 여러 방면에서 중요하다. 첫째로, 자신의 정체성 확립과 직결된다는 것이다. 인간은 누구나 자신이 어떤 존재이며, 무엇을 추구해야 하는지를 알고자 하는 강한 욕구를 가지고 있다. 이러한 욕구는 삶의 의미에 대한 깊은 통찰 없이는 충족될 수 없다(김경미, 류승아, 최인철, 2011). 따라서 개인이 삶의 의미를 발견한다면, 이는 곧 자신의 정체성을 갖는 것이고, 자신만의 삶의 방식을 확립하게 하며(박금자, 2002), 의사결정이나 행동의 근거와 기준이 된다.

둘째, 삶을 살아가기 위한 동력이 된다. 내 삶이 가진 의미를 안다는 것은 내가 나아갈 방향을 안다는 것이고, 이는 곧 삶에 대한 주도성을 가진다는 것을 의미한다. 주도적인 삶을 살지 못하면 정서적 혼란이나 불안 상태를 경험할 가능성이 높고, 스스로를 무가치하다고 지각하게 될 수 있다(Frankl, 1969).

이렇게 삶의 의미의 중요성이 강조되며 삶의 의미가 성장 및 행복, 삶에 대한 적응 등 다양한 긍정적 요소들과 관련이 있다는 연구 결과가 제시되었다(박선영, 권석만, 2012; Steger, Pickering, & Shin, 2010; 정미영, 2009; Park & Ali, 2006; Tedeschi & Cahoun, 2004).

### 노년기 활동적인 공동체 참여와 삶의 의미

행복한 노년의 조건을 연구한 사례들은 많지만, 그중에서도 삶의 의미는 특별히 다루어질 필요가 있다. 삶의 의미는 주관적 안녕감을 예측한다. 즉, 삶의 의미를 많이 느낄수록 더 행복한 삶을 살아갈 가능성이 크다. 그렇다면 삶의 의미에 영향을 미치는 요인에는 무엇이 있을까? '사회성', 즉 '관계'는 삶의 의미를 이루는 중요한 요소 중 하나이다. 인간이 사회적으로 고립될 경우 삶의 의미를 상실할 가능성이 높으며(Stillman et al, 2009), 가족, 친구 등 중요한 타인의 사회적 지지는 삶의 의미 지각과 밀접한 관련을 가지고 있다(Jim & Anderson, 2007).

활동적 노년과 삶의 의미 간 관계를 알아볼 필요가 있는 이유는 삶의 의미가 특히 노년층에게 더 강력하게 작용하는 것으로 알려져 있기 때문이다(김경미, 류승아, 최인철, 2011). 인간은 나이가 들수록 자연스레 주변의 인간관계가 축소되고 제한된 관계만을 유지하게 된다. 은퇴 후의 노년기는 평생 동안 느끼는 일에 대한 압박에서 벗어나 휴식을 통해 긍정적인 정서를 경험하는 계기가 될 수도 있으나, 직업 상실 후 한 명의 사회인으로서 자신의 기능과 필요에 대한 고민이 높아지는 시기로 이러한 문제는 주변인과의 관계를 피하게 만드는 원인으로 이어질 가능성이 있다.

따라서 본 연구에서는 은퇴 후에도 여전히 활발하게 공동체 활동에 참여하는 것이 사회적인 관계를 유지 및 확장하는데 도움을 줄 것이고, 결과적으로 은퇴 후에도 자신의 삶에 대한 의미를 지각하는 것에 긍정적인 영향을 미칠 것이라고 예상하였다.

**가설 1.** 노년기 활동적 참여는 삶의 의미에 유의미한 정적 영향을 미칠 것이다.

### 직무의미창조(잡크래프팅, Job crafting)와 활동의미창조

'직무의미창조'란 조직의 구성원들이 자신의 직무를 다양한 방법으로 변화시켜 직무의 의미를 탐색하고 창조해 내는 개인의 행동을 의미한다(Wrzesniewski & Dutton, 2001). 직무의미창조는 과업 경계변경(task boundariese), 관계적 경계변경(relational boundaries), 인지적 경계변경(cognitive boundaries)의 세 가지 형태로 구성되어 있다. 첫 번째 과업 경계변경은 직무에서의 과업 자체를 조정하는 것으로, 직무의 범위나 순위, 양 등을 변화시키는 것을 말한다. 업무의 흐름을 변경하거나 새로운 일 처리 방식을 도입하는 등의 행동을 통해 성취감, 성장 경험 등의 의미를 찾는 것이 이에 해당한다. 두 번째 관계적 경계변경은 직장에서 함께 일하는 동료, 상사, 부하직원 혹은 고객 등과의 관계를 형성하고 변화시키는 것을 의미한다. 누구와 더 많이 일을 할지, 팀으로 일할지 혹은 혼자서 일을 할지 등을 조정함으로써 일의 관계적 의미를 탐색하는 행동이다. 세 번째 인지적 경계변경은 자신이 바라보는 직무에 대한 관점이나 가치를 조정하는 것으로, 일의 목적이나 의미를 새로이 탐색하고 창조하는 것을 뜻한다. 같은 사회적 기업에서 일을 하는 사람 중에서도 이를 단순히 일로서 대하는 사람이 있는가 하면, 내 일을 사회에 기여하고 사랑을 전하는 업무로 여기며 더 큰 가치와 의미를 부여하여 만족스러운 직업생활을 하는 사람도 있을 수 있다. 실제로 직무의미창조를 많이 하는 사람은 하는 일의 의미를 더 많이 지각하고(서아림, 2018), 그 의미와 정체성을 실제로 자신에게 맞는 방향으로 조정하려 한다(Wrzesniewski & Dutton, 2001).

직무의미창조 개념의 핵심은 직무를 수행하는 데 있어서 종업원이 능동적이고 적극적으로 관여해 자신의 일이 가진 의미를 탐색하고 창조해 낸다는 것이다. 본 연구에서는 본래 직장 혹은 직업 장면에서 다루어지던 개념인 직무의미창조를 변경하여 노인들의 공동체 내 활동에 적용하고자 하였다. 기존의 잡(job)을 크래프팅(crafting)한다는 의미와는 다소간 차이가 있을 수 있으나, 곧 은퇴를 앞둔 혹은 이미 은퇴한 노인들을 대상으로 연구를 진행했기 때문에, 이들이 하루 중 많은 시간을 보내며 활동하는 공동체에서의 과업들이 가진 의미가 미치는 영향을 탐색하는 것은 직업의 의미와 동등한 혹은 그 이상의 의미가 있다고 보았기에 본 연구에서는 직무의미창조를 '개인이 한 공동체에 소속되어 자신이 하는 활동과 과업에 대해 주도적으로 그 활동에서 변화를 일으키고 이를 통해 의미를 부여하는 행동', 즉 '활동의미창조'로 정의하여 연구를 진행하였다.

### 노년기 활동적인 공동체 참여와 활동의미창조, 삶의 의미

은퇴 후 노년기에 반드시 해야 하는 일이 아님에도 특정 활동에 적극적으로 참여하는 것은 해당 활동이 개인에게 욕구의 충족, 활력 향상, 존재 이유의 확인 등 긍정적인 정서를 느끼는 데 도움을 주기 때문이라고 볼 수 있다. 따라서 특정 활동에 참여하는 수준이 높을수록 해당 활동에 깊이 몰입하고 있을 가능성이 높다. 깊은 몰입은 자연스럽게 해당 활동과 공동체가 가능한 오랫동안 유지되고, 더 나아가 발전하길 바라는 마음으로 이어질 것이며, Deci와 Ryan(2000)의 자기결정성이론에 따라 자신의 존재가 그러한 바람에 긍정적으로 작용하기를 원하게 된다.

활동의미창조는 활동을 구성하는 다양한 요소들에 변화를 일으키고, 그 과정을 통해 의미를 발견 및 창조하게 되는 주도적인 행동을 의미한다. 활동적으로 공동체에 참여하고 있는 노인, 즉 특정 활동에 몰입하고 있는 노인일수록 해당 활동에 더 도움이 되는 더 나은 방법들을 찾아 개선하려 할 것이고 이러한 활동은 해당 활동에서 성취감, 자부심, 타인에 대한 도움 등의 의미를 찾는 것에 도움이 될 수 있다.

활동의미창조의 원래 개념인 직무의미창조는 직무를 조정하여 의미를 찾는 행동을 뜻한다. 과거 직업을 가졌을 때는 일이 하루 일과의 대부분을 차지하며 생활과 삶의 많은 부분을 차지하였으므로, 자연스럽게 내가 하는 일에서 많은 의미를 지각하는 것이 자신의 삶에 대한 의미 지각까지 확장되었다. 따라서 본 연구에서는 은퇴 후 일을 대신하여 특정 활동에 활발하게 참여하는 노인일수록 해당 활동에 대한 의미창조 행동을 많이 할 것이며, 활동의미창조를 통해 해당 활동에 대한 의미를 많이 지각할수록 자신의 삶에 대한 의미 또한 긍정적으로 지각할 것이라고 예상하였다.

**가설 2.** 활동의미창조는 삶의 의미에 유의미한 정적 영향을 미칠 것이다.

**가설 3.** 활동의미창조는 활동적 노년과 삶의 의미 간의 관계를 매개할 것이다.

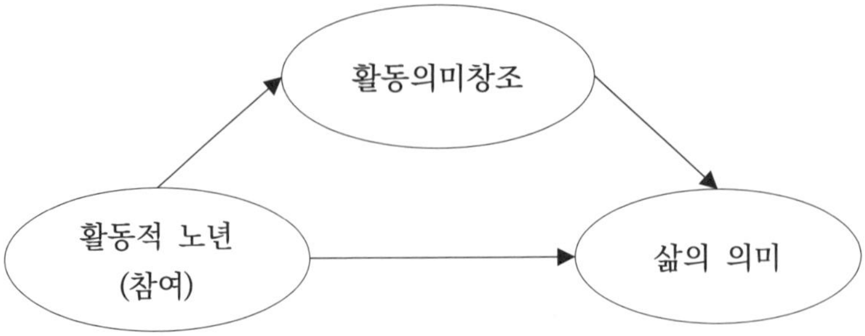


그림 1. 연구 모형

## 방 법

### 연구대상 및 자료수집

본 연구는 국내 다양한 공동체에서 활동하고 있는 56세 이상 노인 700명을 대상으로 설문조사를 실시하였다. 공동체의 유형은 직업역량개발, 종교, 봉사 및 사회참여, 평생학습, 취미생활, 신체건강으로 총 7가지 유형으로 구분되었고, 공동체별로 평균 100-150명이 본 연구에 참여하였다. 인구통계학적 변인들을 살펴보면 남성이 350명(50%), 여성이 350명(50%)이었고, 연령은 56세 이상부터 59세 이하가 150명(21.4%), 60세 이상부터 69세 이하가 300명(42.9%), 70세 이상에서 79세 이하가 200명(28.6%), 80세 이상은 50명(7.1%)인 것으로 나타났다. 연구 대상의 소득수준으로는 월 300만 원 이상이 287명으로 가장 많았으며, 250~300만원이 132명, 200~250만 원이 118명으로 과반수를 차지했다. 학력 수준으로는 고등학교 졸업이 363명으로 가장 많은 비율을 나타냈으며, 다음으로 대학교 졸업 119명, 중학교 졸업은 108명이었다.

## 측정도구

### 노년기 활동적 참여

활동적 노년의 참여를 측정하기 위해 유경, 한태영, 이주일(2014)이 개발한 활동적 노년 척도를 사용하였으며, 총 30개 문항으로 하위 요인으로는 자기개발활동, 종교활동, 일상적 사교활동, 적극적 사교활동, 가족지원활동, 봉사활동, 여가활동이 있다. 문항 예시로는 '새로운 것을 배우기 위해 교육에 참가한다'등이 있다. 활동적 노년 척도의 신뢰도 계수(Cronbach's $\alpha$)는 .816이다.

### 활동의미창조(잡크래프팅)

활동의미창조를 측정하기 위해 Wrzesniewski와 Dutton(2001)이 개발하고 김창호(2012)가 번안한 잡크래프팅(직무의미창조)척도를 사용하였다. 총 12개 문항으로 하위 차원으로는 과업 경계 변경, 관계적 경계 변경, 인지적 경계 변경으로 구성되어 있으며, 본래 직업 장면에서 사용되었던 개념과 척도임을 고려하여 본 연구에서는 현재 소속된 공동체 내의 환경으로 변경하여 사용하였다. 문항 예시로는 '나는 현재 활동하고 있는 공동체에서 하고 있는 활동을 창조적으로 수행하는 방법을 찾아 스스로 해나간다' 등이 있다. 직무의미창조 척도의 신뢰도 계수(Cronbach's $\alpha$)는 .872이다.

### 삶의 의미

삶의 의미를 측정하기 위해 Steger, Frazier, Ohshid와 Kaler(2004)가 개발하고 원두리, 김교헌, 권성중(2005)이 번안 및 타당화한 척도를 사용하였다. 총 15개 문항으로 하위 차원으로는 의미의 존재, 존재의 추구가 있다. 문항 예시로는 '나는 내 삶을 의미 있게 해주는 것이 무엇인지 잘 알고 있다' 등이 있다. 삶의 의미 척도의 신뢰도 계수(Cronbach's $\alpha$)는 .862이다.

### 분석방법

본 연구에서는 가설 검증을 위해 다음과 같은 분석방법을 사용하였다. 먼저, 설문조사 대상자의 인구통계학적 특성을 파악하고 연구에 사용된 각 변인들의 내적 일치 신뢰도 계수(Cronbach's $\alpha$) 확인과 변인 간 관계성 검증을 위해 SPSS 22.0을 사용하여 빈도분석, 신뢰도 분석, 기술통계분석 및 상관분석을 실시하였다. 이후 활동적 노년의 참여와 삶의 의미 간의 관계에서 활동의미창조의 매개효과를 알아보기 위해 AMOS 22.0을 사용하여 구조방정식 모형 검증을 실시하였다. 구조방정식 모형 검증에는 문항묶음(item-parceling)을 사용하였다. 이어 연구모형인 부분매개모형과 완전매개모형 간의 $\chi^2$ 차이 검증과 적합도 지수를 비교하여 연구모형의 적절성을 평가하였다. 마지막으로, bias-corrected bootstrap 검증을 통해 최종 모형의 매개효과를 확인하였다.

## 결 과

### 측정 변인들의 기술 통계 및 상관

가설을 검증하기 전, 본 연구에 사용된 변인들 간의 관련성을 살펴보기 위해 기술통계분석과 상관분석을 실시하였다. 측정변인들의 평균, 표준편차, 상호 상관은 표 1에 제시하였다. 분석 결과, 활동적 노년의 참여는 활동의미창조와 정적인 상관($r = .184, p < .001$), 삶의 의미와의 관계에서도 정적인 상관($r = .357, p < .001$)을 보였다. 또한 활동의미창조와 삶의 의미 또한 서로 정적인 상관($r = .422, p < .001$)이 있는 것으로 나타났다.

**표 1.** 측정변인들의 평균, 표준편차 및 상관관계

| 변인 | 1 | 2 | 3 |
|---|---|---|---|
| 1. 활동적 노년(참여) | - | | |
| 2. 활동의미창조 | $.184^{***}$ | - | |
| 3. 삶의 의미 | $.357^{***}$ | $.422^{***}$ | - |
| 평균(M) | 3.82 | 3.59 | 3.51 |
| 표준편차(SD) | .60 | .45 | .40 |

$^{***}p<.001$ $n$=700

### 노년기 활동적 참여와 삶의 의미 간 관계에서 활동의미창조의 매개효과

본 연구에서 상정한 연구모형을 검증하기 위해 구조방정식모형 분석을 실시하였다. 연구모형으로 설정한 부분매개모형과 활동적 참여가 삶의 의미에 영향을 미치는 직접경로가 포함되지 않은 완전매개모형과의 $\chi^2$ 차이 검증을 실시하였다. 이를 토대로 모형 간의 $\chi^2$이 유의한 차이를 보이는지 확인하여 연구모형의 적절성을 평가하였다.

연구모형인 부분매개모형은 노년기 활동적 참여가 활동의미창조를 매개하여 삶의 의미에 간접적인 영향을 미치는 경로와 노년기 활동적 참여가 삶의 의미에 직접적인 영향을 미치는 경로가 모두 포함된다. 표 2에 제시

된 적합도 지수를 살펴보면, $\chi^2 = 292.922(df = 51, p < .001)$, RMSEA= .082, NFI= .876, TLI= .863, CFI= .895로 $\chi^2$은 유의하고, RMSEA는 .08에 가까운 지수를 보였으며, NFI, TLI, CFI 또한 .90에 가까워 양호한 적합도 지수를 보였다.

비교모형인 완전매개모형의 적합도 지수는 $\chi^2 = 339.573(df = 52, p < .001)$, RMSEA= .089, NFI= .856, TLI= .841, CFI=.875로 $\chi^2$이 유의하고 RMSEA 또한 적합한 수준인 .09에 가까웠고, NFI, TLI, CFI 역시 .90에 가까운 양상을 보여 적합한 것으로 나타났다.

완전매개모형과 부분매개모형의 검증 결과를 제시한 표 2를 살펴보면, 모든 경로의 표준화 계수가 유의한 것을 확인할 수 있다. 표 2의 완전매개모형, 부분매개모형의 적합도 지수를 비교했을 때, $\chi^2$은 모두 .001 수준에서 유의하였으며, RMSEA와 NFI, TLI, CFI 모두 수용할 만한 수준의 적합도 지수를 보였다. 완전매개모형과 부분매개모형은 서로 포함관계에 있는 내포 모형(nested model)이며 적합도 지수 간에 큰 차이를 보이지 않고 거의 유사하였다. 두 모형의 적합도 지수가 비슷했지만, 근소한 차이까지 고려할 때 완전매개모형보다는 부분매개모형이 본 연구의 데이터를 설명하에 적합한 모형인 것으로 결론을 내렸다.

추가적으로 $\chi^2$ 차이 검증을 통해 완전매개모형과 부분매개모형을 비교하여 연구모형의 적절성을 평가하였다. 분석 결과, 완전매개모형으로부터 자유도가 3 감소하였으며, $\chi^2$변화량이 자유도의 감소도를 상쇄시킬 만큼 충분히 감소하였으므로, 부분매개모형이 완전매개모형보다 더 적합한 모형으로 결론을 내릴 수 있다($\triangle\chi^2 = 46.651, \triangle df = 1, p < .001$). 지금까지의 분석 결과를 논의한 것을 토대로 가설 1, 가설 2, 가설 3이 모두 지지되었다. 이러한 결과는 노인들이 활동적으로 특정 활동에 참여하는 것은 공동체 내에서 하는 활동에 주도적이고 적극적으로 의미를 부여하고 자신의 활동을 재정의하려는 행동에 영향을 미치며 그것이 이어져 결국 개인이 지각하는 삶의 의미 또한 높아질 수 있다는 것으로 해석할 수 있다.

표 2. 완전매개모형 및 부분매개모형의 적합도 지수

| 모형 | 적합도 지수 | | | | | |
|---|---|---|---|---|---|---|
| | $\chi^2$ | *df* | RMSEA | NFI | TLI | CFI |
| 완전매개(비교모형) | 339.573*** | 52 | .089 (.080 -.098) | .856 | .841 | .875 |
| 부분매개(연구모형) | 292.922*** | 51 | .082 (.073 -.092) | .876 | .863 | .895 |

***$p$<.001

### 간접효과 유의성 검증

최종모형에서 활동적 노년의 참여가 활동의미창조를 통해 삶의 의미에 미치는 간접효과의 유의성을 확인하기 위해 bias-corrected bootstrap 검증을 실시하였다. 그 결과, 노인들의 참여 활동이 활동의미창조를 통해 삶의 의미에 미치는 간접효과($\beta = .171, p = .004$)가 유의한 것으로 나타났다.

연구모형의 적합도 지수와 표준화 경로계수, bootstrap 검증 결과를 종합적으로 고려할 때, 노인들의 활동적 참여와 삶의 의미 간 관계를 활동의미창조가 매개할 것이라는 가설 3이 지지되었다.

## 논 의

활동적 노년의 참여 활동과 삶의 의미 간 관계에서 활동의미창조의 부분매개효과가 검증되었다. 이는 노년기에 활동적으로 공동체에 참여할수록 공동체 내에서 형성되는 관계, 과업, 인지를 재구성하여 활동의 의미를 탐색하고 개발하는 의미창조 행동이 증가하며, 자신이 참여하는 활동의 의미를 찾는 것은 삶의 의미에도 긍정적인 영향을 미친다는 것을 의미한다.

본 연구의 의의는 다음과 같다. 첫째, 서울과 경기지역을 중심으로 다수(120개)의 활동적 노년 공동체에서 표집한 데이터를 사용하였다. 이를 통해 우리 사회에서 활동적으로 운영되는 노년 공동체의 특성과 실태를 광범위하게 조사하였다.

둘째, 활동적 노년이 삶의 의미에 긍정적 영향을 미치는 과정의 일부를 검증하였다. 연구의 결과를 통해 노년기에 활동적으로 공동체에 참여하는 것이 삶의 의미를 높이며, 이는 자신이 참여하는 공동체에서 하는 활동에 대한 의미를 창조해 낸 결과라는 것을 확인할 수 있었다. 특정 공동체 활동에 활발하게 참여할수록 해당 활동의 의미를 더 많이 탐색, 개발 및 창조하려고 하며, 이는 전체 삶의 의미에도 긍정적인 영향을 미치게 된다.

셋째, 기존에 직업 장면에서 활용되던 직무의미창조의 개념을 활동에 대한 의미창조로 변환하여 직업적 맥락에서 공동체로 확대시켰다. 직무의미창조는 조직 안에서 종업원들의 주도적인 일의 의미 탐색을 나타내는 변인이다. 본 연구에서는 이러한 개념을 공동체에 적용하여 공동체 활동에 대한 의미창조 행동을 측정하였다. 이를 통해 직업 뿐만 아니라 우리의 삶을 구성하고 있는 다양한 요소에 대한 의미창조 행위가 우리의 삶에 긍정적인 영향을 미친다는 것을 확인하였다.

본 연구는 다음과 같은 한계점 또한 가지고 있다. 첫째, 활동의미창조를 측정한 문항은 기존에 개발되었던 직무의미창조 척도의 문항을 공동체 활동에 맞게 단순 변형하여 사용하였고, 절차를 거쳐 타당화가 이루어지지 않았다. 따라서 기존의 직무의미창조가 개념화된 직업 장면과 노인들이 속한 공동체 환경은 차이가 존재할 수 있으며, 이로 인해 노인들의 공동체 활동에 대한 의미창조 행동이 적합하게 측정되지 않았을 수 있다.

둘째, 표본의 한계가 존재한다. 700명의 참가자를 대상으로 자료를 수집하였으나 연구 대상은 모두 특정 활동을 목적으로 하는 공동체에 소속된 노인들이었다. 따라서 공동체에 활동적으로 참여하는 정도에 따라 발생하는 차이는 확인할 수 있었지만, 노년기에 활동적이지 않은, 공동체 활동을 하지 않는 노인들과의 비교는 이루어지지 못했다.

마지막으로, 노인들이 실제로 공동체 활동에 대해 얼마나 의미를 지각하는지는 측정하지 못했다. 의미창조는 의미를 개발하고 탐색하는 '행동'을 나타낼 뿐, 그 행동의 결과로 얼마나 의미를 느끼고 있는가는 확인할 수 없다. 따라서 추후 연구에서는 특정 활동에 대해 실제로 지각하는 의미 수준이 미치는 영향에 대해 알아볼 필요가 있다.

## 연구 2*

### 은퇴 후 일하는 노인의 활동적 참여가 삶의 질(삶 만족, 삶의 의미, 노화 불안)에 미치는 영향 : 직무의미창조의 매개효과

은퇴 후 노인이 되면 사람들은 어떤 삶을 살고 싶을까? 많은 사람들이 1차 직업 또는 정규직 일에서 은퇴한 후 이전과는 다른 삶을 살고자 한다. 젊은 시절 경제적 상황 때문에 하지 못했던 일을 하고 싶은 사람도 있을 것이고, 이루지 못한 학문의 꿈을 이루고자 하는 사람도 있을 것이다. 그것도 아니라면 가족을 부양하고 생계를 위해 미루었던 취미나 레저생활을 즐기고 싶은 사람도 있을 것이다.

그렇다면 노년기에는 삶에 대해 어떤 태도를 가지는 것이 좋을까? 활동적 참여란 수동적으로 환경에 반응하는 것이 아니라 적극적으로 자신의 역할을 수행하고 존재감을 발휘하는 것을 의미한다. 이는 삶을 주도적으로 이끌어간다는 점에서 연령과 상관없이 모든 사람에게 긍정적인 영향을 줄 수 있다. 실제로 다양한 연구를 통해 노년기에도 사회에서 활동적으로 참여하는 것이 개인에게 많은 긍정적인 영향을 미친다는 것이 밝혀졌다(홍현방, 2005; 강지애, 2007; 최은희, 2007).

대부분 한국의 노인들 은퇴 후에도 경제적 소득을 위해 일을 하는 경우가 많다. 2018년 한국의 고령자 경제활동 참가율은 68.8%로 OECD 평균인 63.9%에 비해 다소 높은 편이다. 게다가 같은 해 발표된 고령자 고용정책(working better wit ages)에 의하면 OECD 국가의 노동시장 평균 은퇴 연령은 남성 65.4세, 여성 63.7세이지만(OECD, 2018), 국내 평균

---

* 본 연구는 한림대학교 조직 및 성격심리 연구실 이주일, 김필현, 김지수에 의해 초고가 작성되었으며, 김태웅에 의해 정리됨.

은 남녀 모두 72.3세로 노동자들이 장기간 경제활동에 종사하고 있는 국가 중 하나이다.

은퇴 후 경제활동이 많은 것은 앞서 다양한 연구에서 제시한 것처럼 긍정적으로 바라보아야 할까? 노년기의 경제적 활동이 반드시 긍정적 의미만 가지는 것은 아니다. 친구, 동료 등 주변의 사회적 관계를 구성하던 사람들이 은퇴하여 자유로운 삶을 영위하고 있는 것에 반해, 은퇴 후에도 생계를 위해 계속 일을 '해야만' 하는 사람들도 있다. 실제로 은퇴 가구 중 약 60%가 생활비 부족을 겪고 있으며, 그중에서도 본인과 배우자가 생활비를 직접 부담하고 있다는 응답의 비율은 69.9%에 달한다(통계청, 2019). 그러나 소득에 대한 만족도는 전 세대 중 가장 낮다(10.5%). 즉, 한국 노인의 대부분이 은퇴 후에도 경제적 활동에 참여하고 있으며, 그 원인 중 가장 큰 부분이 생계를 유지하기 위해서이고, 현재 경제 활동을 통해 얻는 소득에 대해서는 불만족하는 경우가 많다는 것이다.

이렇게 노년이 되어 은퇴한 후에도 돈을 벌기 위해 일을 해야 하는 것은 양가적인 의미를 줄 수 있다. 은퇴 후 여유로운 삶을 살고 싶지만, 생계나 가족을 위해 일을 하는 것은 여전히 일을 통해 내 삶을 통제할 수 있는 기회가 있다는 점, 그리고 내가 여전히 능력과 쓸모가 있다는 것을 증명할 수 있다는 점에서 긍정적인 영향을 미칠 수도 있다. 반면 본인의 의지와는 상관없이 은퇴 후에도 꿈꾸던 노후를 보내는 것이 아니라 계속 노동을 이어가야 하므로 이를 부정적으로 바라볼 수도 있다.

잡크래프팅은 자신이 하는 일에 대한 주도적인 의미창조 행위를 설명하는 개념이다. 종업원은 자신이 일을 하는 방식이나 함께 일하는 사람과의 관계, 일이 가지고 있는 의미 등을 능동적으로 조정하여 일의 의미를 개발하고 창조해 낼 수 있다. 일과 관련된 요인들을 능동적으로 조정함으로써 일의 의미를 탐색할 수 있다는 것은 취미, 학습 등 다른 활동에 대해서도 유사하게 적용될 수 있을 것이다.

본 연구에서는 자신이 원해서 일을 하든, 필요에 의해 일을 해야만 하는 상황이든 노년기에도 잡크래프팅을 통해 활동적으로 어떤 공동체 생활을 이어 나가는 것에 의미를 발견할 수 있다면 삶의 질에 긍정적인 영향을 미칠 것으로 예상하였다.

## 활동적 노년

노인이 되어서도 운동, 취미, 학습 등 다양한 참여 활동을 하는 것이 주는 긍정적인 효과는 다양한 연구에서 많이 다루어졌다(Deeming, 2009; Cramm, Dijk, & Nieboer, 2012; 김민희, 이주일, 2017).

정규직 일을 은퇴한 후에 사람들이 누리고 싶어 하는 삶이 무엇인지는 그 사람이 은퇴 전에 어떤 삶을 살았는가에 따라 다를 수 있다. 은퇴 후 개인의 모습은 다양한 이론을 통해 다루어진다. 활동 이론(Havinghurst, 1963)에서는 은퇴 후에도 지속적인 활동과 적극적인 사회 참여가 노년기 적응에 도움이 된다는 점을 주장한 이론이며, 분리 이론(Cumming & Henry, 1961)은 은퇴 전 삶에서 벗어나 몇 가지 주요한 활동에 집중하는 것을 강조한다. 반면 연속성 이론(Atchley, 1989)은 은퇴 전 활동의 연속성을 강조한다(이주일, 2014). 각 이론에서 주장하고 있는 바는 서로 차이가 있으나, 공통적으로 노년기에도 지속적인 활동을 강조하고 있다.

노인들의 활동적 참여가 주는 의미를 찾고자 하는 최근 연구들을 통해 생산적 노년, 활동적 노년의 개념이 탄생했다. 생산적 노년은 적극적으로 사회에 기여하는 활동을 중요시하며 급여가 주어지는 할 일을 가지는 것, 자원봉사활동, 가족 지원활동, 경력개발 활동을 하는 것을 강조한다(이주일, 강연욱, 김지현, 유경, 2011). 한편 활동적 노년은 이보다 좀 더 개념을 넓혀 자기개발활동, 종교활동, 일상적인 사교활동, 가족지원활동, 봉사활동, 여가활동 등으로 그 범위를 확장하였다(유경, 장재윤, 한태영, 이주일, 2014). 두 개념은 유사하지만 생산적 노년에서는 사회적 가치를 창조하는 활동만을 생산적 활동이라고 보는데 비해, 활동적 노년에서는 종교활동, 사교활동, 여가활동 등을 포함하였고 여성 노인들의 노년기 활동 중 많은 부분에 해당되는 가족을 돌보는 활동까지 노인의 활동에 포함하여 가족 지원활동의 범위를 넓혔다.

본 연구에서는 특히 경제적 활동에 참여하고 있는 노인에 대해 알아보려 한다. 은퇴 후에도 경제활동에 참여하고 있는 노인과 그들의 삶에 대한 연구를 살펴보면, 경제활동에 대한 만족도 자체가 높은 편에 속하고(김진욱, 손지윤, 2009), 삶의 만족도(권중돈, 조주연, 2000; 안효철, 2005)나 심리적 안녕감(윤순덕, 한경혜, 2004)에도 긍정적인 영향을 미치는 것으로 나타났다.

### 노년기 활동적 참여와 삶의 질 (삶 만족, 삶의 의미, 노화 불안)

특정 활동에 참여하는 것이 미치는 긍정적인 영향은 다양한 선행연구를 통해 밝혀졌다. 특히 노년기에는 가진 역할이 점차 줄어들기 때문에, 직업을 대체할 활동에 대한 중요성이 강조된다(조윤주, 2010). 분리이론(Disengagement Theory)에 의하면, 노년기에는 노화로 인한 은퇴 및 신체적 활력 감소, 배우자의 죽음과 같은 사건으로 사회적 활동 축소, 가정 내외에서의 사회적 역할 감소를 경험한다.

그러나 노년기의 사회적 활동은 더 중요한 역할을 한다. 자기결정이론에 의하면 인간은 기본적인 심리·사회적 욕구인 자율성, 유능성, 관계성의 충족을 통해 만족감을 느끼게 된다(Ryan & Deci, 2017). 즉, 노년기에는 여러 가지 상황의 변화와 기회의 감소로 인해 사회적 활동이 줄어들 가능성이 높아지며, 오히려 사회적 활동이 더 중요하게 작용하게 된다.

노화불안은 상실에 대한 불안, 노화에 대한 두려움, 외모에 대한 걱정, 심리적 불안정 등을 의미하는 복합적인 개념으로(Lasher & Faulkender, 1993), 노화로 인한 부정적 결과를 예상하며 겪는 두려움과 걱정을 의미한다(Kim & Hong, 2017). 노화 불안은 거의 모든 연령층에서 나타나는 현상이나, 특히 노년기에는 신체적, 심리적, 사회적 쇠퇴와 다양한 상실 경험으로 노화에 대한 불안이 더욱 심각하게 발생할 수 있다. 특히 노인을 존경과 섬김의 대상으로 여기던 전통적 사회와는 다르게 현대에는 노인을 무능력하고 무가치한 존재로 인식하는 부정적 태도와 고정관념이 증가하고 있음에 따라 나이듦으로 인해 자연스럽게 진행되는 노화과정을 받아들이지 못하고 노화에 걱정과 두려움을 갖게 됨으로써 노화불안은 노년기 삶의 위험요인으로 작용할 수 있다(김민희, 2013; 김재희 & 김욱, 2014; 임정숙, 2018).

노화불안과 상반된 개념인 성공적 노화와 삶의 의미, 삶 만족은 개인의 안녕감(Well-being)을 나타내는 대표적인 지표이다. 노화 과정에서의 삶의 만족은 자신의 삶에 대한 행복 및 삶의 목표 달성과 밀접한 관련이 있고, 지역 사회 환경과 상호작용하며 자신의 삶 전반에 대한 인지적, 정서적, 경험적 평가를 통해 적응수준 또는 심리적 안정감을 파악할 수 있다는 점에서 성공적인 노화를 위해 중요한 개념이라고 할 수 있다(임영진, 2012). 따라서 본 연구에서는 은퇴 후 일하는 노인의 활동적 참여가 노화불안과 삶 만족, 삶의 의미에 미치는 영향을 확인하여 건강한 노년기 삶을 영위하는 데 기여하고자 한다.

**가설 1.** 은퇴 후 일하는 노인의 활동적 참여는 삶의 질(삶 만족, 삶의 의미, 노화불안)에 영향을 미칠 것이다.

### 직무의미창조

직무의미창조(Job Crafting)란 개인이 자신의 직무를 다양한 방법으로 변화시키고 재정의하는 행동을 의미한다(Wrzesniewski & Dutton, 2001). 종업원들은 자신이 일하는 방식이나 업무의 범위, 종류의 조정이 가능하며, 일터에서 만나는 동료들과 형성하는 관계의 크기나 성격을 변화시키고 일에 대한 자신의 태도를 변경하는 등 스스로 일을 구조화하여 일의 의미를 찾아낼 수 있다.

Wrzesniewski와 Dutton(2001)은 직무의미창조의 세 가지 하위차원으로 과업 경계변경(Task boundaries), 관계적 경계변경(Relational boundaries), 인지적 경계변경(Cognitive boundaries)을 제시하였다. 첫 번째 하위요인인 과업 경계변경은 직무의 유형, 범위, 양 등을 조정하는 것을 말한다. 새로운 유형의 일을 하거나, 업무의 처리 순서 등을 바꾸는 것이 이에 해당한다. 두 번째, 관계적 경계변경은 직무를 함께 수행하는 타인들, 즉 동료 및 고객들과의 관계를 형성하고 변화시키는 것을 의미한다. 누구와 함께 일할지, 팀으로 일을 할지, 혼자서 일을 할지 등을 조정함으로써 일의 의미를 탐색하는 행동이다. 세 번째, 인지적 경계변경은 일을 바라보는 관점을 변화시키는 것을 뜻한다. 일의 목적이나 의미를 내적으로 변경하거나 창조해내는 것이다. 같은 교육 업무라도 단순히 일로써 업무를 대하는 사람이 있는가 하면, 나라의 미래를 키워낸다고 생각하며 내가 하는 일에 더 큰 의미와 가치를 부여할 수도 있고, 이를 통해 삶의 질 향상 등 긍정적인 경험을 하게 된다.

본 연구에서는 내 삶에서 직무가 갖는 의미를 창조하는 것뿐만 아니라, 은퇴 후 내가 활동하고 있는 공동체 내에서의 의미창조를 통해서도 개인의 삶의 질에 긍정적인 영향을 미칠 수 있다고 보았다. 따라서 은퇴 후 일하는 노인들의 활동적 참여가 직업을 대신하여 노인들이 가진 공동체 활동에 대한 의미를 창조하는 행동을 유발, 삶의 질을 높이는 효과를 보일 것이라고 예상하였다.

**가설 2.** 직무의미창조는 은퇴 후 일하는 노인의 활동적 참여와 삶의 질(삶 만족, 삶의 의미, 노화불안)간의 관계를 매개할 것이다.

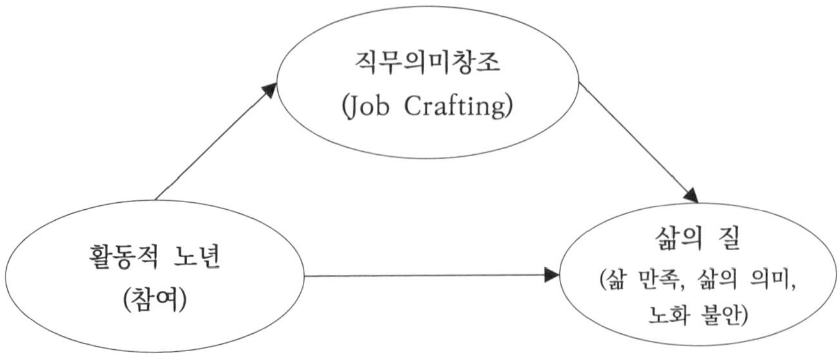


그림 1. 연구 모형

## 방 법

### 연구대상 및 자료수집

본 연구에서 사용된 자료는 서울, 경기 지역에서 노후에도 특정 공동체에 소속되어 일을 하고 있는 56세부터 86세 노인을 대상으로 설문지와 인터뷰를 통해 수집되었다. 본 연구의 대상이 된 노인들이 소속된 공동체는 노후에도 일정한 급여와 함께 직업 활동을 수행할 기회를 제공하는 조직이었다. 분석에 포함된 참여자는 총 150명이었으며, 서울 거주자가 140명(93%), 경기 거주자가 10명(7명)이었다. 이 중 각 공동체에서 회장, 부회장 등 관리자 역할을 맡고 있는 사람은 69명(46%), 일반 회원은 81명(54%)이었다. 성별의 경우 남성이 92명(61명), 여성이 58명(39%)이었고, 참가자들의 연령은 56~59세가 46명(30.7%), 60~69세 93명(48.7%), 70~79세 58명(20.7%)으로 구성되었다. 연구 대상의 소득수준은 월 100만 원 미만이 5명(3.3%), 100~150만 원 9명(6%), 150~200만 원 9명(9.3%), 200~250만 원 24명(16%), 250~300만 원 27명(18%), 300만 원 이상(47.3%) 순으로 나타났다. 학력 수준은 초등학교 졸업 3명, 중학교 졸업 15명, 고등학교 졸업 81명, 전문대 졸업 22명, 대학교 졸업 28명, 대학원 졸업 1명이었다.

### 측정도구

#### 노년기 활동적 참여

활동적 참여를 측정하기 위해 유경 등(2014)이 개발하고 타당화한 활동적 노년 척도를 사용하였다. 본 척도는 참여, 건강, 안전의 세 가지 하위 차원으로 구성되어 있으며, 본 연구에서는 노인의 참여 정도가 다른 변인에 미치는 영향을 알아보고자 하므로 참여를 측정하는 30문항만 분석에 사용했다. 참여의 하위 요인으로는 자기개발활동, 종교활동, 일상적 사교활동, 적극적 사교활동, 가족지원활동, 봉사활동, 여가활동이 있다. 예시 문항으로는 '새로운 것을 배우기 위해서 교육에 참가한다' 등이 있다. 활동 참여 척도의 신뢰도 계수(Cronbach's $\alpha$)는 .91이다.

#### 삶 만족

삶 만족을 측정하기 위해 Diener, Emmons, Larsen와 Griffin(1985)이 개발하고 조명한과 차경호(1998)가 한국판으로 번안한 삶 만족 척도(Satisfaction With Life Scale: SWLS)를 사용하였다. 총 5문항으로 구성되어 있으며, 예시 문항으로는 '나의 삶의 조건들은 매우 훌륭하다', '나는 나의 삶에 만족한다' 등이 있다. 삶 만족의 신뢰도 계수(Cronbach's $\alpha$)는 .74이다.

#### 삶의 의미

삶의 의미를 측정하기 위해 Steger, Frazier, Oishi와 Kaler(2004)가 개발하고 원두리, 김교헌, 권선중(2005)이 번안 및 타당화한 삶의 의미 척도(Meaning in Life Questionnaire: MLQ)를 사용하였다. 본 척도는 총 10문항으로 구성되어 있으며, 하위 차원으로는 의미 추구(5문항)와 의미 발견(5문항)이 있다. 예시 문항으로는 '나는 만족할 만한 삶의 목적을 발견하였다' 등이 있다. 삶의 의미의 신뢰도 계수(Cronbach's $\alpha$)는 .91이다.

**노화 불안**

노화 불안을 측정하기 위해 Lasher와 Faulkender(1993)가 개발하고 김욱(2011)이 번안 및 타당화한 노화불안 척도(The Anxiety about Aging Scale: AAS)를 사용하였다. 총 20문항으로 구성되어 있으며, 하위 차원으로는 노인에 대한 두려움(5문항), 심리적 불안정(5문항), 신체/외모에 대한 걱정(5문항), 상실의 공포(5문항)가 있다. 예시 문항으로는 '나는 늙으면 내 주위의 친구들이 사라질까봐 두렵다' 등이 있다. 노화불안의 신뢰도 계수(Cronbach's $\alpha$)는 .73이다.

**직무의미창조**

직무의미창조를 측정하기 위해 Wrzensniewski와 Dutton(2001)이 개발하고 김창호(2012)가 사용했던 직무의미창조(Job Crafting) 척도를 본 연구에 맞게 수정하여 사용하였다. 총 12문항으로 구성되어 있으며, 하위 차원으로는 인지적 crafting(4문항), 직무적 crafting(4문항), 관계적 crafting(4문항)이 있다. 예시 문항으로는 '나는 현재 활동하고 있는 공동체에서 하고 있는 활동을 창조적으로 수행하는 방법을 찾아 스스로 해나간다' 등이 있다. 직무의미창조의 신뢰도 계수(Cronbach's $\alpha$)는 .89이다.

### 분석방법

본 연구에서는 가설 검증을 위해 다음과 같은 분석방법을 사용하였다. 먼저, 설문조사 대상자의 인구통계학적 특성을 파악하고 연구에 사용된 각 변인들의 내적 일치 신뢰도 계수(Cronbach's $\alpha$) 확인과 변인 간 관계성 검증을 위해 SPSS 22.0을 사용하여 빈도분석, 신뢰도 분석, 기술통계분석 및 상관분석을 실시하였다. 이후 활동적 노년의 참여와 삶의 질(삶 만족, 노화 불안) 간의 관계에서 직무의미창조의 매개효과를 알아보기 위해 Baron과 Kenny(1986)의 위계적 회귀분석 방법을 사용하였다.

## 결 과

### 측정 변인들의 기술 통계치 및 상관

노년기 활동적 참여, 직무의미창조, 삶 만족, 삶의 의미, 노화 불안의 평균, 표준편차, 상관계수를 살펴보면, 모든 변인 간에는 유의미한 상관이 존재하였다(표 1). 활동 참여는 직무의미창조($r$=.426, $p<.01$), 삶 만족($r$=.311, $p<.01$), 삶의 의미($r$=.343, $p<.01$)와는 중간정도의 유의미한 정적 상관을 보였고, 노화불안($r$=-.192, $p<.05$)과는 낮은 정도의 유의미한 부적 상관을 보였다.

직무의미창조는 삶 만족($r$=.317, $p<.01$), 삶의 의미($r$=489, $p<.01$)와 중간 정도의 유의미한 정적 상관을, 노화불안($r$=-.216, $p<.01$)과도 강하지는 않지만 유의미한 부적 상관을 보였다. 결과변인으로 설정한 삶 만족, 삶의 의미, 노화 불안 간의 관계를 보면, 삶 만족은 삶의 의미($r$=.426, $p<.01$)와는 정적으로, 노화불안($r$=-.472, $p<.01$)과는 부적으로 중간 정도의 유의미한 상관을 보였으며, 삶의 의미는 노화 불안($r$=-.298, $p<.01$)과 낮

은 정도의 유의미한 부적 상관이 나타났다.

표 1. 측정 변인들의 평균과 표준편차 및 상관계수

| 변인 | 1 | 2 | 3 | 4 | 5 |
|---|---|---|---|---|---|
| 1. 활동적 참여 | - | | | | |
| 2. 직무의미창조 | .426** | - | | | |
| 3. 삶 만족 | .311** | .317** | - | | |
| 4. 삶의 의미 | .343** | .489** | .426** | - | |
| 5. 노화불안 | -.192* | -.216** | -.472** | -.298** | - |
| 평균 | 3.92 | 3.52 | 3.19 | 3.62 | 2.91 |
| 표준편차 | .600 | .469 | .472 | .436 | .319 |

주. N=150, $*p < .05$, $**p < .01$, $***p < .001$

## 일하는 노인의 활동적 참여와 삶 만족 간 관계에서 직무의미창조의 매개효과

일하는 노인의 활동적 참여가 직무의미창조를 매개로 하여 삶 만족에 영향을 미치는지 확인하기 위해 Baron과 Kenny(1986)의 위계적 회귀분석방법을 통해 매개효과 분석을 실시하였다. 성별과 연령을 통제변인으로 하여, 활동적 참여와 삶 만족 간의 관계에서 직무의미창조의 매개효과를 검증한 결과는 표 2와 같다.

첫 번째 단계에서 활동적 참여가 삶 만족에 미치는 영향이 통계적으로 유의하였고($\beta$ = .327, $t$ = 4.156, $p$ 〈.001), 두 번째 단계에서 활동적 참여가 직무의미창조에 미치는 영향이 통계적으로 유의하였다($\beta$ = .440, $t$ = 5.883, $p$ 〈.001). 세 번째 단계에서 활동적 참여와 직무의미창조를 동시에 투입하였을 때 직무의미창조가 삶 만족에 유의한 영향을 미쳤고($\beta$ = .208, $t$ = 2.418, $p$ 〈.05), 활동적 참여 역시 삶 만족에 유의한 영향을 미쳤다($\beta$ = .236, $t$ = 2.735, $p$ 〈.01). 이러한 결과는 활동적 참여와 삶 만족 간의 관계를 직무의미창조가 부분매개하는 것으로 해석할 수 있다. 마지막으로 매개효과의 통계적인 유의성을 검증하기 위해 Sobel test를 실시하였고, 그 결과 또한 유의한 것으로 나타났다($Z$=2.236).

이러한 결과는 일하는 노인들의 활동적 참여가 삶에 대한 만족도를 향상시키며, 그 과정의 일부는 노년기에도 자신이 속한 공동체, 즉 일에서의 활동에 특별한 의미를 부여하기 때문인 것으로 해석할 수 있다. 이에 따라 직무의미창조가 일하는 노인의 활동적 참여와 삶 만족 간의 관계를 매개할 것이라는 가설 2-1이 지지되었다.

표 2. 활동적 참여와 삶 만족 간 관계에서 직무의미창조의 매개효과

| 단계 | 변인 | $B$ | $t$ | $R^2$ | $F$ |
|---|---|---|---|---|---|
| 1단계: 독립 → 종속 | 활동적 참여 → 삶 만족 | .327 | 4.156*** | .115 | 4.707** |
| 2단계: 독립 → 매개 | 활동적 참여 → 직무의미창조 | .440 | 5.883*** | .202 | 9.198*** |
| 3단계: 독립, 매개 → 종속 | 활동적 참여 → 삶 만족 | .236 | 2.735** | .149 | 5.060*** |
| | 직무의미창조 → 삶 만족 | .208 | 2.418* | | |

주. 성별과 연령은 더미변수로 변환함. *$p < .05$, **$p < .01$, ***$p < .001$

## 일하는 노인의 활동적 참여와 삶의 의미 간 관계에서 직무의미창조의 매개효과

일하는 노인의 활동적 참여와 삶의 의미 간의 관계에서 직무의미창조의 매개효과를 검증한 결과는 표 3과 같다. 첫 번째 단계에서 활동적 참여가 삶의 의미에 미치는 영향은 통계적으로 유의미하였고($\beta$ = .353, $t$ = 4.524, $p$ 〈.001), 두 번째 단계인 활동적 참여가 직무의미창조에 미치는 영향 또한 통계적으로 유의미했다($\beta$ = .440, $t$ = 5.883, $p$ 〈.001). 마지

막 세 번째 단계에서 활동적 참여와 직무의미창조 변인 모두를 투입한 결과 직무의미창조가 삶의 의미에 유의한 영향을 미쳤고($\beta$ = .421, $t$ = 5.295, $p$ 〈.001), 활동적 참여가 삶의 의미에 미치는 영향 역시 유의미하였다($\beta$ = .168, $t$ = 2.103, $p$ 〈.05). 이러한 결과는 직무의미창조가 활동적 참여와 삶의 의미 간의 관계에서 부분매개효과를 가진다는 것을 의미한다. 이 매개효과의 효과성을 검증하기 위한 Sobel test 결과 역시 유의하였다($Z$=3.945).

이러한 결과는 일하는 노인들이 직무에 활동적으로 참여하는 것은 자신이 속한 공동체 내 활동이나 과업을 변화시키고 의미를 재정의하게 하며, 이러한 의미창조 활동이 나아가 삶의 의미 역시 긍정적으로 변화시킨다는 것을 나타낸다. 이에 따라 활동적 참여와 삶의 의미 간의 관계를 직무의미창조가 매개할 것이라는 가설 2-2가 지지되었다.

**표 3.** 활동 참여와 삶의 의미에서 직무의미창조의 매개효과

| 단계 | 변인 | $B$ | $t$ | $R^2$ | $F$ |
|---|---|---|---|---|---|
| 1단계: 독립 → 종속 | 활동적 참여 → 삶의 의미 | .353 | 4.524*** | .132 | 5.490*** |
| 2단계: 독립 → 매개 | 활동적 참여 → 직무의미창조 | .440 | 5.883*** | .202 | 9.198*** |
| 3단계: 독립, 매개 → 종속 | 활동 참여 → 삶의 의미 | .168 | 2.103* | .273 | 10.818*** |
| | 직무의미창조 → 삶의 의미 | .421 | 5.295*** | | |

주. 성별과 연령은 더미변수로 변환함. *$p < .05$, **$p < .01$, ***$p < .001$

## 일하는 노인의 활동적 참여와 노화 불안 간 관계에서 직무의미창조의 매개효과

일하는 노인의 활동적 참여와 노화 불안 간의 관계에서 직무의미창조의 매개효과를 검증한 결과는 표 4와 같다. 첫 번째 단계에서 활동적 참여가 노화 불안에 미치는 효과는 통계적으로 유의하였다($\beta$ = .-.179, $t$ = -2.196, $p$ 〈.05). 두 번째 단계에서 활동 참여가 직무의미창조에 미치는 영향 역시 통계적으로 유의미하였다($\beta$ = .440, $t$ = 5.883, $p$ 〈.01). 마지막 단계에서 직무의미창조가 노화 불안에 미치는 영향은 통계적으로 유의하였으나($\beta$ = -.183, $t$ = -2.040, $p$ 〈.05), 활동적 참여가 노화 불안에 미치는 영향은 유의하지 않았다($\beta$ = -.099, $t$ = -1.098, $p$ =.274). 이러한 회귀분석 결과는 활동적 참여와 노화 불안의 관계에서 직무의미창조의 완전매개효과를 나타낸다. 그러나 매개모형에서 간접효과를 검증하기 위해 Sobel test를 실시했을 때의 간접효과가 통계적으로 유의하지 않았다($Z$=-1.937). Sobel test의 통계적 유의성 기준은 +1.96 이상 또는 −1.96 이하로 결과적으로 활동참여와 노화불안 간의 관계에서 직무의미창조의 매개효과는 유의하지 않는 것으로 나타났고, 따라서 직무의미창조가 일하는 노인의 활동 참여와 노화불안에 미치는 영향을 매개할 것이라는 가설 2-3은 지지되지 않았다.

**표 4.** 활동 참여와 노화불안에서 직무의미창조의 매개효과

| 단계 | 변인 | $B$ | $t$ | $R^2$ | $F$ |
|---|---|---|---|---|---|
| 1단계: 독립 → 종속 | 활동적 참여 → 노화 불안 | -.179 | -2.196* | .048 | 1.811 |
| 2단계: 독립 → 매개 | 활동적 참여 → 직무의미창조 | .440 | 5.883** | .202 | 9.198*** |
| 3단계: 독립, 매개 → 종속 | 활동적 참여 → 노화불안 | -.099 | -1.098 | .074 | 2.313* |
| | 직무의미창조 → 노화불안 | -.183 | -2.040* | | |

주. 성별과 연령은 더미변수로 변환함. $*p < .05, **p < .01, ***p < .001$

## 논 의

본 연구의 목적은 일하는 노인의 활동적 참여가 노년기의 삶 만족, 삶의 의미, 노화 불안과 같은 심리적 안녕에 어떤 영향을 미치는지를 확인하고, 그 과정에서 직무의미창조의 매개효과를 확인하는 것이었다. 본 연구의 주요 결과에 대해서 요약하고, 본 연구가 가지는 의의와 한계점, 그리고 후속 연구에 대한 제언을 하고자 한다.

본 연구를 통해 나타난 주요 결과를 정리하면 첫째, 일하는 노인의 활동 참여 수준이 높을수록 삶 만족, 삶의 의미가 높아지고, 노화 불안은 낮아지는 관계성을 확인하였다. 둘째, 일하는 노인의 활동적 참여가 삶 만족, 삶의 의미, 노화 불안에 영향을 미치는 것을 확인하였다. 셋째, 일하는 노인의 활동적 참여가 직무의미창조를 매개하여 삶 만족과 삶의 의미에 영향을 주는 것으로 나타났다. 넷째, 일하는 노인의 활동적 참여가 노화 불안에 유의한 영향을 미치지만, 직무의미창조의 매개효과는 나타나지 않았다.

종합하면, 활동적 참여가 직무의미창조를 매개하여 삶 만족과 삶의 의미에는 영향을 미치지만, 노화 불안에는 영향을 미치지 못했다. 이러한 결과는 노년기에도 일을 하며 활발하게 공동체에 참여하면 해당 활동에 대한 의미를 발견하고 창조하는 데 도움을 주며, 이런 과정을 통해 자신이 하는 일이 많은 의미를 가지고 있다고 느낄수록 일 뿐만 아니라 삶 전반에 대한 만족도와 의미감이 향상되나, 노화에 대한 불안까지는 줄여주지 못한다고 해석할 수 있다.

노화 불안 개념은 실제 노화에 대한 불안감, 걱정이므로 물리적인 변화에 따른 개인의 지각된 불안을 의미한다. 즉, 일하는 노인의 활동적 참여 과정에서 일에 대한 의미를 가짐으로써 긍정적 변인인 삶 만족과 삶의 의미를 증가시키는 데는 유의했으나, 노화 불안과 같은 부정적 정서를 감소시키는 데에는 유의하지 않았다고 할 수 있다.

본 연구의 의의는 다음과 같다. 첫째, 노년기에 취미나 여가 활동이 아닌 일 관련 활동을 하는 노인들을 대상으로 표집된 데이터를 사용하였다. 노년기에 경험할 수 있는 다양한 공동체 중에서도 은퇴 후 여전히 일을 하고 있는 노인들에게 해당 활동이 어떤 영향을 미치는지 알아보았다.

둘째, 노년기에 참가하는 활동이 갖는 의미를 재조명하였다. WHO(2002)는 가속화되는 세계 고령화 현상에 대한 전략으로 은퇴 후에도 지속적인 활동을 유지하는 것, 즉 활동적 노년을 제시했다. 본 연구는 노년기에 활동적으로 어떤 활동에 참여하는 것이 노인들에게 어떤 긍정적인 영향을 미치며, 어떤 과정을 거치는지에 대해 탐색하였다.

셋째, 직무의미창조를 직무 차원을 넘어 공동체 활동에 대한 의미창조활동으로 변환시켜 단순한 직업적 맥락을 넘어 공동체로 확대시켰다. 직무의미창조는 조직 안에서 종업원들이 적극적인 태도로 직무에 변화를 일으키고, 이를 통해 의미를 만들어 내는 행동이다. 본 연구에서는 이러한 개념을 공동체에 적용하여 공동체 활동에 대한 변화를 주도하고, 그로 인해 지각되는 활동에 대한 의미가 미치는 영향을 확인하였다.

본 연구가 갖는 한계점은 다음과 같다. 첫째, 직업 장면에서 주로 사용되는 직무의미창조를 공동체를 대상으로 사용하였다. 직무의미창조는 직장인들을 대상으로 삶의 상당 부분을 차지하는 '일'에 대한 주도적인 조정을 통해 자신만의 의미를 만들어내는 행동을 의미한다. 본 연구에 참가한 대상들이 소속된 공동체 또한 노동에 대해 임금을 제공하므로 '일'로 여길 수도 있으나, 기존에 사용되던 직장에서의 의미창조와는 그 맥락에서 차이가 존재한다.

둘째, 연구 결과에 대한 일반화의 한계가 존재한다. 본 연구의 참가자들은 주로 시니어클럽과 같은 제한된 영역에 참여해서 경제활동을 하는 노인들이었다. 고령의 노인들이 직업을 가진 경우가 많지 않고, 따라서 대부분이 유사한 직종에 종사하게 되어 발생한 문제이기는 하나, 주된 경력에서 은퇴한 후 다른 분야에서 일하는 노인들에게도 같은 연구 결과를 얻을 수 있을지는 알 수 없기 때문에 표본의 다양화가 필요하다.

셋째, 연구 대상이 처한 상황을 면밀히 파악하지 못했다. 참가자들이 노년기에도 경제적 수입이 존재하는 활동에 참여하고 있는 것이 실제 생활비 등 금전적 필요에 의한 것인지, 혹은 활력, 대인관계 유지 등의 목적에 의한 것인지 파악하지 못했다. 특히 직무의미창조와 같은 변인의 경우, 자신이 하는 일과 활동에 대해 의미를 만들어내는 행동을 설명하는 개념이기 때문에, 해당 활동을 시작하고 유지하고 있는 목적과 그 정도에 따라 다른 결과가 나타날 수 있다.

## Ⅱ. 관계적 차원의 효과

### 활동적 노년의 관계적 효과에 대한 연구

활동적 노년이 본인뿐만 아니라 주변 관계에도 긍정적인 영향을 미치는지 알아볼 필요가 있다. 개인이 활동적으로 시간을 보내고 활동적인 삶을 영위하는 것은 본인 자신만이 아니라 주변 사람, 특히 가족들에게도 긍정적인 영향을 미치고 가족과의 관계도 긍정적으로 만들 수 있을 것이라고 보았다. 다만 활동적인 사람이 권위적인 성향을 키울 수도 있고 활동적인 참여를 하는 활동들이 개인의 권위주의적인 성향과 맞물리게 되면 가족에 대한 만족이나 대인관계 등에 부정적인 영향을 미칠 수 있다고 가정할 수 있다. 본 연구에서는 이런 가정을 확인하기 위해 두 개의 연구를 수행했다. 연구 1에서는 "노인의 활동적 참여가 가족관계에 미치는 영향: 권위주의적 성향의 조절효과와 분노 통제의 매개효과"를 분석하였다. 연구 2에서는 "활동적 노년이 권위주의적 성향과 대인관계유능성에 미치는 영향: 분노 통제의 조절효과"를 분석하였다.

## 연구 1*

### 노인의 활동적 참여가 가족관계에 미치는 영향 : 권위주의적 성향의 조절효과와 분노 통제의 매개효과

통계청(2015)에 따르면 우리나라는 OECD 국가 중 노인 자살률이 1위이며, 그중 70-80대가 가장 많은 비율을 차지하고 있다. 보건복지부의 2014년 노인 실태조사에 의하면 국내 노인(65세 이상)의 10.9%가 60세 이후 자살을 생각해 본 적이 있는 것으로 나타났다. 노년기 자살을 고민하게 된 주요 원인은 경제적 어려움(40.4%)이었지만, 가족 및 친구 관계에서의 갈등과 단절 또한 11.5%로 큰 비율을 차지하였다. 즉, 고령자들에게 미치는 사회적 고립은 사회적 관계에서 얻는 지지가 부족한 것이 주요한 이유 중 하나라고 할 수 있다. 그중에서도 가족관계 사회자본, 즉 배우자 및 자녀와의 관계에서 발생하는 문제가 큰 비중을 차지한다(강소랑, 2012). 인간은 태어나면서부터 생애 전반에 걸쳐 다른 사람과 관계를 맺으며 살아가는 존재이기 때문에, 인간이 삶에 잘 적응하는 데 있어 대인관계가 차지하는 비중이 매우 크다(권석만, 1995). 특히 노년기에는 은퇴 등의 변화로 인해 사회적 관계가 좁아지는 단계이므로 노년기 삶에 있어서 가족과의 관계는 매우 중요하다고 볼 수 있다.

노인의 삶에 중요한 역할을 하는 가족과의 관계는 다양한 요인들로부터 영향을 받지만, 그중에서도 노년기의 활동 혹은 참여에 주목할 필요가 있다. 노년기에 경험하는 정서는 전반적으로 둔해지며 냉담하고 무미건조해지지만, 분노와 같은 부적 정서는 오히려 증가하게 된다(Malatesta & Izard, 1984). 분노는 대인관계에 부정적인 영향을 미치는 위협적인 정서

* 본 연구는 한림대학교 조직 및 성격심리 연구실 이주일, 김지수, 박은영, 홍채령에 의해 초고가 작성되었으며, 김태웅에 의해 정리됨.

로 알려져 있기에(Gross, Carstensen, Pasupathi, Tsai, Skorpen & Hsu, 1997) 노년기에 경험하는 분노 정서의 증가는 타인과의 관계에 문제를 일으킬 수 있다.

활동적으로 노년기를 보내는 노인들은 그렇지 않은 노인들에 비해 적극적으로 다양한 활동이나 모임에 참여하고 타인과 접촉할 기회를 많이 얻게 된다. 따라서 대인관계의 폭이 비교적 줄어드는 노년기에도 지속적으로 타인과의 관계를 유지하거나 새롭게 만들 수 있다. 이는 분노 정서를 경험할 때 이를 직접적으로 표현하거나 억압하는 방식보다는 분노를 효과적으로 조절하고 타인을 이해하려고 노력하는 등 대응방식에 대해 학습할 기회도 더 많다고 할 수 있으며, 결과적으로 가장 가까운 관계인 가족과의 관계에서도 분노 정서를 잘 조절함으로써 가족관계에 대한 만족도 또한 향상될 것이다.

### 노년기 활동적인 참여

고령화에 대한 관심이 증가하며 노년기 삶의 질을 향상시키기 위해 성공적 노년, 생산적 노년, 활동적 노년 등 다양한 개념들이 제시되었다. 먼저 성공적 노년(successful ageing)은 노화에 대한 부정적 시선에서 벗어나 개인의 생활 방식 및 선택에 따라 노화나 질병을 예방하거나 지연시킬 수 있다는 낙관적 기대를 기반으로 하고 있다(Estes, Mahakian, & Weitz, 2001). 그러나 이 개념은 '성공'이라는 용어만을 적용하였고 노년기에 가진 자원에 대한 차별화된 접근 방법이나 광범위한 사회적 영향력을 간과했다는 부분에 있어 비판을 받았다(Holstein & Minker, 2003).

생산적 노년(productive ageing)은 상품 및 서비스를 생산하거나 생산능력 자체를 개발하는 노인의 모든 활동들을 의미한다(Bass, Caro, & Chen, 1993). 그러나 생산적 노년은 경제적인 요소만은 지나치게 강조하여 노인들이 처한 상황을 다양하게 포괄하지 못했다는 한계를 가지고 있다(유경, 장재윤, 한태영, 이주일, 2014).

최근에는 성공적 노년과 생산적 노년의 한계를 보완하고 더 포괄적인 의미로서 '활동적 노년(active ageing)'이 관심을 받고 있다. 활동적 노년은 노년기에 참여(participation), 안전(security), 건강(health)의 기회를 극대화하는 과정으로 정의된다(Who, 2002). 참여는 자신이 원하는 다양한 활동에 참여하는 것으로 평생 학습, 유급 및 무급 노동을 포함하는 개념이다. 안전은 노년기의 사회적, 경제적, 신체적 안전에 대한 욕구와 상태를 의미하는 것으로 이를 통해 스스로의 안전과 존엄성을 유지할 수 있다. 마지막 요인인 건강은 노년의 삶에서 신체적, 정신적 건강을 유지하고 활동하는 것을 뜻한다. 즉, 활동적(active)이라는 의미는 신체적으로 활동적이거나 노동시장에 참여할 수 있는 능력뿐만 아니라 사회적, 경제적, 문화적, 정신적, 시민적 활동에 지속적으로 참여하는 것으로, 노년기가 되어도 취미활동, 종교활동, 운동 등 다양한 활동에 참여하는 것을 의미한다고 할 수 있다.

### 노년기 활동적인 참여와 가족만족도, 가족몰입의 관계

노년기 활동과 참여를 통한 사회적 관계의 중요성은 오래전부터 강조되었다. Rowe와 Rahn(1997)은 성공적 노화모델에서 성공적 노화의 요소로 건강과 인지적 기능, 그리고 사회적 활동을 핵심적인 것으로 다루고 있으며, Albrecht(1980)가 주장한 활동이론에서도 사회적 활동에 참여하는 정도와 생활에 대한 만족도가 높은 상관을 보이는 것으로 나타났다. 즉, 은퇴 등 삶에서 주요한 사건을 경험하고 신체의 노화로 인한 에너지 감소 및 좁아지는 생활반경 등 자신의 가치와 존재의의에 대한 고민이 발생한다. 이러한 노년기에 삶의 목적과 의미를 탐색하고 발견하는 데 도움을 주는 특정 활동에 적극적으로 참여하는 것이 사회적 관계, 그중에서도 가장 중요한 관계라고 할 수 있는 가족과의 관계에 긍정적인 영향을 미칠 수 있다.

실제로 관련 연구에 의하면 일자리 사업 참여가 노인들의 사회적 관계 개선(김미곤, 2006)과 생활만족도(방희명, 2005)에 긍정적인 영향을 미치며, 자원봉사활동 참여도 심리적 안정과 행복에 도움을 주는 것으로 나타났다(최지원, 2001). 또한 댄스 스포츠 활동 등 여가활동이 가족관계를 포함한 사회적 관계의 질 향상(곽윤길, 2010) 및 가족생활에 대한 만족도에 긍정적인 영향을 미쳤다(김민석, 임승엽, 2001).

## 권위주의적 성향

Adorno 등(1950)은 권위주의적 성향을 인습주의, 권위주의적 복종, 권위주의적 공격성, 반 내성주의, 미신성과 고정관념적 사고, 권력과 강인함에 대한 믿음, 파괴주의와 냉소주의, 투사성 등으로 구분하기도 했다. 즉, 권위주의적인 성격이란 모든 사회적 대상을 상하관계로 구분한 후, 상위자에 대한 무조건적인 복종과 하위자에 대한 강압적 지배를 요구하는 성향으로 정의할 수 있다(Weitman, 1962).

많은 조직에서 긴 시간 수직적 구조를 유지해 온 국내 환경에서는 특히 권위주의적 성향이 미치는 영향과 관련된 연구가 다수 이루어졌다. 권위주의적 성향이 높을수록 다양한 집단에 대한 편견에 의존할 가능성이 높을 뿐만 아니라(박수애, 1998), 사회에서 부정적으로 평가받는 약자들에 대해 더 강한 부정적 태도를 보이는 것으로 나타났다(송관재 외, 1999). 국외에서 이루어진 연구에서는 권위주의적인 사람이 그렇지 않은 사람보다 외집단에 대해 더 공격적인 성향을 보이는 결과를 보고하였다(Meer, 1955).

### 권위주의적 성향의 조절효과

권위주의적 성향을 지닌 사람은 강자와 약자, 지배와 복종 등과 같은 이분법적 관계의식, 고정관념과 편견에 의존하는 사고, 강자에 대한 복종과 약자에 대한 공격성, 권력이나 힘, 남성다움과 같은 가치에 대한 선호, 여성의 전통적 역할의 강조 등의 특징을 보인다(김경동, 1993).

권위주의적 성향이 관계 지각에 영향을 미침에 따라 자연스럽게 가족관계와도 관련된다. Adorno 등(1950)에 의하면 권위주의적 성격 척도의 점수가 높은 사람들은 처벌과 위협에 의존하는 양육태도를 가진 지배적인 아버지와 엄격한 어머니를 가진 경우가 많았다. 아동기에 경험한 불안정성과 의존성은 성인이 되어 권력과 권위를 지닌 사람에게 복종하게 만들고, 공포와 적의는 자신보다 약하거나 소수집단에 대한 태도로 변환되며, 자연스럽게 자신의 자녀들에게도 전통적 방식의 양육 태도를 보이게 된다(Levinson & Hoffman, 1955).

일반적으로 노년기에 활동적으로 특정 공동체에 참여하는 것은 사회적 관계를 유지함으로써 획득되는 대인관계 기술, 삶의 의미, 활력 등을 통해 가족관계에도 긍정적인 영향을 미친다. 그러나 권력을 추구하는 권위주의적 성향은 공동체 활동에 참여하더라도 노년기에 필요한 새로운 사회적 기술 학습이나 대인관계 유지에 어려움을 겪을 가능성이 높고, 따라서 활동적 참여가 가족관계에 미치는 긍정적인 영향을 억제하게 될 것이다. 이에 본 연구에서는 권위주의적 성향이 노년기 활동적인 참여와 가족 몰입 간의 관계를 조절할 것이라고 예측하였다.

**가설 1.** 권위주의적 성향은 노년기 활동적인 참여와 가족 몰입 간의 관계를 조절할 것이다.

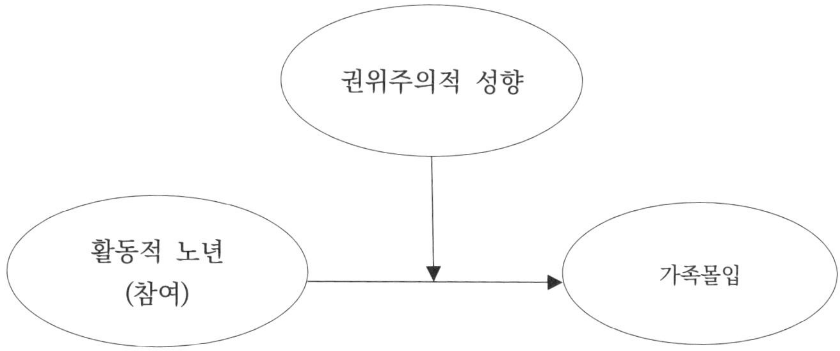


그림 1. 연구모형 1

## 분노 통제

일반적으로 분노는 미미한 짜증 혹은 곤혹감으로부터 강한 격분이나 격노까지 여러 가지 강도를 지니는 정서 상태로 정의된다(Spielberger, 1980). 또한 어떤 외적인 힘, 주로 다른 사람에 의해 개인의 계획, 목표, 또는 안녕의 추구가 간섭받거나 훼방을 받는다고 인식될 때, 그리고 타인으로부터 배신을 당했을 때, 욕구가 좌절되거나 정당하지 않은 비판을 받을 때, 적절하게 배려받지 못할 때 유발된다(조긍호, 김지연, 최경순, 2009).

분노를 경험하는 것과 분노를 표현하는 것은 다르다. 분노를 경험하더라도 분노에 대처하는 방식은 각자 다를 수 있다. 분노의 표현방식은 학자에 따라 다양하게 설명하고 있으나, Spielberger 등(1985)은 분노표현방식을 분노 표출(anger-out), 분노 억제(anger-in), 분노 통제(anger-control)로 구분하였다. 분노 표출은 화가 났을 때 자신의 분노를 환경 속에 있는 타인이나 대상에게 드러내거나 신체적 행위, 비난, 욕설, 언어적 폭력 등으로 표현하는 것을 말한다. 분노 억제는 화가 나 있지만 이를 겉으로 드러내지 않는 것으로, 자신의 분노를 안으로 돌리거나 억압하는 것, 혹은 분노 유발 상황과 관련된 사고, 기억이나 분노라는 감정 자체를 억제하거나 부정하는 것을 말한다. 마지막으로 분노 통제는 화가 난 상태를 자각하고 감독하면서 화를 진정시키기 위해 다양한 책략을 구사하는 것으로, 냉정을 유지하고 상대를 이해하려고 노력하는 방식이다.

**분노 통제의 매개효과**

노년기가 되면 일반적으로 분노의 감정을 자주 느끼게 되지만, 어떤 방식으로 분노를 표현하느냐에 따라 그 결과는 달라질 수 있다. 분노를 표현하는 방식은 연령과 관련이 있는데(Stone & Spencer, 1987), 나이가 들어감에 따라 분노를 직접적으로 표현하기보다는 이를 해소하기 위해 감정을 조절하거나 다양한 책략을 사용하게 된다. 즉, 분노 억제, 분노 표출보다는 분노 통제 방법을 많이 사용한다(박현숙, 구현영, 2004). 특히 공동체 활동에 참여하는 수준이 높은 노인은 그렇지 않은 경우보다 다양한 사람들과 만나고 상호작용을 할 가능성이 높다. 따라서 이들은 자신의 사회적 관계를 망치지 않기 위해 공동체 내에서 분노를 직접 표출하거나 부적절한 분노표현방식을 사용하지 않을 것이고, 분노를 경험하더라도 이를 감소시키기 위해 감정을 조절하는 방식을 선택할 가능성이 크다고 예측해 볼 수 있다.

활동적 참여를 통해 학습된 분노 통제 방식은 다른 사회적 관계에도 영향을 미치게 되는데, 그중에서도 가족관계는 노년기 삶에서 매우 중요하다고 할 수 있다. 활동적 참여로 인해 분노 통제 수준이 증가하게 되면서, 만약 가족 내에서 분노의 감정을 느끼더라도 이를 다스리고 상대의 입장에서 이해하려 노력할 가능성이 높다. 이는 배우자, 자녀 등 가족들의 정서에 좋은 영향을 미칠 뿐만 아니라 자신의 가족에 대한 만족도에도 긍정적으로 작용할 가능성이 높다. 따라서 본 연구에서는 분노 통제가 노년기 활동적 참여와 가족만족도 간의 관계를 매개할 것이라고 예측하였다.

**가설 2.** 분노 통제는 노년기 활동적인 참여와 가족만족도 간의 관계를 매개할 것이다.

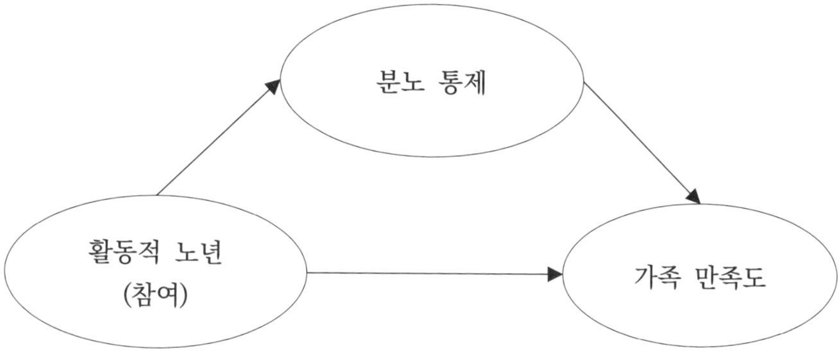


그림 2. 연구모형 2

## 방 법

### 연구대상 및 자료수집

본 연구에서는 100개의 공동체에서 활동하고 있는 700명의 노인들(56세 이상)을 대상으로 설문조사를 실시하였다. 공동체의 유형은 직업역량개발, 종교, 봉사 및 사회참여, 평생학습, 취미생활, 신체건강으로 총 7가지 유형으로 구분되었고, 공동체별로 평균 100-150명이 본 연구에 참여하였다. 인구통계학적 변인들을 살펴보면 남성이 350명(50%), 여성이 350명(50%)이었고, 연령은 56세 이상부터 59세 이하가 150명(21.4%), 60세 이상부터 69세 이하가 300명(42.9%), 70세 이상에서 79세 이하가 200명(28.6%), 80세 이상은 50명(7.1%)인 것으로 나타났다.

## 측정도구

### 활동적 노년

활동적 노년을 측정하기 위해 유경, 장재윤, 한태영, 이주일(2014)의 활동적 노년 척도를 사용하였으며, 문항 예시는 '새로운 것을 배우기 위해서 교육에 참가한다', '인생에서 이루고자 하는 목표를 위해 하는 일이 있다', '사교를 위한 모임에 참여한다' 등이 있다. Likert 5점 척도로 평정하였으며(전혀 그렇지 않다 ~ 매우 그렇다), 총 30문항의 신뢰도(Cronbach's $\alpha$)는 .82였다.

### 권위주의적 성향

Adorno 등(1950)이 개발한 권위주의적 성향 척도를 기반으로 민경환(1989)이 제작한 척도 중 일부만 수정해서 사용하였다. 하위 요인인 인습주의, 권위주의적 복종, 권위주의적 공격성, 반 내성주의, 미신성과 고정관념적 사고, 권력과 강인함에 대한 믿음, 파괴주의와 냉소주의, 투사성 중 권위주의적 복종과 권위주의적 공격성의 8문항만 사용하였다. Likert 5점 척도로 평정하였으며(전혀 그렇지 않다 ~ 매우 그렇다) 총 8문항의 신뢰도(Cronbach's $\alpha$)는 .72로 나타났다.

### 분노 통제

Spielberger, krasner와 Solomon(1988)이 개발한 상태-특성 분노표현 척도를 전겸구, 한덕웅 및 이장호(1998)가 번안한 척도인 한국판 상태-특성 분노표현 척도(State-Trait Anger Expression Inventory Korean version, STAXI-K)를 사용하였다. 이 척도는 분노 표출, 분노 억제, 분노 통제의 하위요인으로 구성되어 있는데 그 중에서 분노 통제의 8문항만 본 연구에서 사용하였다. Likert 5점 척도로 평정하였으며(전혀 그렇지 않다 ~ 매우 그렇다) 총 8문항의 신뢰도(Cronbach's $\alpha$)는 .91이었다.

### 가족만족도

Olson과 Wilson(1985)이 개발한 가족만족 척도를 안양희(1988)가 번안한 것을 사용하였다. 이 척도는 적응력, 응집력으로 총 14문항으로 구성되어 있다. Likert 5점 척도로 평정하였으며(전혀 그렇지 않다 ~ 매우 그렇다) 신뢰도(Cronbach's $\alpha$)는 .90이었다.

### 가족몰입

Olson과 Willson(1985)이 개발한 가족몰입 척도를 김욱(2011)이 번안 및 타당화한 것을 사용하였다. Likert 5점 척도로 평정하였고 (전혀 그렇지 않다 ~ 매우 그렇다) 총 5문항의 신뢰도(Cronbach's $\alpha$)는 .63이었다.

### 자료분석

본 연구는 활동적 노년(참여)과 가족몰입의 관계에서 권위주의적 성향의 조절효과와 활동적 노년(참여)과 가족만족도의 관계에서 분노 통제의 매개효과를 살펴보기 위해 SPSS 통계 프로그램을 사용하였다. 인구통계학적 특성과 주요 변인의 분포를 살펴보기 위해 빈도분석과 기술통계분석을 실시하였으며, 각 변인들의 상호관계를 파악하기 위해 Pearson 상관관계 분석과 위계적 회귀분석을 실시하였다.

## 결 과

### 측정 변인들의 기술 통계 및 상관

본 연구에서 측정된 각 변인들 간의 상호관계를 확인하기 위해 상관분석을 실시하였다(표 1). 분석결과에 따르면, 활동적 노년(참여)은 분노 통제($r$=.135, $p$<.01), 가족만족도($r$=.313, $p$<.01)과 유의미한 정적 상관을 나타냈다. 또한 권위주의적 성향은 가족몰입($r$=-.080, $p$<.05)과 부적 상관을 보였고, 분노 통제는 가족만족도($r$=.169, $p$<.01)와 정적 상관을 보였다.

**표 1.** 측정 변인들의 평균과 표준편차 및 상관계수

| 변인 | 1 | 2 | 3 | 4 | 5 |
|---|---|---|---|---|---|
| 1. 활동적 노년(참여) | - | | | | |
| 2. 권위주의적 성향 | .035 | - | | | |
| 3. 분노 통제 | .135** | -.046 | - | | |
| 4. 가족몰입 | .013 | -.080* | -.134** | - | |
| 5. 가족만족도 | .313** | -.038 | .169** | .344** | - |
| 평균 | 3.82 | 3.29 | 3.47 | 2.99 | 3.66 |
| 표준편차 | .60 | .48 | .55 | .65 | .62 |

$^*p < .05, ^{**}p < .01, ^{***}p < .001$

## 노년기 활동적 참여와 가족몰입의 관계에서 권위주의적 성향의 조절효과

활동적 노년(참여)과 가족몰입의 관계에서 권위주의적 성향의 조절효과를 검증하기 위해 독립변인과 조절변인에 대한 평균 중심화 과정을 거친 후, 위계적 회귀분석을 실시하였다. 분석을 실시함에 있어 각 변인에 영향을 줄 수 있는 성별, 연령, 공동체유형을 통제변인으로 지정하여 1단계에 투입하고 2단계에 활동적 노년(참여), 3단계에 활동적 노년(참여)과 권위주의적 성향의 상호작용 항을 투입하였다. 활동적 노년(참여)이 가족몰입에 미치는 영향에서 권위주의적 성향의 조절효과를 분석한 결과, 권위주의적 성향의 조절효과($\beta$=-.25 $p$<.05)가 유의미하게 나타났다.

표 2. 활동적 참여와 가족 몰입 간 관계에서 권위주의적 성향의 조절효과

| 종속변인: 가족몰입 | | | | | | | | |
|---|---|---|---|---|---|---|---|---|
| 모델 | 예측변인 | B | $\beta$ | $t$ | $R^2$ | $F$ | $\triangle R^2$ | $\triangle F$ |
| 1 | 성별 | -.056 | -.031 | -.410 | .027 | 1.545 | .027 | 1.545 |
| | 연령 | .133 | .138 | 1.798 | | | | |
| | 공동체유형 | .031 | .062 | .808 | | | | |
| 2 | 활동적 참여 | .193 | .146 | 1.878 | .057 | 2.004 | .030 | 2.648 |
| | 권위주의적 성향 | -.212 | -.120 | -1.558 | | | | |
| 3 | 활동적 참여(A) | .430 | .325 | 2.883** | .083 | 2.493* | .026 | 4.715* |
| | 권위주의적 성향(B) | -.165 | -.093 | -.1.211 | | | | |
| | (A) × (B) | -.445 | -.250 | -2.171* | | | | |

$^{*}p < .05, ^{**}p < .01, ^{***}p < .001$

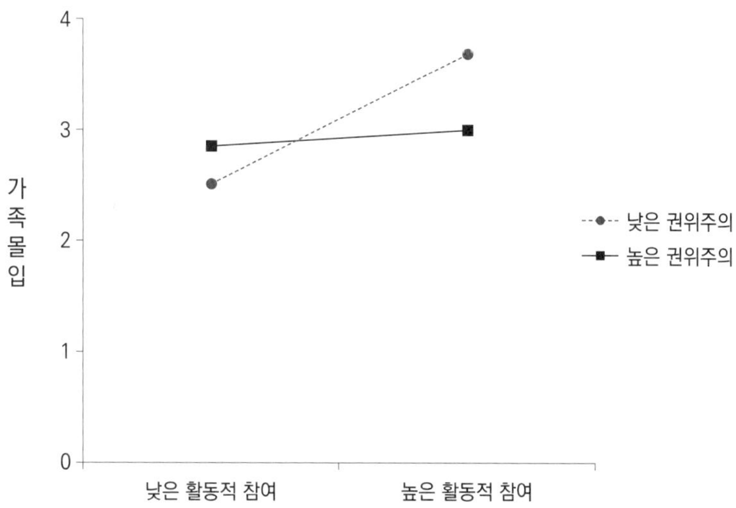


그림 3. 활동적 참여와 가족몰입 간 관계에서 권위주의적 성향의 조절효과

### 노년기 활동적 참여와 가족만족도의 관계에서 분노 통제의 매개효과

활동적 노년(참여)와 가족만족도의 관계에서 분노 통제의 매개효과를 검증하기 위해 Baron과 Kenny의 위계적 회귀분석방법을 사용하였다. 분석결과, 활동적 노년이 가족만족도에 미치는 영향은 직접효과도 유의미하였지만, 분노 통제를 매개로 하는 간접효과 또한 유의미했다. 활동적 노년은 분노 통제, 가족만족도를 모두 유의미하게 설명하였고, 분노 통제도 가족만족도에 유의미한 영향을 미쳤다. 따라서, 분노 통제가 활동적 노년(참여)과 가족만족도 간 관계를 부분매개하는 것으로 나타났다.

표3. 활동적 노년과 가족만족도 간 관계에서 분노 통제의 매개효과

| | 변인 | $\beta$ | $t$ | $R^2$ | $F$ |
|---|---|---|---|---|---|
| 1 | 활동적 참여 → 가족만족도 | .319 | 8.674*** | .100 | 19.347*** |
| 2 | 활동적 참여 → 분노 통제 | .141 | 3.726*** | .047 | 8.492*** |
| 3 | 분노 통제 → 가족만족도 | .172 | 4.534*** | .031 | 5.638*** |
| 4 | 활동적 참여 → 가족만족도 | .300 | 8.163*** | .116 | 18.264*** |
| | 분노 통제 → 가족만족도 | .130 | 3.554*** | | |

$^*p < .05$, $^{**}p < .01$, $^{***}p < .001$

## 논 의

본 연구는 노인의 활동적 참여와 가족몰입의 관계에서 권위주의적 성향의 조절효과와 노인의 활동적 참여와 가족만족도의 관계에서 분노 통제의 매개효과를 검증하고자 하였다. 첫째, 본 연구에서 측정된 각 변인들 간 상관분석 결과에 따르면, 노인의 활동적 참여는 분노 통제($r$=.135, $p$<.01), 가족만족도($r$=.313, $p$<.01)와 유의미한 정적 상관을 보였다. 권위

주의적 성향은 가족몰입($r$=-.080, $p$<.05)과 부적상관을 나타냈으며, 분노 통제는 가족만족도($r$=.169, $p$<.01)와 정적 상관을 나타냈다. 둘째, 노인의 활동적 참여와 가족몰입 간 관계에서 권위주의적 성향의 조절효과($\beta$ =-.25, $p$<.05)는 유의미하게 나타났다. 이 결과는 공동체에 활동적으로 참여하는 노인의 권위주의적 성향에 따라 활동적 차여가 가족에 대한 몰입에 미치는 영향의 크기가 달라진다는 것을 나타내는 결과이다. 구체적으로 권위주의적 성향이 낮을 경우, 활동적으로 공동체 활동에 참여할수록 가족에 대한 몰입은 높아지지만, 권위주의적 성향이 높은 경우에는 공동체에 대한 활동적인 참여가 가족 몰입에 미치는 영향이 거의 없다는 것을 의미한다. 셋째, 노인의 활동적 참여와 가족만족도 간 관계에서 분노 통제의 매개효과는 유의미하게 나타났으며, 둘 간의 관계를 부분매개 하는 것으로 나타났다. 이는 활동적으로 공동체에 참여하면 분노를 잘 통제하게 되는데 일부분 도움을 주며, 자신의 분노를 잘 조절함에 따라 가족에 대한 만족도 또한 향상된다는 것을 뜻한다.

### 연구 의의 및 제한점

본 연구의 의의는 다음과 같다. 첫째, 활동적 노년이 긍정적 영향을 미치는 메커니즘의 일부를 파악하였다. 노년기 활동적으로 공동체에 참여하는 것은 개인의 행복과 안녕감뿐만 아니라 가족, 친구 등 사회적 관계에도 긍정적인 영향을 미친다. 대인 관계는 노년기의 웰빙에 특히 중요한 요소 중 하나로, 그중에서도 배우자, 자녀를 포함한 가족관계는 좁아진 노년기 사회망에 커다란 부분을 차지한다. 활동적 노년은 가족관계 개선에 도움을 주는 것으로 알려져 있는데, 본 연구에서는 분노 통제를 노년기 활동적 참여와 가족만족도 간 관계의 매개변인으로 제시함으로써 활동적 참여가 가족만족도를 높이는 과정이 공동체 생활을 통한 분노 통제 기술의 향상, 즉 사회적 기술의 향상에서 일부 기인한 것임을 확인하였다.

둘째, 활동적 참여의 긍정적 영향을 억제하는 개인 특성 요소를 확인하였다. 활동적 노년은 가족관계를 포함한 대인관계에 긍정적으로 작용하나, 그 대상이 권위주의적 성향을 가졌을 경우에는 긍정적인 효과가 나타나지 않았다. 이는 모든 사회적 대상을 상하관계로 지각하는 권위주의적 성향이 활동적인 공동체 참여를 통한 적절한 사회적 기술 획득을 방해한 것으로 해석할 수 있다.

본 연구의 제한점은 다음과 같다. 첫째, 본 연구에서 사용된 변인들은 모두 자기보고 방식으로 한 시점에서 측정되었다. 즉, 모든 변인들의 인과관계가 명확하지 않고, 동일방법 편의(Common Method Bias)가 발생할 가능성이 있다. 특히 가족 관련 변인인 가족 몰입 및 가족 만족도의 경우, 가족들이 평정하는 것이 더 적합할 수 있으나 본 연구의 설문은 자기보고 방식으로 이루어졌다.

둘째, 응답에서 문화적 차이가 존재할 가능성이 있다. 본 연구에서 다룬 가족 관계는 문화에 따라 차이가 존재한다. 따라서 비교적 개개인을 더 중요하게 생각하는 문화권에서는 권위주의적 성향이 미치는 영향이 더 극적으로 드러날 가능성이 있어 국내와는 다른 문화권에서 유사한 연구를 수행하거나, 각 문화 간 차이를 탐색하려는 시도가 필요할 것으로 보인다.

## 연구 2*

### 활동적 노년이 대인관계 유능성에 미치는 영향 : 분노 통제의 조절효과

인간은 태어나면서부터 생애 전반에 걸쳐 타인과 관계를 맺으며 살아가는 존재이기 때문에, 인간의 적응에 대인관계가 차지하는 비중이 매우 크다(권석만, 1995). 특히 노년기에는 은퇴 등으로 인해 물리적인 사회적 관계가 줄어들게 되고, 자신의 쓸모와 노후의 삶에 대한 고민으로 발생하는 정서적 위축으로 관계에 대한 자신감에 부정적인 영향을 미칠 수 있다. 따라서 노년의 삶을 다루고 있는 활동이론(Havinghurst, 1963), 분리 이론(Cumming & Henry, 1961), 연속성 이론(Atchley, 1989) 등에서는 은퇴 이후에도 특정 활동을 지속적으로 이어가는 것을 강조한다.

노년기의 활동적 참여는 여러 면에서 긍정적인 영향(김보현, 안영선, 2008; 김석일, 2012; 정유리, 이신숙, 2013)을 미치지만, 특히 사회적 관계에 긍정적인 영향을 미칠 수 있다. 은퇴 후에는 자신과 주변인이 '나'를 바라보는 시선이 달라질 수 있기 때문에 새로운 정체성과 관계 안에서의 기술을 습득할 필요가 있다. 이때 공동체 활동에 활발히 참여하는 것은 노년기에도 사회적 관계를 유지, 확장하여 이 변화를 자연스럽게 받아들이고 노년기에 필요한 대인관계 기술을 습득하는 데 도움을 줄 것이다.

노년기의 정서 경험은 전반적으로 점차 둔해지고 냉담하며 무미건조해지는 경향이 있지만, 분노와 같은 부적 정서는 오히려 증가하게 된다(Malatesta & Izard, 1984). 그러나 분노 정서는 대인관계에 부정적인 영향을 주는 위협적인 정서로 알려져 있다(Gross, Carstensen,

* 본 연구는 한림대학교 조직 및 성격심리 연구실 박은영, 이주일에 의해 초고가 작성되었으며, 김태웅에 의해 정리됨.

Pasupathi, Tsai, Skorpen & Hsu, 1997). 따라서 친구 및 지인과의 관계를 보호하기 위해서는 분노를 잘 통제할 필요가 있으며, 본 연구에서는 노년기에 공동체 활동에 활발하게 참여하는 것이 대인관계 기술의 학습을 통해 분노를 잘 통제할수록 도움을 주고, 이를 통해 자신의 대인관계 유능성을 높게 지각할 것이라고 예상하였다.

## 활동적 노년

세계보건기구(WHO)는 행복한 노년을 다루던 기존 개념인 성공적 노년, 생산적 노년의 대안으로 '활동적 노년(active aging)'을 제시하였다. 활동적 노년은 '나이가 들어서도 삶의 질을 높이기 위해 참여(participation), 건강(health), 안전(security)의 기회를 극대화하는 과정으로 정의할 수 있다(WHO, 2002). 활동적 노년에서 제시하는 '활동적(active)'의 의미는 신체적 건강 및 경제적 활동 참여만을 의미하는 것이 아니라, 사회적, 경제적, 문화적, 공적 문제 등에 지속적으로 참여하는 것을 말한다.

자기결정성이론(Ryan & Deci, 2000)에 의하면 인간은 누구나 유능성과 자율성, 관계에 대한 욕구를 가지고 있으며, 모든 욕구가 저절로 만족되어 자신이 어떤 것을 선택하고 달성할지 선택할 필요가 없다면 만족을 느낄 수 없다고 하였다. 노년기의 활동적인 공동체 참여는 자신이 나이가 들어서도 누군가에게 도움을 주고 쓸모가 있는 존재라는 느낌을 충족할 수 있으며(유능성), 스스로 참여하고자 하는 공동체를 선택하고 참여하며(자율성), 공동체 내에서 다양한 사람을 만나며 소속감을 느낄 수 있다는 점(관계)에서 노년기 삶에 대한 만족감의 원천이 될 수 있다.

### 대인관계 유능성

인간은 사회적 동물로 그 삶에 있어서 타인과의 상호작용은 매우 중요한 요인이다. 대인관계 유능성 개념은 Thorndike(1920)의 사회지능 연구로부터 처음 시작되었다. 그는 사회지능이 일반적인 지능과 구별되며, 자신과 타인의 내적인 동기, 상태, 행동을 인식하고 이를 기반으로 적절하게 행동하는 능력으로 정의하였다. 이에 따라 대인관계 유능성(Interpersonal competence)은 개인이 서로 효과적으로 상호작용하는 능력을 의미하며, 대인관계와 관련된 기술, 지식, 협업 동기와 적응 등을 모두 포함한다(Spitzberg & Cupach, 1989). 즉, 타인의 말과 행동을 포함하여 주변 환경을 해석하고 그 해석을 바탕으로 자신의 말과 행동을 상황에 맞게 효과적으로 표현하고 조절할 수 있는 능력(김반야, 2015)이라고 할 수 있다.

Buhrmest 등(1988)은 대인관계 유능성을 다섯 가지 하위 요인으로 구분하였다. 첫째, '타인과의 관계 형성 및 개시'는 새로운 사람들에게 긍정적인 첫인상을 주고, 기꺼이 만남 및 모임을 제안하거나 참여하는 것을 말한다. 둘째, '자신의 권리나 불쾌함에 대한 주장'은 비합리적이고 기분이 상하는 일에 대해 상대방에게 불쾌함을 표현해 자신의 권리를 지키는 것을 의미한다. 셋째, '개인적인 정보의 개방'은 관계와 시기 그리고 내용의 적절성을 고려해 신중히 자신을 개방하는 것을 나타낸다. 넷째, '타인에 대한 정서적 지지'는 상대방에 대한 이해 및 공감을 표현하는 것, 마지막으로 '갈등 관리'는 대인관계에서 발생하는 여러 가지 문제들을 적절히 해결해 나갈 수 있는 것을 뜻한다(한나리, 2009).

대인관계 유능성과 관련된 다양한 연구들에 의하면 대인관계 유능성이 높은 사람은 삶에서 발생하는 스트레스 사건을 직면할 때 사회적 지지를 제공해 줄 수 있는 관계망을 구축하고 사용할 가능성이 더 높다(Buhrmester et al., 1988).

### 활동적 노년과 대인관계 유능성

대인관계 유능성은 대인관계와 관련된 기술과 지식, 동기, 적응을 모두 포함한 개념이므로, 대인관계의 유무와 크기로부터 영향을 받을 가능성이 있다. 다양한 대인관계를 가진 사람은 사회적 기술이나 지식을 얻을 기회가 많으며, 타인과의 관계, 즉 공동체 내에서 잘 적응할 가능성이 높다. 이는 은퇴 후 사회적 관계가 자연스레 좁아지는 노인들에게 더 중요하게 작용할 것이다. 실제로 생활체육 프로그램에 참여하는 노인을 대상으로 한 한용재(2009)의 연구에서 참여자가 활동에 몰입할수록 대인관계에서 친밀성과 공감성을 높게 인식하는 것으로 나타났고, 노인이 운동프로그램에 잘 참여할수록, 참여 기간이 길수록, 참여 빈도가 많을수록 대인관계 능력이 뛰어난 것으로 나타났다. 즉, 노년기의 적극적인 활동 참여가 타인과의 상호 협력적 관계를 유지하고 더 나아가 대인관계의 질을 높일 수 있게 된다. 따라서 본 연구에서는 활동적으로 공동체에 참여하는 노인일수록 자신의 대인관계 기술에 대한 유능감이 더 높을 것이라고 예상하였다.

**가설 1.** 활동적 노년은 대인관계 유능성에 유의미한 정적 영향을 미칠 것이다.

### 분노 통제의 조절효과

Spielberger(1980)에 의하면 분노는 짜증 혹은 곤혹감으로부터 강한 격분이나 격노까지 여러 가지 강도를 지니는 정서 상태로 정의된다. 분노가 유발되는 상황으로는 어떤 외적인 힘에 의해 개인의 계획, 목표, 또는 안녕 추구가 간섭을 받거나 훼방을 받는다고 인식될 때, 타인으로부터 배신을 당했을 때, 욕구가 좌절되거나 정당하지 않은 비판을 받을 때, 적절하게 배려를 받지 못할 때 등이 있다(조긍호, 김지연, 최경훈, 2009). 분노의 경험과 표현에는 차이가 있다. 분노를 겪을 때 이에 어떻게 대처하는지는 사람마다 다를 수 있다. 분노의 표현방식은 분노 표출(anger-out), 분노 억제(anger-in), 분노 통제(anger-control)로 구분된다(Spielberger, 1980). 분노 표출은 화가 났을 때 자신의 분노를 환경 속에 있는 타인이나 대상에게 드러내거나 신체적 행위, 비난, 욕설, 언어적 폭력 등으로 표현하는 것을 말한다. 분노 억제는 화가 나 있지만 이를 겉으로 드러내지 않는 것으로, 자신의 분노를 안으로 돌리거나 억압하는 것, 혹은 분노 유발 상황과 관련된 사고, 기억이나 분노라는 감정 자체를 억제하거나 부정하는 것을 말한다. 마지막으로 분노 통제는 화가 난 상태를 자각하고 감독하면서 화를 진정시키기 위해 다양한 책략을 구사하는 것으로, 냉정을 유지하고 상대를 이해하려고 노력하는 방식이다.

노년기에는 일반적으로 다른 정서보다 분노의 감정을 자주 경험하지만, 이를 어떻게 표현하느냐에 따라 그 결과는 달라질 수 있다. 분노를 표현하는 방식은 연령과 관련이 있는데(Stone & Spencer, 1987), 일반적으로 나이가 들어감에 따라 분노를 직접 표현하기보다는 이를 해소하기 위해 감정을 조절하거나 다양한 책략을 사용하게 된다. 즉, 분노 통제의 방법을 더 많이 사용한다(박현숙, 구현영, 2004). 특히 공동체 활동에 참여하는 활동적 노년은 그렇지 않은 경우보다 다양한 사람들과 만나고 상호작용할 가능성이 높다. 이때, 자신의 분노 정서를 더 잘 통제할수록 노년기에도 대인관계가 잘 유지될 가능성이 있으며, 스스로가 가진 사회적 기술, 즉 대인관계 유능성도 높게 지각할 가능성이 크다.

**가설 2.** 분노 통제는 활동적 노년과 대인관계 유능성 간의 관계를 조절할 것이다. 즉, 분노 통제가 높을수록 활동적 노년이 대인관계 유능성에 미치는 영향이 더 강하게 나타날 것이다.

## 방 법

### 연구대상 및 자료수집

본 연구에서는 100개의 공동체에서 활동하고 있는 700명의 노인들(56세 이상)을 대상으로 설문조사를 실시하였다. 공동체의 유형은 직업역량개발, 종교, 봉사 및 사회참여, 평생학습, 취미생활, 신체건강으로 총 7가지 유형으로 구분되었고, 각 공동체 별로 평균 100-150명이 본 연구에 참여하였다. 인구통계학적 변인들을 살펴보면 남성이 350명(50%), 여성이 350명(50%)이었고, 연령은 56세 이상부터 59세 이하가 150명(21.4%), 60세 이상부터 69세 이하가 300명(42.9%), 70세 이상에서 79세 이하가 200명(28.6%), 80세 이상은 50명(7.1%)인 것으로 나타났다.

### 측정도구

#### 활동적 노년

활동적 노년을 측정하기 위해 유경, 장재윤, 한태영, 이주일(2014)의 활동적 노년 척도를 사용하였으며, 문항 예시는 '새로운 것을 배우기 위해서 교육에 참가한다', '인생에서 이루고자 하는 목표를 위해 하는 일이 있다', '사교를 위한 모임에 참여한다' 등이 있다. Likert 5점 척도로 평정하였으며(전혀 그렇지 않다 ~ 매우 그렇다), 총 30문항의 신뢰도(Cronbach's $\alpha$)는 .82였다.

#### 대인관계 유능성

대인관계 유능성을 측정하기 위해 Buhrmester, Furman, Wittenbery와 Reis(1988)가 개발한 대인관계 유능성 척도를 한나리(2009)가 번안 및 타당화한 한국형 대인관계 유능성 척도(Korea Interpersonal Competence Questionnaire, K-ICQ)를 사용하였다. 대인관계 유능성 척도의 요인분석 및 신뢰도를 실시하여 그 결과를 토대로 3문항을 제거한 후, 총 9문항을 본 연구에서 사용하였다. Likert 5점 척도로 평정하였으며(전혀 그렇지 않다 ~ 매우 그렇다) 총 9문항의 신뢰도(Cronbach's $\alpha$)는 .79로 나타났다.

**분노 통제**

분노 통제를 측정하기 위해 Spielberger, krasner와 Solomon(1988)이 개발한 상태-특성 분노표현 척도를 전겸구, 한덕웅 및 이장호(1998)가 번안한 척도인 한국판 상태-특성 분노표현 척도(State-Trait Anger Expression Inventory Korean version, STAXI-K)를 사용하였다. 이 척도는 분노 표출, 분노 억제, 분노 통제 3가지 하위요인으로 구성되어 있는데, 본 연구에서는 분노 통제 8문항만 본 연구에서 사용하였다. Likert 5점 척도로 평정하였으며(전혀 그렇지 않다 ~ 매우 그렇다) 총 8문항의 신뢰도(Cronbach's $\alpha$)는 .91이었다.

## 자료분석

본 연구는 활동적 노년과 대인관계 유능성의 관계에서 분노 통제의 조절효과를 살펴보기 위해 SPSS 통계 프로그램을 사용하였다. 인구통계학적 특성과 주요 변인의 분포를 살펴보기 위해 빈도분석과 기술통계 분석을 실시하였으며, 각 변인들의 상호관계를 파악하기 위해 Pearson 상관관계 분석과 위계적 회귀분석을 실시하였다.

## 결 과

### 측정 변인들의 기술 통계 및 상관

본 연구에서 측정된 각 변인들 간의 상호관계를 확인하기 위해 상관분석을 실시하였다(표 1). 분석결과에 따르면, 활동적 노년은 분노 통제($r$=.32, $p$〈.01), 대인관계 유능성($r$=.20, $p$〈.01)과 유의미한 정적 상관을 나타냈다. 또한 분노 통제는 대인관계 유능성($r$=.11, $p$〈.01)과 유의미한 정적 상관을 보였다.

표 1. 측정 변인들의 평균과 표준편차 및 상관계수

| 변인 | 1 | 2 | 3 |
|---|---|---|---|
| 1. 활동적 노년 | - | | |
| 2. 분노 통제 | .32** | - | |
| 3. 대인관계 유능성 | .20** | .11** | - |
| 평균 | 3.42 | 3.47 | 3.24 |
| 표준편차 | .46 | .55 | .26 |

*$p$ < .05, **$p$ < .01, ***$p$ < .001

### 활동적 노년이 대인관계 유능성에 미치는 영향

활동적 노년과 대인관계 유능성의 관계를 검증하기 위해 1단계에서는 각 변인에 영향을 줄 수 있는 성별, 연령, 회원 유형을 통제 변인으로 투입하였고 2단계는 활동적 노년을 투입하여 위계적 회귀분석을 실시하였다. 활동적 노년이 대인관계 유능성에 미치는 영향에 대해 분석한 결과, 활동적 노년($\beta$=.19, $p$〈.001)은 대인관계 유능성에 유의미하게 영향을 미치는 것으로 나타났다(표 2).

표 2. 대인관계 유능성에 대한 활동적 노년의 회귀분석 결과

| 종속변인: 대인관계 유능성 | | | | | | | | |
|---|---|---|---|---|---|---|---|---|
| 단계 | 예측변인 | $B$ | $\beta$ | $t$ | $R^2$ | $F$ | $\triangle R^2$ | $\triangle F$ |
| 1 | 성별 | .00 | .00 | .02 | .03 | 6.54*** | .03 | 6.54*** |
| | 연령 | -.01 | -.04 | -.96 | | | | |
| | 회원 유형 | -.08 | -.16 | -4.10*** | | | | |
| 2 | 활동적 노년 | .11 | .19 | 5.05*** | .06 | 11.46*** | .03 | 25.52*** |

$*p < .05, **p < .01, ***p < .001$

## 활동적 노년과 대인관계 유능성 간 관계에서 분노 통제의 조절효과

활동적 노년과 대인관계 유능성 간 관계에서 분노 통제의 조절효과를 검증하기 위해 독립변인과 조절변인에 대한 평균 중심화 과정을 거친 후, 위계적 회귀분석을 실시하였다. 각 변인에 영향을 줄 수 있는 성별, 연령, 회원 유형을 통제 변인으로 지정하여 1단계에 투입하고, 2단계에 활동적 노년, 3단계에 활동적 노년과 활동적 노년 및 대인관계 유능성의 상호작용 항을 투입하였다.

활동적 노년에 따른 대인관계 유능성에 대한 분노 통제의 조절효과를 분석한 결과, 두 변인의 상호작용 항이 투입되었을 때 $R^2$ 변화량이 유의미하지 않아 분노 통제의 조절효과는 유의미하지 않은 것으로 나타났다(표 3).

표 3. 활동적 노년과 대인관계 유능성 간 관계에서 분노 통제의 조절효과 분석 결과

| 종속변인: 대인관계 유능성 | | | | | | | | |
|---|---|---|---|---|---|---|---|---|
| 모델 | 예측변인 | $B$ | $\beta$ | $t$ | $R^2$ | $F$ | $\triangle R^2$ | $\triangle F$ |
| 1 | 성별 | .00 | .00 | .02 | .03 | 6.54*** | .03 | 6.54*** |
| | 연령 | -.01 | -.04 | -.96 | | | | |
| | 회원 유형 | -.08 | -.16 | -4.10*** | | | | |
| 2 | 활동적 노년 | .10 | .17 | 4.42*** | .06 | 9.52*** | .03 | 13.62*** |
| | 분노 통제 | .02 | .05 | 1.30 | | | | |

| | | | | | | | | |
|---|---|---|---|---|---|---|---|---|
| | 활동적 노년(A) | .10 | .18 | 4.49*** | | | | |
| 3 | 분노 통제(B) | .02 | .04 | 1.08 | .07 | 8.15*** | .01 | 1.31 |
| | (A) × (B) | -.04 | -.04 | -1.14 | | | | |

$*p < .05, **p < .01, ***p < .001$

## 논 의

본 연구에서는 활동적 노년이 대인관계 유능성에 어떤 영향을 미치는지 확인하고, 그 과정에서 분노 통제의 조절효과를 확인하고자 하였다. 본 연구의 주요 결과에 대해서 요약하고, 연구의 의의와 한계점, 그리고 후속 연구에 대한 제언을 제시하였다.

본 연구를 통해 나타난 주요 결과를 정리하면 첫째, 노년기에 활동적으로 공동체에 참여할수록 대인관계 유능성을 높게 지각하는 것을 확인하였다. 둘째, 노년기 활동적 참여가 대인관계 유능성에 미치는 영향에 분노 통제가 미치는 조절효과는 유의미하지 않은 것으로 나타났다. 이러한 결과는 노년기에도 활발히 공동체 활동에 참여할수록 대인관계 유능성 지각이 높아지나, 이러한 관계에서 분노 통제의 수준에 따른 차이는 없는 것을 의미한다. 조절효과의 부재는 활동적 노년과 분노 통제의 관계를 통해 해석해 볼 수 있다. 분노 통제는 분노 정서를 표현하는 방식 중 하나로, 사회적 관계에서 분노를 표출하거나 억제하는 것보다 긍정적인 방법으로 여겨진다. 공동체 활동에 많이 참여하는 노인은 그렇지 않은 경우보다 다양한 사람과 만나고 상호작용할 가능성이 높다. 따라서 이들은 자신의 사회적 관계를 유지하기 위해 공동체 내에서 분노를 직접 표출하거나 부적절한 분노표현방식을 사용하지 않을 것이고, 분노를 경험하더라도 이를 감소시키기 위해 감정을 조절하는 방식을 선택할 가능성이 크다고 예측해 볼 수 있다. 즉, 노년기 활동적 참여와 분노 통제가 서로 상호작용하는 것이 아니라, 노년기의 활동적 참여가 분노를 통제하는 전략을 더 많이 사용하게 만드는 인과관계에 가깝기 때문에 본 연구에서 분석한 조절효과가 유의미하지 않았을 가능성이 있다.

본 연구의 의의는 다음과 같다. 첫째, 활동적 노년이 긍정적 개인적 특성 지각에 미치는 영향을 추가로 확인하였다. 노년기에 경험하는 공동체 활동은 개인의 가진 다양한 특성 변인 중 노인들의 대인관계 유능성에 영향을 미친다. 이를 통해 선행연구에서 밝혀진 삶의 의미, 삶 만족 등 다양한 상태 변인에 미치는 활동적 노년의 긍정적 영향 과정을 일부 밝혀냈다.

둘째, 활동적 노년과 분노 통제 간 상호작용의 부재를 확인하였다. 활동적 노년과 분노 통제가 서로 영향을 미치는 변인이 아님을 확인한 것은 한 변인이 다른 한 변인에 영향을 미치는 인과관계의 가능성을 시사하는 결과로 해석할 수 있다.

본 연구의 한계점은 다음과 같다. 첫째, 본 연구의 참가자들은 모두 특정 공동체에 소속되어 활동 중인 노인들로, 대부분 활동적인 노인에 속한다고 볼 수 있다. 따라서 '비교적' 더 활동적으로 참여했을 때 미치는 영향은 확인할 수 있지만 특정 활동을 하지 않는 '활동적이지 않은' 노인을 대상으로 한 결과는 얻어내지 못했다.

둘째, 본 연구에서 사용된 변인들은 모두 자기보고 방식으로 한 시점에서 측정되었다. 즉, 모든 변인들의 인과 관계가 명확하지 않고, 동일방법 편의(Common Method Bias)가 발생할 가능성이 있다. 특히 대인관계 유능성은 가족, 공동체 내 다른 구성원 등 타인이 평정하는 것이 더 적합할 수 있으나 본 연구에서 대인관계 유능성은 자기보고 방식으로 이루어졌다. 이에 따라 추후 연구에서는 공동체 등 활동적이지 않은 노인과의 비교 연구 결과를 알아보거나, 분노 통제를 매개변인으로 설정한 모형을 검증하려는 시도가 필요할 것으로 보인다.

## Ⅲ. 공동체 차원의 효과

### 활동적 노년의 공동체 효과에 대한 연구

활동적 노년은 공동체 차원에 긍정적인 효과를 미치고 개인이 공동체 차원에서 활동하는 것은 또한 개인에게도 긍정적인 영향을 미칠 것이다. 다행히 이러한 가정은 다른 연구자들에게도 받아들여져서 학술지에 게재할 수 있었다. 활동적 노년이 공동체에 미치는 효과나 공동체 활동이 또한 활동적 노년에 미치는 효과가 있을 것이다. 첫 번째 연구는 사회문화 학회지에 실린 논문으로 "활동적인 노인의 일상적 활동 참여가 시민참여 행동에 미치는 영향: 소공동체 응집성의 매개효과와 소공동체 이기주의의 조절효과"를 다루었다. 두 번째 논문은 전북대학교에서 발간하는 연구재단 등재 학술지인 지역과 세계에 게재된 논문으로 "활동적 노년의 시민참여가 노화불안에 미치는 영향: 삶의 의미와 삶의 만족의 매개효과"를 다루었다.

본 저서에는 지면 관계상 연구 초록만 포함하였다. 연구내용을 구체적으로 확인하고 싶은 사람은 관련 학회지에서 확인할 수 있을 것이다.

## 연구 1*

# 활동적인 노인의 일상적 활동 참여가 시민참여 행동에 미치는 영향: 소공동체 응집성의 매개효과와 소공동체 이기주의의 조절효과

이 주 일　김 태 웅　김 필 현　이 한 송

한림대학교 심리학과, 한림응용심리 연구소

저출산과 평균수명의 증가로 국내 고령인구의 비중이 지속적으로 늘어나고 있다. 이러한 인구 구조의 변화는 연령과 상관없이 노년기의 활동을 증가시켰고, 이에 따라 변화하고 있는 노년기 인구의 특성에 대한 연구가 다수 진행되고 있다. 본 연구는 노년기의 활동이론에 기반을 둔 활동적 노년에 관심을 갖고 활동적인 노인의 소공동체활동 참여가 우리 사회에 미치는 긍정적, 부정적인 영향에 초점을 맞추었다. 구체적으로 활동적 노인의 일상적 활동과 소공동체활동 참여가 지역사회 문제해결이나 선거 참여 등 사회적 시민 활동에 적극적으로 참여하는 '시민참여'에 영향을 미치는지, 그리고 그 과정에서 소공동체 응집성의 매개효과와 소공동체 이기주의의 조절효과를 검증하고자 하였다. 본 연구에서는 다양한 소공동체에 소속되어 활동하고 있는 노인 700명을 대상으로 일상적 활동 참여, 소공동체 응집성, 소공동체 이기주의, 시민참여를 측정하여 단계적 회귀분석과 위계적 회귀분석을 실시하였다. 분석 결과, 일상적 활동 참여와 시민참여 간의 관계에서 소공동체 응집성의 매개효과가 나타났고, 소공동체 이기주의의 조절효과 역시 유의했다. 이러한 결과는 고령사회의 양적, 질적 측면에서

* 한국심리학회지: 문화 및 사회문제 제26권 제2호 게재

점증하고 있는 노년기 인구의 활발한 시민참여가 사회에 미칠 영향력이 적지 않다는 점을 고려했을 때, 국가 및 이해관계자들이 노인의 일상적인 활동 참여와 소공동체 응집성 및 소공동체 이기주의 성향을 고려하여 노인들의 시민참여 정책이나 사회 참여 프로그램을 개발하거나 진행할 필요가 있다는 점을 시사한다.

## 연구 2*

# 활동적 노년의 시민참여가 노화불안에 미치는 영향 : 삶의 의미와 삶의 만족의 매개효과

이 시 우 김 태 웅 이 주 일

한림대학교 심리학과, 한림응용심리 연구소

본 연구는 활동적 노년의 시민참여가 노화불안에 미치는 영향을 알아보고, 시민참여가 노화불안에 영향을 미치는 과정에서 삶의 의미와 삶의 만족의 이중매개효과를 검증하였다. 이를 위해 서울, 경기 지역에서 다양한 소공동체에 소속되어 활동하고 있는 노인 700명을 대상으로 설문조사를 실시하였고, 만 65세 이상의 323명의 자료를 활용하여 분석하였다. SPSS Macro 및 부트스트래핑(bootstrapping) 방법을 통한 이중매개효과 분석 결과, 시민참여와 노화불안의 관계에서 삶의 의미와 삶의 만족의 이중매개효과가 나타났으며, 구체적으로 시민참여가 삶의 의미와 삶의 만족을 완전매개하여 노화불안에 영향을 미쳤다. 이러한 결과는 시민참여가 노화불안을 직접적으로 감소시키지 못하지만 삶의 의미 및 삶의 만족을 통해 노화불안을 감소시킴을 의미한다. 이는 고령사회에서 주요한 문제로 떠오르고 있는 노인의 노화불안을 감소시키는데 시민참여가 기여할 수 있으며, 단순히 특정 시민활동에 참여하는 것이 아니라 해당 참여를 통해 삶의 의미와 삶의 만족감을 느끼는 것이 중요함을 시사한다. 본 연구결과를 바탕으로 노인의 노화불안을 감소시킬 수 있는 의미 있는 시민참여 활동을 촉진하기 위한 실천적, 정책적 방안을 제언하였다.

* 지역과 세계 제45권 제4호 게재

# Part 3

## 활동적 노년의 의미와 측정

## I. 활동적 노년의 의미*

노인이 되어서도 적극적으로 사회활동에 참여하여 주도적인 역할을 하는 것을 성공적 노년의 한 지표로 보는 것은 Rowe와 Kahn(1998)의 성공적인 노년에 관한 선구적인 연구 이래 많은 사람이 수용하는 가설이다. 사회활동이란 구체적으로 다른 사람과 친밀한 관계를 유지하는 것, 개인에게 의미 있는 활동을 지속하는 것을 말한다. 노년기에 할 수 있는 사회활동에는 어떤 것들이 있을까? 박경혜와 이윤환(2006)은 윤종율(2005)이 제안한 구분법에 따라 노년기 사회활동을 첫째, 가족, 친구, 이웃, 친척 등과 잦은 접촉을 통한 대인 접촉 사회활동, 둘째, 물건이나 서비스를 창출해 내는 생산활동, 셋째, 새로운 지식이나 기술을 습득하는 교육 및 지적인 활동, 넷째, 각자 취향에 맞게 참여하는 순수한 여가활동으로 구분하였다. 이 분류에는 앞서 설명한 생산적 노년의 범주와 달리 여가활동이나 신체적인 운동과 같은 취미활동, 여성 노인들의 가사활동도 포함된다. 또한 노인의 사회참여 유형을 나누고자 한 이소정(2009)은 우리나라 노인들에 대한 실증적 조사를 통해 노년기 사회 참여유형을 자원봉사 중심형, 종교 중심형, 직업 중심형, 경로당 중심형으로 나누었고, 정병은과 이기홍(2009)은 노후를 잘 보내는 노인들이 보여주는 사회활동의 유형을 측정한 결과를 토대로 노인의 활동유형을 관계적 활동과 생산적 활동으로 구분하였다.

이런 분류들에서 알 수 있듯이 활동적인 노년(active ageing)은 생산적인 노년(productive ageing)보다 폭 넓은 개념이다. 생산적인 노년은 노인의 활동이 가져오는 사회적인 가치 창조에 초점을 두는 개념인 것에 비해, 활동적인 노년은 반드시 사회적 가치를 창출할 것을 전제로 하지 않으며 노인의 활동 자체가 주는 긍정적인 효과에 초점을 두는 개념이다. 또한, 나이가 들어도 바쁘게 하루를 보내고, 다양한 활동에 참여하고, 적극

* Part 3의 I과 II의 내용은 〈노화와 심리, 2014〉에 게재한 이주일의 글 중 일부(213-225쪽)를 본 저서에 맞게 축약 제시한 것임.

적이고 주도적으로 하루를 보내는 것이 건강하고 행복한 노화에 필요하다는 것을 강조한다. 굳이 사회적 가치를 창출하는 활동이 아니더라도 여러 활동을 하면서 다양한 사회관계를 맺어가는 삶이 행복한 삶이라는 인식을 기본 바탕으로 하고 있다.

WHO(2002)에서 정의한 바에 따르면 활동적 노년이란 노인이 되어서도 삶의 질을 누릴 수 있도록 건강, 참여, 안전의 기회를 최적화 시켜주는 과정(the process of optimizing opportunities for health, participation, and security in order to enhance quality of life as people age)을 지칭한다. 다시 말해 활동적 노화란 사람들이 전 생애에 걸쳐 자신이 누릴 수 있는 신체적, 사회적 및 정신적 복지의 가능성을 깨닫게 하고 사회에 참여하도록 해주는 것으로, 이를 위해 개인이 필요로 할 때 적절히 보호해 주고, 안전을 보장하고, 보살핌을 제공하는 것이다. '활동적'이라는 개념은 나이가 들어서도 사회적, 경제적, 문화적 및 시민 활동에 계속해서 참여하는 것으로, 단순히 신체적으로 활동적이 된다거나 노동력에 참여하는 것에만 국한되는 것은 아니다. 일에서 은퇴하거나 병에 걸렸거나 신체적인 장애를 가지고 있는 노인들도 자신의 가족, 동료, 지역사회 및 국가에 기여할 수 있으므로 이들도 자신의 수준에 맞게 사회의 일원으로 참여할 수 있도록 해야 한다는 것이다. 서구 유럽에서는 이미 국가의 정책적 차원에서 활동적인 노화를 강조하고 있고, 상당한 노력을 기울이고 있다. 노인들의 활동적인 사회 참여를 독려하기 위한 다양한 활동과 정책이 시행되고 있다. 활동적인 노년 운동은 건강하게 사는 수명을 늘리고 나이가 든 후의 삶의 질을 확장시키는 것을 목표로 한다. 따라서 노인들의 자율성과 독립성을 유지할 수 있도록 하는 것이 활동적 노년을 추진하는 지역사회나 국가 정책의 핵심개념이 된다.

노인의 사회적 활동에 대한 법적 근거는 우리나라의 법령에도 나와 있다. 노인복지법 제2조는 기본이념으로 3개 항을 구비하고 있다. 먼저 제1항 '노인은 후손의 양육과 국가 및 사회발전에 기여해 온 자로서 존경을 받으며 안정된 생활을 제공받는다'라고 규정되어 안전한 조건을 갖출 수 있을 것, 제2항 '노인은 그 능력에 따라 적당한 일에 종사하고 사회적 활동에 참여할 기회를 보장받는다'라고 규정되어 사회적 참여 기회를 제공받을 것, 제3항 '노인은 노령에 따르는 심신의 변화를 자각하여 항상 심신의 건강을 유지하고, 그 지식과 경험을 활용하여 사회의 발전에 기여하도록 노력하여야 한다'라고 규정하여 건강유지의 필요성을 담고 있다. 이와 더불어 제4조는 복지증진의 책임을 규정하고 있는바. 국가, 지방자치단체 및 노인관련 사업 경영자가 제2조의 기본이념을 책임지도록 하고 있다. 이를 위해 제14조 1항에서는 '국가 또는 지방자치 단체는 노인에게 적합한 직종의 개발과 그 보급에 노력하여야 한다', 제2항에는 '국가 또는 지방자치단체는 근로능력이 있는 노인에게 일할 기회를 제공하도록 노력하여야 한다'고 규정하여 사회의 의무를 상기시키고 있다. 그 외에도 주택이나 노인복지시설 및 여가시설 등에 대한 규정을 통해 노인들이 적극적이고 활동적으로 사회생활에 참여할 수 있도록 사회가 노력해야 한다는 내용이 제시되어 있다. 즉, 노인들의 사회참여를 진작시키기 위해 사회적으로 적극적인 노력을 해야 할 것을 명시하고 있으며, 경제적인 활동만이 아니라 여가와 취미를 즐길 수 있도록 다양한 활동에 종사할 수 있도록 사회시스템을 정비할 것을 요구하고 있다.

## II. 활동적인 노인들의 특징

생물학자인 최재천(2005)은 인간의 평균수명이 100세가 되는 현대사회에서 개인은 전반기 50년의 번식기(reproductive period)와 후반기 50년의 번식후기(post-reproductive period)로 나누어 인생을 살게 된다고 인생의 단계를 구분하였다. 그의 전공인 생물학에 의한 분류법이지만, 상당히 의미 있는 구분이라고 볼 수 있다. 그는 지금까지 평균수명이 길지 않았던 과거의 많은 사람들이 삶의 초점을 주로 번식기에 두고, 번식후기는 단순히 '잉여의 시기', '덤의 시기'로 여겨왔는데 비해, 평균수명이 100세에 육박하는 현대에서는 인생후기를 단순히 전기에 기생하는 덤의 시대로 보아서는 안 되며 "인생 이모작"을 꿈꾸는 것이 중요하다고 주장한다. 번식전기의 주요 인생 목표가 직업을 가지고, 자식을 낳고, 소득을 올리는 등 한 개체로서의 삶을 살아가는 것에 초점이 맞추어졌다면, 번식후기의 삶은 부정적인 측면에서 직업을 잃고, 생산능력을 잃게 되고 때로는 배우자가 사망하거나 자식들과도 떨어져 고독하게 사는 시기라 할 수 있을 것이다. 그러나 번식후기에 대한 부정적인 시각을 긍정적으로 바라보면, 이는 긴 여정을 거치고 마침내 얻게 된 나만의 시간을 누리는 시기라고 할 수도 있다. 나이 듦을 고통과 무기력이 아니라 기쁨으로 묘사한 Trafford(2004)는 이 시기를 다음과 같이 기술한다. "그 시기는 잘했든 못했든 성인기의 주된 과제를 마쳤을 때 찾아온다. 아이들은 다 성장했다. 결혼생활이 지속되고 있거나 아니면 재혼했을 수도 있다. 직장에서의 목표를 어느 정도 달성했거나 또는 실패로 마쳤을 수도 있다. 주택자금은 다 갚았고 이력서도 다 채워졌다". 이와 같이 번식후기의 삶을 긍정적인 측면에서 바라보자면, 비로소 얻게 된 나만의 시기이며 모든 것으로부터 자유로워진 시기이고 내가 진정으로 하고 싶은 일을 할 수 있는 시기이다.

다만 이는 번식후기의 긍정적인 측면을 바라볼 수 있는 사람들에게만 해당되는 말이다. 나이가 들어서도 활기찬 사람들은 어떤 사람들인가? 일찍이 고령사회를 경험하고 있는 일본은 고령자들이 건전한 사회활동을 할 수 있도록 다양한 제도를 운영하고 있다. 다양한 자원봉사활동 기구, 지방자치 단체 등에서 필요한 다양한 활동에 참여의 기회(교통단속, 주차 단속, 간단한 청소 업무 등) 등을 통해 많은 노인들이 사회에 참여할 기회를 제공한다. 이제는 우리 사회에서도 자주 볼 수 있는 일이기는 하나, 타 국가에 비하면 아직 부족한 실정이다.

물론 제도적인 대비도 중요하지만 스스로 참여하는 것이 중요하다. 일본의 유명한 정신과 의사이며 다양한 책의 저술가이기도 한 마츠가와 프레테이(2008)는 〈나이 60에도 노망이 드는 사람과 80에도 치매와는 거리가 먼 사람〉이라는 대중을 위한 의학 도서에서 나이가 들어도 젊음을 유지하는 비결과 젊어도 노인 같은 사람을 잘 구분하고 있다. 그는 나이가 들어도 활기찬 삶을 사는 사람들의 특징을 다음과 같이 재미있게 기술하고 있다. (1) "지성(知性)"이 넘쳐흐르는 사람, (2) 위트와 유머 센스가 있는 사람, (3) 경제적 여유가 있는 사람, (4) 누구에게도 지지 않는 스포츠나 취미가 있는 사람, (5) "감사합니다"라고 솔직히 말할 수 있는 사람. 반면에 나이 들어 사람들로부터 가까이하기 꺼려지는 특징으로는 (1) 자신이 근무하고 있던 회사나 일 이야기만 하는 사람, (2) 예전에 세운 공훈이나 가족자랑을 항상 하는 사람, (3) 무엇을 생각하고 있는지 알 수 없게 말이 없는 사람, (4) 마구 함부로 으스대는 사람, (5) 불결한 사람, (6) 완고한 사람, (7) 둔감한 사람. 그에 따르면 7가지 꺼려지는 특징에 속하는 사람들은 치매에 걸릴 가능성이 많다고 한다. 왜냐하면 이런 특성들로 인해 사람들과의 교류가 잘 이루어지지 않기 때문에 아무래도 자신의 껍질 안에 틀어박혀 있기 쉽고, 이 결과 치매의 희생양이 되기 쉽다는 것이다. 우리 주위를 둘러보자. 나중에 80살이 되었을 때 치매에 걸릴 것 같은 사람은 누구인가?

그렇다면 노인이 되어서도 왕성한 활동을 하고 사회적으로 리더의 위치에 있는 사람들은 어떤 특징을 가지고 있는가? 활발한 리더십 연구자인 Bennis와 Thomas(2002)는 〈Geeks and Geezers〉란 저서를 통해 65세가 넘어서도 자기 분야에서 탁월한 리더십을 발휘하고 있는 사람들과 35세가 되지도 않았는데 벌써 하나의 일가를 이룰 정도로 탁월한 리더십을 발휘하고 있는 사람들을 분석하였다. 이들은 나이가 들어서도 자신 및 세상에 대해 리더십을 발휘할 수 있는 사람들은 공통적으로 다음의 세 가지 특징을 가지고 있다는 것을 발견하였다. 첫째, 이들은 모두 자신을 현재의 위치로 끌어올리는 과정에서 누구 못지않게 단련기의 혹독한 시련을 경험하였다. 둘째, 아무리 어려운 상황에 처하고 앞길이 보이지 않더라도 희망을 잃지 않고 낙관주의적이며 긍정적인 성격을 가지고 있었다. 셋째, 주위와 자신 및 새로운 기회에 대해 끝없이 호기심을 보여주고 있으며 새로운 것을 지속적으로 추구하는 특성을 보여주었다. 그들은 이러한 특성을 네오티니라고 불렀다.

성공한 리더들이 보여주는 첫 번째 특성으로 언급된 단련기의 시련은 꽤나 의미심장하다. 성공한 사람들이라고 해서 모든 일이 순탄하게 지속된 것은 아니며, 누구 못지않은 시련을 겪었고 이런 시련을 이겨냈다는 것을 나타내는 것이다. 세상에 자신의 삶을 순탄하다고 볼 사람은 많지 않을 테지만 성공한 리더들은 이런 시련을 통해 자신을 성장시켰음을 알 수 있다. 즉, 단련기의 시련이란 각 시대를 살아오면서 각자가 겪게 되는 인생고를 어떻게 소화하고, 자신 인생의 밑거름으로 승화시키는가, 각 개인이 경험하게 되는 인생의 시련을 어떻게 받아들이느냐에 따라 개인의 삶이 달라진다는 것을 설명하는 것이다. 감옥에 수감되었을 때의 고통, 해병대에서의 경험했던 고된 훈련, 스승으로부터 받은 끝없는 질책과 좌절과 같은 단련기가 자신을 성장시켰다고 성공한 리더들은 술회하고 있다. Manz(2002)는 〈실패의 힘(The power of Failure)〉이라는 책에서 더 크게 성공하고 더 큰 리더십을 발휘하기 위해서는 실패가 필수적이라는 지적을 한다. 그는 리더들이 실패에 직면했을 때 장애요인 보다는 기회요인을 포착하며, 실패를 성공의 필수 요소로 인식하고 이를 통해 성공적인 학습자가 된다고 강조한다. 물론 최근에 실패도 습관이 되고 성공도 습관이 되어 성공해 본 사람만이 진짜 성공을 한다는 견해도 있다. 그러나 시련과 단련기를 어떻게 슬기롭게 극복하였는지가 더 중요하다는 것에는 이견의 여지가 없을 것 같다.

실패 극복 경험의 효과는 일반적인 사람들에게서도 보여진다. 성공적인 노년을 보내는 노인들과 보통 또는 행복하지 않은 노년을 보내는 사람들을 비교 분석한 이주일(2008)의 연구에서도 일관된 패턴을 볼 수 있다.

이 연구에서 우리나라 65세 이상의 노인들을 대상으로 한 인터뷰 결과, 대부분 한번 이상의 전쟁을 겪었고, 어린 시절에는 극심한 가난의 굴레 속에서 생활한 것으로 나타났다. 그 중, 현재 성공적으로 노후를 보내는 노인들이 성공적이지 않은 노인들보다 과거 어린 시절이나 젊은 시절에 더 많은 고생과 시련을 겪었다고 응답했다. 현재 성공적인 노후를 보내고 있는 노인들 중에는 전체 51건의 사례 중에 어린 시절의 가정형편이 낮은 수준이라고 응답한 노인이 26건(51%)으로 월등히 많았고, 보통 정도의 가정형편이 13건(26%), 부유하였다는 경우는 10건(10%)이었다. 이에 비해 성공적이지 못한 노후를 보내는 노인들은 부유하게 살았다는 노인이 37건 중 16건(43%)이었고, 보통이 8건 있으며 가난한 형편이었다는 13건(35%)이었다. 즉, 성공적이지 않은 노후를 보내는 노인들은 대개 과거에는 더 유복했다는 것이다. 부유했다는 사례 중에는 친정이 잘 살았거나 대학을 보낼 정도로 잘 살아 남에게 베풀며 살 정도였다는 응답들이 있었다. 이와 같이 성공적인 노후를 보내고 있는 노인들은 과거의 삶이 높은 수준이라고 응답한 비중은 극소수였고, 낮은 수준이라고 응답한 사람들이 많았다는 것이 흥미롭다. 또한 현재 성공적으로 노후를 보내는 노인들은 어린 시절의 생활형편이 낮은 수준으로 아주 가난하게 살았던 사람이 많았지만, 이때의 어려움이 독립심이나 가난을 극복하겠다는 의지를 키워주었다는 응답이 많았다. 이들은 대부분 자신의 어려웠던 형편이나 시절을 잘 활용하는 모습을 보여주었다. 어린 시절을 아주 가난하게 보냈다고 회상한 사례들을 구체적으로 살펴보면, “지독하게 어려워서 학교를 다니는 6년 동안 점심을 세 번 싸 갔고 맨발로 다녔다. 이로 인해 크지도 못하고 배우지 못했다”, “없어서 고모 집에 얹혀살았고 혼자 벌어서 썼다”, “형편이 어려웠다. 아버지를 여의고 어머니 밑에서 성장했는데 배우지 못한 것이 고통스럽고 (지금은) 혼자 서류 하나 못 떼는 신세다”, “형편없었다. 어머니가 4살 때 사망하신 이후, 4살 때부터 떠돌이 소작으로 살았다. 배우지 못한 게 한이다”, “많이 어려워서, 형님만 공부시켰다. 공부했으면 농촌에 없었을 것이다”, “어려웠다. 명절 때나 밥 먹을 정도였고 배우지 못했다" 등이 있었다. 하지만 이들은 어린 시절의 가난이 독립심이나 근성을 키워주었다는 것과 같이 자신의 인생에 긍정적인 영향을 주었다는 언급도 하였다. "초근목피로 연명할 정도 가난하였다. (하지만 이런 경험이) 나에게 자립심을 키워주었다", "밥도 못 먹을 정도로 어려웠다. 이로인해 악착같이 살아야겠다는 생각이 들었다", "죽이나 소나무 껍질을 먹을 정도로 어려웠다. 하지만 부모님이 그만할 때까지 공부했고 어머니의 가르침에 많은 영향을 받았다", "아주 낮은 정도의 생활로 배달 일을 하며 살았고 이로인해 남에게 외상을 지거나 월부로 물건을 사지 않았다" 등의 사례들을 들 수 있다. 이런 결과들은 어린 시절의 실패나 어려움이 현재를 파악하고 의미부여를 하는데 있어 일종의 기준으로 작용하고 있음을 알 수 있다.

표 1. 어린 시절 가정형편과 이의 영향

| 구분 | 전체(%) | 어린시절 형편의 영향 | |
|---|---|---|---|
| | | 성공(%) | 비성공(%) |
| ① 아주 가난한 가정형편 | 39(44%) | 26(51%) | 13(35%) |
| ② 보통 정도의 가정형편 | 21(24%) | 13(26%) | 8(22%) |
| ③ 부유하게 삶 | 26(30%) | 10(20%) | 16(43%) |
| ④ 기타(불분명) | 2(2%) | 2(4%) | 0(0%) |
| 소계 | 88 | 51 | 37 |

출처. 이주일 (2008)

성공적인 리더들이 보여주는 두 번째 특성은 낙관주의적 성향이었다. 실패를 기회로 여길 수 있으려면 기본적으로 이 실패가 곧 끝날 것이고, 이 실패를 통해 나는 더 성장할 수 있으며, 이러한 과정에서 새로운 것을 찾아낼 수 있다는 낙관적 사고를 가지고 삶을 긍정적으로 바라볼 수 있어야 할 것이다. 낙관주의적 사고가 개인에게 중요하고, 또 필요하다는 것은 여러 분야의 연구에서 공통적으로 나타난 결과이기도 하다. 현재가 아무리 힘들고 어렵더라도 미래는 밝을 것이라는 사고를 할 수 있다면 현재의 시련을 극복하기가 어렵지 않을 것이다. 노인들 또한 현재 자신이 이루어 낸 결과나 자신이 처한 상황에 대해 긍정적이고 낙관적인 사고를 가져야 우울하지 않고 즐겁게 현실을 영유할 수 있다.

앞서 언급한 이주일(2008)의 연구에서는 노인에 대한 인터뷰를 통해 성공적인 노인과 성공적이지 않은 노인들을 구분하여 이들이 자신의 현재 삶에 대해 어떤 생각을 하고 있는지를 인터뷰하였다. 이 연구에서 성공적인 노인들은 자신의 삶에 대해 극히 긍정적인 사고를 하고 있었고, 남은 인생 동안 다양한 것을 하고자 하는 등 기대가 컸다. 반면에 성공적이지 않은 노인들은 삶에 대해 부정적인 생각을 하고 있었고, 자신에게 남은 인생을 지겨운 것으로 받아들이고 있었다. 위 연구에서 성공적인 노인과 비성공적인 노인을 구분하여 자신의 인생이 얼마나 남았다고 생각하고, 앞으로도 얼마나 더 오래 살고 싶은지를 조사 비교해 보았더니, 성공적인 삶을 살고 있는 노인들과 비성공적인 노인들 간에 남은 인생을 바라보는 시각에 현저한 차이가 있음이 드러났다. 성공적인 노인들 중에는 '10년 이상 건강하게 더 오래 살고 싶다'는 사람들이 19건(37%)이었고, '10년 미만 정도 조금 더 건강하게 살고 싶다'는 의견이 20건(40%)으로 나타났다. 이들 중 '빨리 죽고 싶다'는 의견은 6건(8%)뿐이었고, '애들 잘되는 것 볼 때까지'가 4건(7%)이었다. 이에 비해 비성공적인 노인들은 '빨리 죽고 싶다'는 의견이 15건(42%)으로 가장 많이 나타났고, '애들 잘되는 것 볼 때까지'가 4건(11%)으로 나타났다. 이에 비해 비성공적인 노후를 보내고 있는 노인들은 '10년 미만 정도 조금 더 살고 싶다'는 의견이 13건(36%)으로 나타났으나 '10년 이상 더 살고 싶다'는 의견은 한 건도 나타나지 않았다.

성공적인 노인들은 '건강하게 오래(10년 이상) 살고 싶다'는 의견이 19건(37%), '10년 정도 조금 더 살고 싶다'는 의견이 20건(40%), '자식이 잘될 때까지 살고 싶다'는 의견이 4건(7%)으로 나타나 약 84% 가량의 노인들이 더 오래 살고자 하는 바람을 피력하였다. '빨리 죽고 싶다'는 의견은 6건으로 응답자 중 8%에 불과했다. '건강하게 오래 살겠다'는 노인들은 '100살까지 건강하게' 살고 싶다는 의견이 3건, '건강이 허락하는 한 100이던 80이던', '건강하게 살다 하나님이 부를 때까지', '95세까지' 2건, '90까지 내가 활동할 수 있을 때까지', '한 20년 더' 가 3건, '15년 정도 더'가 2건, '10년 정도 더'가 5건 정도로 응답하였다. '조금 더 오래 살고 싶다'는 노인들은 '80정도 까지' 3건, '5, 6년 더'가 4건, '2, 3년 정도 더'가 3건 등이었고, 구체적으로 '90세 혹은 75세까지'로 지칭한 분도 있었다. '조금 더 살아 자식이나 손자가 잘될 때까지 살고 싶다'는 의견은 4건 정도 나왔다. 이에 비해 성공적이지 않은 노인들은 '더 살고 싶지 않다'는 의견이 15건(45%)으로 가장 많은 비율을 차지하였고, '10년 미만 정도 살고 싶다'는 의견이 13건(36%)이었고 '자식들 잘될 때까지 살고 싶다'는 의견이 4건(11%)으로 나타났다. 더 살고 싶지 않다고 응답한 의견들은 단순히 '살고 싶지 않음'이 5건, '살고 싶지 않음'. '자는 듯이 죽고 싶음', '살고 싶지 않음. 죽고 싶기만 함', '아무 때 죽어도 죽을 텐데 그냥 죽고 싶음', '더 살고 싶은 생각 하나도 없음', '살면 몇 살까지 살고 싶은 생각 없다니깐', '오늘 저녁이라도 죽고 싶음. 내일이라도 죽고 싶음, 말짱하다 이틀 후'라는 응답이 3건, '없으니까 아무것도 싫음', '내일도 싫고 모레도 싫고 아이 싫어요. 살고 싶은 생각 하나도 없어요' 등이었다. 대부분의 응답이 더 사는 것의 의미가 없고 귀찮은 듯한 응답이었다. 조금 더 살고 싶다는 의견들도 '뭐 하러 더 살아. 많이 살아야 5년', '내 5년 정도, 80은 안 될 것 같음', '앞으로 4년. 더 살고 싶은 욕망 없음', '87이나 88세까지. 살고 싶음. 현재 나이는 82세니까 한 2년 더 살 것 같음', '잘해야 한 3년', '몇 년 더', '1, 2년 더'와 같은 응답들이었다.

이 결과는 성공적인 노인들은 대부분이 더 건강하게 살아서 삶을 향유하고자 하는 욕구가 강한 데 비해, 성공적이지 않은 노인들은 더 살기보다 빨리 죽고 싶다는 의견을 더 많이 피력하였다는 것을 보여준다. 즉 성공적인 노인들은 장기적으로 인생을 전망하고 미래를 긍정적으로 바라보고 있는 반면에 비성공적인 노인들은 미래를 부정적으로 바라보고 빨리 인생을 종료하고 싶어 한다는 것을 보여주는 결과라고 할 수 있다(이주일, 2006). 이 결과들은 성공적이고 행복한 삶을 사는 데는 자신의 삶을 수용하고, 자신의 미래가 밝을 것이라는 희망과 낙관을 가지는 것이 중요함을 보여주는 것이라고 할 수 있다.

표 2. 남은 인생에 대한 기대

| 구분 | 전체(%) | 남은 인생 기대 | |
|---|---|---|---|
| | | 성공(%) | 비성공(%) |
| ① 건강하게 오래(10년 이상) 살고 싶음 | 19(22%) | 19(37%) | 0(0%) |
| ② 조금 더(10년 미만) 건강하게 | 33(38%) | 20(40%) | 13(36%) |
| ③ 애들 잘되는 것 볼 때까지 | 8(9%) | 4(7%) | 4(11%) |
| ④ 빨리 죽고 싶음 | 21(24%) | 6(8%) | 15(42%) |
| ⑤ 모르겠음 | 3(3%) | 0(0%) | 3(8%) |
| ⑥ 무응답 | 4(5%) | 3(6%) | 1(3%) |
| 소계 | 88 | 52 | 36 |

출처. 이주일 (2008)

성공적인 리더들이 보여주는 세 번째 특성은 호기심이다. 이는 어찌 보면 나이와 상관없이 활동적이고 적극적인 사람들이 보여주는 특징이라고 할 수 있다. 나이가 들어서도 정력적으로 활동하고 새로운 시도를 계속하는 노인들을 보면, 이들의 호기심의 끝은 도대체 어디인가 할 때가 많다. Bennis와 Thomas(2002)는 이런 성향을 네오티니라 하였다. 네오티니를 가지고 있는 사람들은 성인이 되어서도 여전히 어린아이와 같은 특성을 갖고 주위에 대해 끊임없는 호기심을 보여주며 젊은이들만이 가지고 있다고 여겨지는 탐구심, 활달함, 열망, 용기, 다정함, 활력을 보여주는 것을 볼 수 있다. 그들은 이를 "세월과 나이에 굴복하는 사람들과 달리 나이가 든 리더들은 여전히 자발적으로 위험을 감수하고 지식과 경험을 갈망하며 미래에 대한 열정을 가지고 있다" "오염되지 않은 호기심"을 보여준다고 쓰고 있다.

저명한 철학자인 Russell(1930) 또한 〈행복의 정복〉이라는 책에서 사람들이 행복하지 않게 되는 9가지 이유를 들며 주위에 대한 호기심을 강조하고 있다. 그가 제시한 9가지 이유는 다음과 같다. (1) 사람들이 자기 안에 갇혀 자신밖에 모르기 때문이다. (2) 염세주의나 허무주의에 빠져 이 세상에는 더 이상 이룰 것이 없다고 여기며 이유 없이 불행하기 때문이다. (3) 경쟁의 철학에 사로잡혀 끝없이 남을 이기려고 하기 때문이다. (4) 권태다. 자극적인 삶에 익숙해진 현대인은 조금만 자극이 없어져도 권태를 느끼고, 더 큰 자극을 찾아 헤매게 된다. 자극이 너무 적으면 병적인 갈망을 자아내고, 너무 심하면 심신을 황폐하게 한다. 그러므로 어느 정도 권태를 견딜 수 있는 힘은 행복한 삶에 있어 필수적이다. (5) 걱정이다. 무의식적인 것이든 의식적인 것이든 현대인은 너무 많은 걱정을 한다. (6) 질투와 시기심이다. 특히 경쟁심과 연계되어 나보다 나은 것을 가진 사람에 대해 가지는 질투는 바로 불행의 씨앗이 된다. 질투가 강한 사람은 다른 사람에게 불행을 안기고 싶어 하고, 또 차별할 수 있을 때는 반드시 행동으로 옮긴다. 그리고 질투하는 자신 역시 불행하게 된다. 그는 자신이 가지고 있는 것에서 즐거움을 얻는 대신 다음 사람이 가지고 있는 것을 보면서 괴로워한다. (7) 불합리한 죄의식이 있다. 원죄의식에 깊은 영향을 받은 탓이기도 하지만 많은 도덕적인 죄의식에 사로잡혀 자신을 괴롭히는 경우가 많다. (8) 모두가 나만을 미워한다는 식의 피해망상이 있다. (9) 세상과 불화하는 것이 불행의 원인이다. Russell(1930)은 불행에 빠지게 되는 원인에서 벗어나 행복에 이르게 되는 길 또한 제시하고 있는데, 가장 핵심이 되는 것은 주위 사람과 사물에 대해 관심을 가지는 것이다. 나이가 들었든 젊은 사람이든 새로운 일에 호기심을 가지고 탐구하는 사람은 자신에 빠져 질투나 걱정 속에 머무를 시간이 없다. 우리 주위에는 관심을 가지고 찾아보고 도전할 일이 너무 많다. Russell은 다음과 같이 결론을 내리고 있다. "행복의 비결은 되도록 폭넓은 관심을 가지는 것, 그리고 관심을 끄는 사물이나 사람에게 적대적인 반응을 보이는 것이 아니라 되도록 따뜻한 반응을 보이는 것이다."

지금까지 살펴본 활동적인 노인들의 특성을 우리 자신의 삶에 대입해 보는 것도 중요하다. 마츠가와 박사가 말한 것처럼, 생물학적인 연령이 치매를 결정하는 것은 아니며, 나이가 젊든 많든 자신의 삶을 주도적으로 사는 사람들은 시련의 승화, 낙관주의적 희망, 새로운 것에 대한 호기심을 보여준다.

## III. 활동적 노년의 측정*

개인이 활동적 노년을 보내고 있는 정도는 어떻게 평가할 수 있을까? 본 연구진들은 활동적 노년을 평가하고 진단하기 위한 척도를 개발하여 이를 학술지에 발표하였다.(유경, 장재윤, 한태영, 이주일, 2014). 본 도서에서는 연구자들이 타당화를 위해 예비문항으로 선정했던 척도들과 최종 척도들을 모두 첨부하였다. 척도에 포함된 항목들은 크게 활동적 노년의 기준인 참여, 건강, 안전을 측정할 수 있도록 구성되었다. 참여차원은 자기개발활동, 종교활동, 일상적 사교활동, 적극적 사교활동, 가족지원활동, 봉사활동, 여가활동으로 구분되었다. 건강차원은 정신건강, 신체건강, 건강유지 활동으로 구분되었고, 안전차원에는 환경안전, 재정안전으로 구분되었다.

활동적 노년과 다른 준거 변수들과의 관계를 분석해 본 결과, 삶의 만족, 정적정서 및 사기 요인과는 상당히 강한 정적 관계를 보여주었고, 부적정서와 우울과는 부적인 관계를 보여주었다. 활동적 노년을 구성하는 세 개 하위 차원이 삶의 만족을 설명하는 변량은 43%였으며 건강 차원, 참여

* 한국노년학 제34권 제3호 게재. 본 내용은 학술지에 발표한 내용의 일부와 척도를 재게재한 것임.

차원 안전 차원 순으로 설명 비중이 높은 것으로 나타났다.

표 3. 척도 간 상관계수

| | 활동적 노년 | 삶의 만족 | 정적 정서 | 부적 정서 | 우울 | 사기 |
|---|---|---|---|---|---|---|
| 활동적 노년 | - | | | | | |
| 삶의 만족 | .65*** | - | | | | |
| 정적 정서 | .52*** | .52*** | - | | | |
| 부적 정서 | -.30*** | -.19*** | -.03 | - | | |
| 우울 | -.56*** | -.54*** | .-.35*** | .43*** | - | |
| 사기 | .59*** | .59*** | .40*** | -.51*** | -.70*** | - |

*** $p<.001$

표 4. 삶의 만족과 활동적 노년 하위요인의 위계적 회귀분석

| 준거변인 | 활동적 노년 척도 하위 요인 | $R^2$ | $\beta$ | $t$ | $p$ |
|---|---|---|---|---|---|
| 삶의 만족 | 참여 | .43 | .26 | 7.04 | .000 |
| | 건강 | | .34 | 8.13 | .000 |
| | 안전 | | .20 | 5.19 | .000 |

**표 5. 활동적 노년 척도 문항과 하위 척도**

| 활동적 노년 문항 | | | 하위척도 | | |
|---|---|---|---|---|---|
| | | | 참여 | 건강 | 안전 |
| 참여 | 자기 개발 활동 | 새로운 것을 배우기 위해서 교육에 참가한다. | .77 | | |
| | | 독서나 TV등의 교육 프로그램을 활용해서 새로운 것을 배운다. | .65 | | |
| | | 자신의 발전에 도운이 되는 강의나 특강을 수강한다. | .76 | | |
| | | 인생에서 이루고자 하는 목표를 위해 하는 일이 있다. | .74 | | |
| | | 자신이 가지고 있는 능력을 활용하기 위한 활동을 한다. | .68 | | |
| | 종교 활동 | 집에서 주기적으로 종교의식(기도, 종교서적 읽기 등)을 한다. | .99 | | |
| | | 종교생활을 위해서 교회, 성당, 절 등의 공간에 간다. | .98 | | |
| | | 같은 종교를 믿는 사람들과 만나서 종교에 대해서 이야기 한다. | .98 | | |
| | | 믿고 있는 종교의 모임 장소에 가서 청소를 하거나 누군가를 가르친다. | .97 | | |
| | | 종교 강연을 듣기 위해서 교회, 성당, 절 등의 공간에 간다. | .98 | | |
| | 일상적 사교활동 | 사람들과 놀이(바둑, 화투, 장기 등)를 하며 시간을 보낸다. | .94 | | |
| | | 사람들을 만나기 위해서 경로당 혹은 마을 회관에 간다. | .45 | | |
| | | 공원이나 쉼터에서 사람들과 대화한다. | .55 | | |
| | 적극적 사교 활동 | 가끔 지인들 또는 가족과 함께 여행을 간다. | .77 | | |
| | | 사교를 위한 모임(친목계, 동창회 등)에 참여한다. | .68 | | |
| | | 경조사에 적극적으로 참여한다. | .32 | | |
| | | 자식이나 손자에게 전화해서 안부를 묻는다. | .61 | | |
| | | 통신기기(전화기, 컴퓨터)를 사용해서 친구들과 이야기를 나눈다. | .73 | | |
| | 가족 지원 활동 | 자녀들의 고민이나 인생 상담을 한다. | .55 | | |
| | | 가족을 돌보는 일을 한다. | .77 | | |
| | | 가족이 하는 일을 도와준다. | .82 | | |
| | | 손자녀의 교육을 도와준다. | .51 | | |
| | 봉사 활동 | 주기적으로 자원봉사활동을 한다. | .87 | | |
| | | 지역을 위한 봉사활동을 한다. | .83 | | |
| | | 가족 외에 나이가 많아서 거동이 불편한 사람을 돌봐준다. | .73 | | |
| | | 지역 공동체 사람들을 가르치거나 상담 해준다. | .78 | | |
| | 여가 활동 | 취미 생활(음악 감상, 독서 등)을 한다. | .65 | | |
| | | 문화생활(영화, 음악회 등)을 즐긴다. | .74 | | |
| | | 사람들과 함께 운동(걷기, 게이트 볼 등)을 한다. | .51 | | |
| | | 문화센터나 복지관의 프로그램(명상, 노래교실 등)에 참가한다. | .63 | | |
| 건강 | 정신 건강 | 나는 내가 다른 사람들만큼 가치 있는 사람들이라고 생각한다. | | .81 | |
| | | 나는 내 자신에 대해 자랑스럽게 여긴다. | | .80 | |
| | | 가족에게 미치는 나의 영향력은 변함이 없다. | | .62 | |
| | | 나는 부정적인 감정을 잘 조절할 수 있다. | | .54 | |
| | | 나는 하루하루 사는 게 즐겁다. | | .67 | |
| | 신체 건강 | 나는 서너 층의 계단을 오르는 데 문제가 없다. | | .60 | |
| | | 나는 쉬지 않고 30분 정도 걷는 데 지장이 없다. | | .66 | |
| | | 현재 건강상태가 어떻다고 생각하십니까? | | .85 | |
| | | 나는 동년배 다른 노인들에 비해서--------하다. | | .82 | |
| | 건강 유지 활동 | 나는 건강을 유지하기 위해 규칙적인 운동을 한다. | | .46 | |
| | | 나는 성생활을 한다. | | .24 | |
| | | 나는 외모를 가꾸기 위한 활동(미용실이나 이발소 이용, 화장 등)을 한다. | | .61 | |
| | | 나는 건강검진을 정기적으로 받는다. | | .69 | |
| 안전 | 환경 안전 | 나는 일상생활에서 안전하다고 느낀다. | | | .59 |
| | | 나는 누군가의 도움 없이도 살아갈 수 있다고 느낀다. | | | .61 |
| | | 나는 안정된 주거 공간을 가지고 있다. | | | .65 |
| | | 나는 위급한 상황에 직면했을 때 도움을 받을 곳이 있다. | | | .60 |
| | | 내가 사는 곳은 활동하기에 안전하다. | | | .63 |
| | 재정 안전 | 나(또는 배우자)는 매달 보험금이나 개인연금을 받고 있다. | | | .65 |
| | | 나(또는 배우자)는 국가로부터 연금(국민연금,공무원연금 등)을 지원받고 있다. | | | .51 |
| | | 나(또는 배우자)는 예금이나 부동산을 통해 소득을 얻고 있다. | | | .61 |

## 마무리 글. 활동적 노년의 미래

고령화는 현재 한국 사회가 마주한 현실이며 동시에 미래의 모습이다. 앞서 여러 번 언급했다시피 고령인구의 증가는 비극이지만 활용하기에 따라 기회이기도 하다. 특히 미래 사회는 단순한 인구의 고령화가 아니라 활동적인 노인의 고령화를 마주하는 시기이다. 고숙련, 고학력 노인이 증가하고 건강한 신체와 안전한 환경에서 자신의 삶을 유지하고 꾸려가고 있는 활동적 노인이 많아질 것이다. 활동적인 노년기의 삶은 분명히 개인에게는 기회일 가능성이 높다. 그러나 활동적인 노인이 자기중심주의와 권위주의로 뭉쳐 있게 된다면 분명 골치 아픈 일이 벌어질 것이다.

1부 연구에서 살펴보았듯 활동적 노년을 보내고 있는 노인들의 모습은 긍정적인 면을 많이 가지고 있다. 물론 WHO에서 규정하고 있는 활동적 노년의 조건인 건강, 안전 및 참여의 조건을 통해, 우리가 본 고에서 살펴본 활동적 노인들은 예상했던 것처럼 본인들이 지각하는 주관적 건강이 양호하였다. 주관적 건강 정도를 물어보는 '어르신이 생각하기에 본인의 건강 상태는 어떻다고 생각하십니까?'에 대해 긍정적 답변을 하는 경우가 대부분이었다.

두 번째로, 활동적 노인들은 자신의 정서를 잘 조직하고 관리하는지를 물어보는 정서발달 상황에 대한 질문에서도 양호한 응답을 하여 자신들의 정서를 효과적으로 관리하고 있었다. 구체적으로 '어르신께서는 주위 사람들의 기분을 잘 알고 배려해 주시는 편입니까?', '어르신은 어르신 나름대로 부정적 감정(화가 나거나 우울하거나, 짜증 날 때) 상황에 맞게 잘 조절하시는 방법이 있으십니까?', '어르신께서 느끼시는 긍정적 감정(또는 부정적 감정)을 그때그때 잘 표현하십니까?'에 대한 질문에서 대부분 자신의 정서를 잘 관리하고 표현하는 편이었다. 물론 노인들이 자신이 느끼는 정서를 적절히 표현하고 자기주장적인 것이 주위 사람에게도 반드시 긍정적인 영향을 주는 지는 좀 더 살펴볼 문제이다. 2부 연구에서는 이런 가능성을 살펴보았다.

세 번째로 새로운 것을 배우고 개방적인 자세를 가졌는지에 대한 질문인 '어르신께서는 현재 관심을 가지고 새롭게 배우거나 시도하고 계신 것이 있으십니까?', '어르신께서는 현재 관심을 가지고 새롭게 배우거나 시도하시는 이유는 무엇입니까?', '관심을 가지고 새롭게 배우고 시도하시는 경우, 그것에 관심을 가지신 지는 얼마나 되셨습니까?', '젊었을 적에 이와 비슷하게 도전하셨던 적이 있으십니까?', '젊었을 적에 도전하셨던 이유는 무엇입니까?'에 대해 본인들이 새롭게 배우고 젊은 시절부터 추구했던 모습들을 나이가 든 이후에 계속 추구하는 것을 보여주었다.

네 번째로 자신에 대해 통합적인 개념을 형성하고 미래를 긍정적으로 수용하는지를 물어보았다. 즉, 과거에 경험했던 역경과 시련의 극복, 미래에 대한 낙관적 사고, 과거 및 현재 삶에 대한 통합적 자세, 스트레스에 대한 통제감, 현재 및 미래의 삶을 위한 자신만의 기술을 가지고 있는지를 알아보았다. 구체적으로 '지금까지 살면서 가장 힘들었던 순간은 언제입니까?', '가장 힘들었던 그 순간 어떻게 대처하고 극복하셨습니까?', '그 사건이 현재(지금의 삶)에 어떤 영향을 준다고 생각하십니까?', '지금까지 지내오시면서 해 오셨던 일들이 잘 되어왔다고 생각하십니까?', '어르신의 미래가 긍정적(항상 좋은 일만 있을 것)이라고 생각하십니까?', '어르신의 인생을 돌아보셨을 때 후회 없이 잘 살아오셨다고 생각하십니까?', '어르신께서는 스트레스 받는 사건에 대해서 스스로 해결할 수 있다고 생각하십니까?', '어르신께서는 본인이 남들보다 더 잘하거나 자신 있다고 생각하시는 부분이 있으십니까?', '있다면 그 기술을 활용해 지금 어르신의 삶에 도움이 되고 있습니까?'를 질문하였는데, 대부분의 질문들에 긍정적인 방향으로 답변하였다.

다섯 번째로 죽음이나 자신의 신체적 상황, 질병에 대한 태도를 물어보았다. 구체적으로 '어르신께서는 주변 사람들의 죽음에 대해 어떻게 생각하십니까? 두려움을 느끼십니까?', '어르신께서는 자신의 죽음에 대해 어떻게 생각하십니까?', '어르신의 생의 마감에 대해 따로 준비하고 계신 것이 있으십니까?', '어르신의 신체적 능력과 질병에 관해 어떻게 생각하십니까?', '본인이 얼마나 건강하다고 생각하십니까?', '건강을 유지하기 위해 어떤 활동을 하고 계십니까?'에 대한 질문들이었다. 자신이나 주변인의 죽음이나 질병에 대해 유연하게 대처하고 수용적인 자세를 가지고 있었으며, 주관적 건강상태와 같이 자신의 신체적 건강을 긍정적으로 받아들이고 건강을 유지하려는 활동하는 것으로 나타났다.

여섯 번째로 주변 사람들 및 젊은 사람들과의 관계형성을 살펴보았다. 구체적으로 '어르신께서는 현재 지속적으로 다른 사람들과 어울리는 활동을 하고 계십니까?', '다른 사람들과 어울리는 활동을 하시는 이유는 무엇입니까?', '다른 사람과 어울리는 활동은 어르신께 어떤 가치가 있습니까?', '가족 또는 친척과 자주 시간을 보내십니까?', '가족 또는 친척과의 관계에 만족하십니까? (그 이유는 무엇입니까)?', '친구 또는 이웃들과 자주 시간을 보내십니까?', '친구 또는 이웃들과의 관계에 만족하십니까?', '10대나 20대와 갈등 없이 소통하고 이해하고 계십니까?', '10대나 20대의 문화 중 관심을 가지고 있는 부분이 있으십니까?', '10대나 20대의 문화 중 관심을 가지는 혹은 가지지 않는 이유는 무엇입니까?', '관심을 가지면서 노력하는 부분이 있으십니까?', '관심을 가지면서 노력하는 부분이 있으십니까?', '어르신께서는 새롭게 맡은 역할, 지위에 만족하십니까?'에 대한 심층적 질문이었다. 활동적인 노인들은 대부분 주위 사람들과 지속적인 관계를 잘 맺고 있었으며 젊은 사람들에게도 개방적이고 그들의 문화를 수용하려고 노력하는 편임을 보여주었다.

마지막으로 활동적인 노년을 보내고 있다고 생각되는 노인들에게 그들이 생각하는 활동적 노인의 모습은 무엇인지에 대해 직접적인 질문을 해 보았다. 구체적으로 '어르신께서는 활동적 노년이 무엇이라고 생각하십니까?', '어르신께서는 활동을 하는데 있어서 나이가 중요하다고 생각하십니까?', '나이가 장애가 되는 경우가 있다고 생각하시는 이유가 무엇입니까?', '나이가 장애가 되는 경우가 없다고 생각하시는 이유가 무엇입니까?'라고 물었다. 활동적인 노인들은 자신의 모습을 수용하고 나이가 활동에 장애가 되지는 않는다는 의견을 보여주었다.

본 연구의 질적 인터뷰에서는 활동적 노년을 보내고 있는 노인들의 구체적인 모습을 살펴보았고, 이들은 앞서 살펴본 이론적 연구들에서 제시된 특징을 잘 보여주었다. 특히 새로운 것에 대한 관심, 주변 사람에 대한 개방적인 자세, 관계에 대한 적극적 수용이나 자신의 삶을 통합적으로 바라보는 모습 등은 활동적인 노인들이 보여주는 긍정적인 모습이라 할 수 있다. 그러나 이는 건강하고 안전한 환경에서 적극적으로 사회활동에 참여하는 노인들이 응답한 결과로, 이런 모습들이 과연 항상 긍정적인 역할만 할 것인가를 검토할 필요가 있었다. 2부 연구에서는 표본을 늘려서 활동적 노인들이 보여주는 긍정적인 모습과 부정적인 모습을 함께 탐색해 보고자 하였다. 이를 위해 개인적 차원, 관계적 차원, 지역사회 또는 공동체 차원에서 활동적 노인이 보이는 긍정적 차원과 부정적 차원을 알아보고자 했다. 2부 연구에서 얻은 성과 중 일부는 학술지에 게재되었고 일부는 분석이나 표본 수의 문제로 학술지에는 기고되지 못한 논문이나, 본 도서에서는 해당 내용을 보충하여 포함하였다. 본 필자가 연구를 진행하는 동안 한림대학교 조직심리 연구실을 거쳐 간 여러 학생들이 각 시점별로 연구에 참여하였고, 각 연구가 일부 독립적으로 진행되었으나, 활동적 노인을 공통 분모로 갖고 있기에 내용상 일부 중복되는 부분들도 포함되었다.

먼저 개인적 차원에서는 활동적 노년의 긍정적 효과와 조절변인 또는 매개변인이 투입되었을 때의 부정적 효과를 알아보았다. 두 번째로 관계적 차원에서는 활동적 노인이 가족이나 가까운 관계의 유지에 미치는 효과를 알아보았다. 마지막으로 공동체 차원에서는 활동적 노년이 공동체에 미치는 효과를 알아보았고, 또한 공동체 활동에 참여하는 것이 노화 불안에 미치는 효과를 알아보았다. 공동체 차원의 연구 두 편은 학술지에 게재된 것으로 본 고에는 연구 초록을 포함하였다.

3부 연구에서는 활동적 노년에 대한 개념적 정리하였고 본 저서에 기획되기 전에 활동적 노년에 대한 척도를 개발하여 타당화한 논문의 결과를 포함하였다. 활동적 노년은 하나의 사회 운동으로써 미래 사회를 준비하는 과정으로 여겨져야 한다. 또한 활동적 노년을 구체적으로 개념화하여 측정하거나 본인이 활동적 노년을 유지하고 있는지에 대한 진단을 해볼 수 있도록 활동적 노년 척도를 개발 및 타당화 작업을 하였으므로, 세부 내용에 대해서는 학술지에 게재된 해당 논문을 찾아 참조할 수 있을 것이다.

### 추후 연구에 대한 제언

활동적 노년은 일종의 사회 운동이라고도 할 수 있다. 노년기에 건강과 안전의 조건이 갖추어진 상황에서 개인의 참여활동을 늘림으로써 활동적인 삶을 사는 인간의 모습을 의미한다. 이미 우리 주위에는 노년기 삶을 활동적으로 사는 '활동적 노인'을 많이 볼 수 있다. 신체 연령상으로 노인에 도달했거나 평생 가졌던 주요 직업의 은퇴 연령에 도달한 사람들에게 '노인이 언제부터냐'라고 물어보면 대부분 아직 자신을 노인이라고 생각하지 않는다. 최근 독일 고령화 설문조사에 참여한 응답자들은 자신의 연령이 65세에 도달했을 때 1911년에 태어난 응답자들은 노년의 시작을 71세라고 응답했고, 1956년에 태어난 응답자들은 74세부터가 노년이라고 응답하였다(서울신문, 2024). 우리나라에서도 60대에 들어선 은퇴자가 동네 경로당에 나가지 않고 70대에 들어선 주민들도 동네 경로당에 나가지 않는다. '아직 내가 경로당에 나갈 나이는 아니지 않나'라는 생각이 드는 것이 그 이유 중 하나일 것이다.

활동적 노년을 보내려면 기본 조건 중 건강과 안전이 갖추어져야 한다. 그중 안전은 사회적으로 해결해야 할 문제이다. 주거환경, 교통환경, 생활환경 등 주변 조건이 안전하게 유지되어야 한다. 건강은 사회와 개인이 함께 해결해야 할 과제이다. 건강하지 않으면 개인 생활은 물론이고 사회생활도 어려울 것이며, 개인의 노화는 더 빨리 진행될 것이다. 마지막으로 참여활동을 '얼마나 열심히 하는가'와 '어떤 참여 활동을 할 것인가'는 사회적 조건도 중요하지만 개인적인 조건도 중요하게 작용할 것이다. 본 연구에서는 이 세 가지 조건을 일정 부분 갖추고 있는 사람들을 대상으로 하여 그들의 삶을 분석해 보았다. 활동적 노년을 사는 사람은 점점 더 늘어갈 것이며 요즘에는 100세가 넘어서도 건강하게 활동적 노년을 보내는 등 여건에 따라 다양한 삶을 살고 있다.

고령화 사회는 단순히 위기이기만 한 것이 아니라, 위기이자 기회로 보아야 한다는 시각도 존재한다(Butler, 1996; Anderson & Hussey, 2000). 또한 평균 수명이 길어진 사회에서 인간의 생애를 달리 보고 이에 따른 경제 사회 시스템을 새로이 구축하는 것이 중요하다는 주장도 제기되고 있다(이승길, 2006). 이런 차원에서 향후 활동적 노년에 대한 연구는 보다 복합적으로 이루어질 필요가 있다.

활동적 노년은 많은 긍정적 효과를 갖고 있으며, 개인과 사회가 함께 준비해야 할 인생 경력의 한 부분이다. 그러나 활동적 노년이 무조건 긍정적인 요소만 있는 것은 아니다. 개인이나 가족, 주위 관계에 미치는 영향, 공동체나 전체 사회에 미치는 영향도 반드시 긍정적이지는 않을 것이다. 따라서 미래 사회에서는 모든 개인이 활동적 노년을 보낼 수 있도록 안전, 건강 및 참여의 풍토와 관련된 조건을 개선하려는 노력과 개인과 가정, 사회가 준비해야 할 것에는 무엇이 있는지 살펴볼 필요가 있다. 즉, 삶의 질과 행복 차원에서 개인 및 가족, 지역 공동체, 그리고 국가 정책 세 차원의 특성이 활동적 노년에 어떠한 영향을 주는지 분석하고, 활동적 노년이 인구 고령화로 인해 발생하는 문제들을 해결하는데 어떻게 기여하는지 분석하는 것이 필요할 것이다. 앞서 여러 분석에서 살펴보았듯이 개인이 활동적 노년을 보내게 되면 개인, 가정, 개인이 속한 여러 공동체 및 사회 수준에서 모두 긍정적 결과를 얻을 수 있다. 예를 들어 활동적 노년을 보내는 노인이 증가하게 되면 의료비, 연금 등 복지지출을 감소시킬 뿐만 아니라 생산활동의 참여로 인해 국가 수입을 증가시킴으로써 사회의 경제적 지속 가능성을 향상시킬 수 있다. 둘째, 활동적 노년을 영위하는 노인들은 다양한 자원봉사나 기타 자원조직에 참여함으로써 지역사회의 역량을 개선하는데 기여할 수 있다. 즉, 노인의 경험, 지식, 사회자본 등을 활용함으로써 지역사회의 역량을 강화하는데 도움을 줄 수 있다. 마지막으로 활동적 노년은 노인의 독립성, 자율성을 보장함으로써 노년기의 행복에 기여한다. 지금까지 설명한 활동적 노년의 결정요인, 활동적 노년 및 그 결과 간의 관계를 도식화하면 다음 그림과 같이 될 수 있을 것이다.

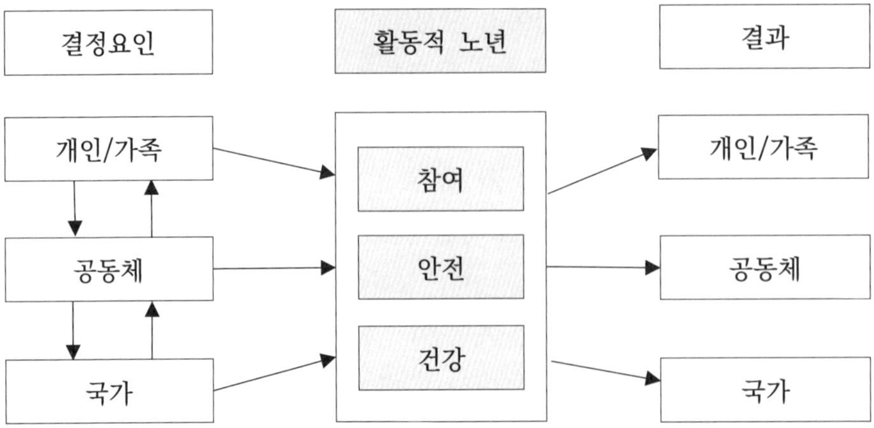


그림 1. 활동적 노년 연구의 틀

따라서 향후 연구는 활동적 노년이 이루어지는 결정요인을 다각적으로 살펴보고 이런 활동적 노년이 개인 지역 공동체 및 사회 전체에 미치는 결과에 대한 연구를 진행하고 관련 프로그램을 개발할 필요가 있겠다. 구체적으로 세대 간 통합과 소통형 지역공동체 구성을 중심으로 한 활동적 노년 시스템 구성을 통한 전생애적 삶의 질 유지전략에 관한 연구가 진행될 필요가 있다. 한림대학교 조직실험실에서는 앞서 진행한 연구들과 본 도서에서 정리한 내용들을 통해 활동적 노년에 대한 개념을 정리하였고 활동적 노년의 결정요인 및 활동적 노년의 삶의 질에 미치는 영향에 관한 연구를 수행하였으며, 이를 토대로 활동적 노년 척도를 구성하였다. 그리고 이번 도서에서는 활동적 노년 공동체를 중심으로 노년기에 공동체에 참여하고 활동하는 것이 다양한 측면에서, 구체적으로 개인 차원, 관계 차원, 공동체 차원의 측면에서 어떠한 긍정적 의미와 부정적 의미를 갖는지 살펴보았다. 이를 통해 활동적 노인의 공동체 참여가 개인뿐만 아니라 가족 및 친구, 공동체 수준을 넘어 지역사회에도 중요하다는 것을 확인할 수 있었다. 추가로 부정적인 측면도 함께 다룸으로써 노인의 적절한 공동체 활동을 위한 대안을 제시하고자 하였다.

추후 진행되기를 바라는 연구 사항으로는 활동적 노년 공동체의 성공요인을 분석하고 활동적 노년 공동체 활성화 전략을 개인적 차원, 공동체 차원, 사회 전체 차원으로 확대하여 개발할 필요가 있다. 우선 개인 수준에서 개인들이 얼마나 활동적 노년을 보내고 있는지, 그리고 그것이 개인 차원, 관계 차원, 공동체 차원에 얼마나 긍정적 효과가 있는지에 대해 초점을 맞추어 볼 필요가 있다. 즉, 기존에 연구되었던 개인수준을 넘어서 활동적 노년의 사회적 및 국가적 차원의 연구가 진행될 필요가 있다. 구체적으로, 활동적 노년 공동체의 인지 및 사회 심리적 효과를 확인할 수 있을 것이다. 활동적 노년 공동체가 노인의 인지 감퇴 방지, 사회적 자본 증진, 주변 젊은 세대의 노인 세대에 대한 이해도 향상 및 지역사회의 경제 발전에 어떤 방식으로 기여하는지 등을 살펴볼 수 있을 것이다. 그리고 이런 연구들을 통해 한국형 활동적 노년 공동체 활성화 전략을 개발하고, 비교문화적 문헌을 토대로 한국형 활동적 노년 공동체의 활성화를 위해 필요한 요소가 무엇인지 살펴보고 개발한 전략을 적용하여 그 효과를 확인하는 것도 가능할 것이다.

이때 '활동적 노년 공동체'의 개념을 더욱 깊이 있게 연구하기 위해서 다양한 학문 및 학자 간의 긴밀한 교류를 통한 접근을 취할 필요가 있다. 즉, 본 연구에서 중심이 된 조직 심리학자들뿐만 아니라 사회심리학, 지각심리학 및 사회학, 사회복지학 및 경제학 등으로 확대하여 연구 작업을 진행할 필요가 있으며, 연구 방법에서도 설문지나 인터뷰 조사뿐만 아니라 관찰, 일상 재구성법, 실험, 머신러닝이나 AI를 활용한 연구기법 등 본 연구에서 사용하지 않았던 다양하고 새로운 방법을 사용할 수 있을 것이다. 또한, 활동적 노년의 이점을 강조하여 한국 고령자들이 노년 공동체에 참가할 수 있는 프로그램 및 정책 방향에 대한 모색, 더 나아가 활동적 노년이 지역공동체에 미치는 영향에 관한 연구를 실시함으로써 지역사회를 활성화시킬 수 있는 연구로 확장하여 진행할 필요가 있을 것이다. 이런 관점을 반영하면 아래와 같은 구조가 될 것이다.

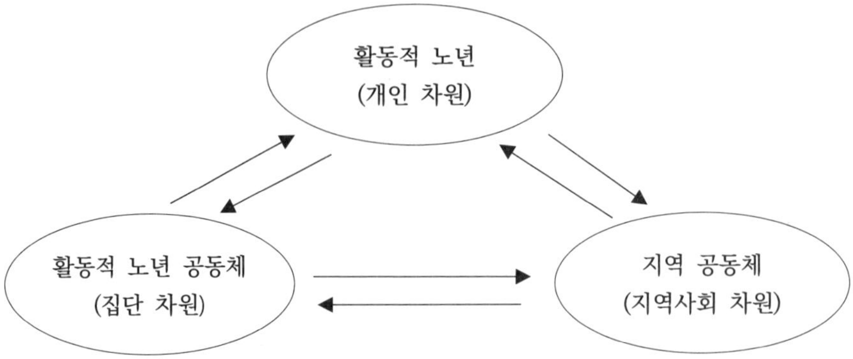


그림 2. 활동적 노년의 활성화 과정

한림대학교 조직심리전공
대한민국의
ACTIVE AGEING
활동적노인

# 참고문헌

## Part 1. 활동적 노년의 원형


강난미, 정현희 (2014). 노인의 우울, 절망감과 자살생각 간의 구조적 관계. **인간발달연구, 21**(2), 37-54.

강선경, 서상형 (2023). 노인의 사회적 지지와 우울의 관계에서 스트레스 대처유형의 매개효과. **한국콘텐츠학회논문지, 23**(9)

강인 (2003). 성공적 노화의 지각에 관한 연구. **노인복지연구, 20**, 95-116.

강지애, 김진숙 (2014). 노인의 스트레스와 성공적 노화의 관계에서 정서조절곤란 및 삶의 의미의 역할. **한국노년학, 34**(1), 151-168.

고연화 (2016). 건강교육프로그램 참여 노인들의 신체능력, 주관적인 건강상태와 건강증진행위의 관계. Journal of Digital Convergence, 14(12), 571-581.

공수자, 한규석, 이은희 (2004). 한국 노인의 주관적 안녕감 모형 개발. **한국심리학회지: 건강, 9**(3), 743-770.

구해모, 박재현, 문우신 (2001). 운동참여와 식생활습관에 따른 고령자 주관적 건강의 연령대별 변화. **체육과학연구, 12**(3), 45-57.

권윤정 (1995). **만성질환을 가진 노인이 인지하는 가족기능과 그의 삶의 만족도에 관한 연구**. 연세대학교대학원 석사학위논문.

권중돈, 김유진, 엄태영 (2011). 노인돌봄서비스 이용 독거노인의 자살생각에 영향을 미치는 요인에 관한 연구: 자살시도경험과 음주행위와의 관계를 중심으로. **노인복지연구, 51**, 297-320.

김경미, 류승아, 최인철 (2011). 삶의 의미가 노년기 행복과 건강에 미치는 영향: 청년기와 노년기의 비교를 중심으로. **한국심리학회지: 일반, 30**(2), 503-523.

김미령 (2008). 여성노인의 삶의 만족도에 영향을 미치는 성공적 노화의 구성요소. **한국노년학, 28**(1), 33-48.

김민희, 이주일. (2017). 노년기 활동 참여가 삶 만족과 자아통합감에 미치는 영향: 삶의 의미의 매개효과. **한국콘텐츠학회 논문지, 17**(5), 100-113.

김석일 (2010). 필라테스 매트웍 프로그램 참여자의 운동정서와 낙관성 및 희망의 관계. **한국스포츠심리학회지, 21**(2), 63-76.

김영근 (2008). 노인의 건강에 대한 인식과 삶의 질에 관한 연구-대구광역시 중심으로. **대한작업치료학회지, 16**(3), 99-110.

김주현 (2007). 노인을 위한 통합적 스트레스 관리 프로그램 개발. **대한스트레스학회지. 15**(2): 113-120.

김주현, 박미정, 김현숙, 오진주, 유수정, 한규량 (2006). 농촌재가노인을 위한 통합적인 스

트레스 관리 프로그램 적용효과. **기본간호학회지.** 13(2): 257-26
김지연, 홍준희 (2017). 노인의 생활체육 참여 정도가 주관적 건강, 노화태도, 삶 만족에 미치는 영향: 변인 간 관계를 중심으로. **한국스포츠심리학회지,** 28(4), 27-37.
김태현, 유은희 (1987). 노년기에서의 성역할 정체감과 생활만족도와의 관계. **대한가정의학회지,** 25(4), 113-121.
김희현, 양미경, 김해진, 임현희, 김정희, 배정이. (2013). 한국 노인의 스트레스와 관리방안. Crisisonomy, 9(3), 175-194.
남석인, 시지혜, 정예은, 채주석. (2019). 노년기 삶의 의미와 우울, 자살생각에 대한 연구: 독거노인과 비독거노인의 비교. **노인복지연구,** 74(2), 163-192.
남연희, 남지란 (2011). 노인의 주관적인 건강상태에 영향을 미치는 요인에 관한 연구. **한국가족복지학,** 16(4), 145-162.
마티아스 이를레 (2015). **노인은 늙지 않는다**(김태희 역). 서울: 민음사.
문동규. (2012). 노인의 자살생각과 관련된 유발변인의 메타회귀분석. **노인복지연구,** 55, 133-157.
박경숙 (2000). 한국 노인의 사회적 관계: 가족과 지역사회와의 연계정도. **한국사회학,** 34(FAL), 621-647.
박금화, 최연희, 남철현 (2008). 노인의 삶의 질을 위한 건강 만족도와 관련 영향 요인. **대한예방한의학회지,** 12(3), 157-173.
박미진 (2006). **노인 우울 예방을 위한 탄력성증진모형 연구**. 박사학위논문, 부산대학교 대학원.
박상복 (2010). **전문직 은퇴자의 성공적 노화에 대한 요구 분석**. 박사학위논문, 경성대학교.
변우섭 (2012). 베이비붐 세대의 은퇴 후 주거환경에 영향을 미치는 요인. **한국위기관리논집,** 8(2), 238-266.
서병숙, 이현 (1995). 사회적 지원망과 노인의 생활만족도에 대한 연구. **대한가정학회지,** 33(3), 43-57.
서선희, 임희경 (2004). 농촌 노인 가구의 사회적 관계망의 기능에 관한 연구: 전남 지역을 중심으로. **농촌사회,** 14(1), 179-203.
선우덕, 이수형, 박지선, 배상수, 조유향, 김춘배, 김연아 (2008). 근력강화운동을 통한 허약노인의 신체적 기능 및 삶의 질 향상에 대한 분석. **보건교육건강증진학회지,** 25(1), 39-53.
성규탁 (1991) 한국인 부모부양을 위한 의자와 관행에 관한 연구, **한국노년학,** 11(2), 251-273.
손미숙 (2012). **노인의 생활스트레스가 적응유연성에 미치는 영향**. 박사학위논문, 호남대학교.
송미숙, 송현종, 목진용 (2003). 경로당 등록 노인의 주관적 건강 수준과 관련 요인. **한국노년학,** 23(4), 127-142.
송혜자 (2009). **노인의 역할수행이 성공적 노화에 미치는 영향: SOC 대처전략의 매개효과를 중심으로.** 박사학위논문, 청주대학교.
신명희, 서은희, 송수지, 김은경, 원영실 (2017). **"발달심리학 제2판"** 서울: 학지사
양옥경 (1997). 노인 정신건강과 삶의 질. **사회과학연구논총,** 1, 101-131.
오경환 (2007). **노인의 죽음에 대한 태도에 미치는 영향요인 연구.** 석사학위논문, 연세대학교 대학원.
오인근, 오영삼, 김명일 (2009). 여성노인의 사회적 관계망이 우울에 미치는 영향 연구-건강증진행위의 매개효과를 중심으로. **한국가족복지학,** 14(1), 113-136.
원효종 (1997). **도시핵가족 주부의 사회관계망 유형 연구.** 박사학위논문, 서울대학교.
유용식 (2022). 노인의 여가활동 만족도가 성공적 노화에 미치는 영향. **한국엔터테인먼트산업학회논문지,** 16(2), 217-225
윤정원, 엄기욱 (2015). 여성노인의 긍정적 사회관계망 기능이 사회적 관계망 접촉빈도와 성공적 노화 관계에 미치는 조절효과 연구. **노인복지연구,** 69, 171-192.
이미숙 (2010). 도시거주 노인의 만성질환과 우울증세의 상관성 및 사회관계망의 효과에 대한 연구. **보건과사회과학,** 27(1), 5-30.
이선숙, 신민영 (2022). 노화와 삶의 만족도의 관계: 자기수용에 따른 우울의 조절된 매개효과. **한국심리학회지: 건강,** 27(6), 893-909.
이시우, 김태웅, 이주일. (2021). 활동적 노년의 시민참여가 노화불안에 미치는 영향: 삶의 의미와 삶의 만족의 매개효과. **지역과 세계,** 45(4), 93-121.
이신숙, 이경주 (2001). 남녀 노인의 경제상태, 건강상태, 성역할 정체감에 따른 자아존중감. **한국가정과학회지,** 4(1), 1-10.
이윤환 (2001). **수원시 재가 노인 건강 실태조사,** 수원: 아주대학교 의과대학
이윤환, 최귀숙, 강임옥, 김한중 (1998). 노인의 주관적 건강평가에 영향을 미치는 요인. **한국노년학,** 18(2), 110-124.
이주일, 강연욱, 김지현, 유경 (2011). 생산적 노화에 대한 세대 간 인식차 및 생산적 노화 척도의 타당성 분석. **한국심리학회지: 산업 및 조직,** 24(1), 1-27.
이창섭 (2009). **농촌 노인들의 심리적·사회적 특성이 행복감에 미치는 영향,** 무안군: 목포대학교
이평숙, 이영미, 임지영, 황라일, 박은영 (2004). 노인의 스트레스, 사회적 지지와 우울 간의 관계. **대한간호학회지,** 34(3), 477-484.

임경춘 (2011). 한국판 지역사회 건강노인 신체활동 측정도구(K-CHAMPS)의 신뢰도와 타당도. **노인간호학회지,** 13(2), 142-153.

임소영 (2008). **한국 노인의 사회관계망과 건강상태와의 관계**. 서울: 이화여자대학교 대학원

장인순 (2006). 일부 지역사회 독거노인의 여가활동유형과 건강상태, 자아존중감, 사회적지지와의 관계 연구. **한국보건간호학회지,** 20(2), 130-140.

전영기 (2000). 노년기 죽음불안 영향요인에 관한 연구. **목원대학교 산업정보대학원 산정논총,** 1, 199-222

정경희 (2005). **2004년도 노인생활실태 및 복지욕구조사**. 보건복지포럼 2005년 3월호.

정순둘, 최혜지, 배은경, 이경민 (2011). 고령화 사회에 대한 위험인식. **한국노년학,** 31(3), 813-829.

정진경 (1995). "심리적 성차이"주제의 강의지침. **여성학논집,** 2, 64-70

조성자. (2012). **노년기의 스트레스와 삶의 만족도간의 관계**. 단국대학교 박사학위논문.

조용래 (2008). 지역사회 거주 노인들의 일반화된 불안장애와 위험요인들에 대한 조사 연구. **한국심리학회지: 일반,** 27(3), 711-736.

조용래, 노현진, 최예종, 양상식, 지은혜. (2008). 스트레스 관리 프로그램이 지역사회 거주 노인들의 우울수준, 스트레스 반응, 지각된 건강상태 및 정서조절곤란에 미치는 효과: 예비 연구. **인지행동치료,** 8(2), 27-50.

조지연 (1989). **죽음에 내한 불안태도 연구**. 석사학위논문, 경희대학교.

조해선, 배성만. (2023). 노인의 좌절된 소속감, 지각된 짐스러움, 습득된 자살 잠재력이 자살사고 및 자살시도에 미치는 영향에서 삶의 의미의 조절효과. **한국심리학회지: 건강,** 28(1), 41-62

주경희 (2011). 사회참여노인의 활동수준과 삶의 질-성별과 연령 차이를 중심으로. **사회복지연구,** 42(2), 5-39.

진기남, 조성남, 윤경아 (1996). 사회적 지원과정에 관한 연구: 강화 노인의 사적 지원체계를 중심으로. **한국사회학회 사회학대회 논문집**, 256-258.

천의영 (2010). 노인의 사회 연결망 유형과 건강상태와의 관련성. Journal of Korean Academy of Nursing, 40(1), 88-98.

최경애 (2013). 노인 정보화교육의 참여동기, 지속동기, 학습지속유형에 관한 연구. **교육연구논총,** 34(1), 65-90.

최성재, 장인협 (2003). **노인복지학**(제1판), 서울: 서울대학교 출판부.

최인근 (2007). **노인의 여가유형에 따른 생활만족에 관한 연구**. 박사학위논문, 국제신학대학교.

최정아, 서병숙 (1992). 도시노인의 사회적 지원망에 관한 연구. **한국노년학,** 12(1), 65-78.

최혜경, 권유경 역 (2001). **성공적인 노화**. J. Rowe 와 R. Kahn의 Successful Aging. 서울.

통계청(2015), **세계와 한국의 인구현황 및 전망,** https://sri.kostat.go.kr/boardDownload.es?bid=207&list_no=347102&seq=1

하경분, 송선희 (2013). 노인의 일상적 스트레스 및 사회적 지지와 심리적 복지감과의 관계 연구. **한국콘텐츠학회논문지,** 13(7), 278-289.

한경혜, 윤희 (1994). 노년기 형제 지원망에 대한 탐색적 연구. **한국노년학,** 14(1), 117-139.

한국노년학회편(2001). **노년학의 이해**. 서울:대영 문화사

허선영 (2003). **저소득층 독거노인의 사회적 관계망과 생활만족도**. 석사학위논문, 서울대학교.

홍숙자 (1999). **노년학 개론**. 서울: 하우

홍현방, 최혜경 (2003). 성공적인 노화 정의를 위한 문헌연구. **가정과삶의질연구,** 21(2), 145-154.

Abraham Maslow. (1943). A Theory of Human Motivation. *Psychological Review, 50*, 370-396.

Antonucci, T. C., & Jackson, J. S. (1987). Social support, interpersonal efficacy, and health: A life course perspective. In L. L. Carstensen & B. A. Edelstein (Eds.), *Handbook of clinical gerontology*, 291–311. Pergamon Press.

Baumeister, R. F. (1991), *Meaning of life*, NewYork: The Guilford Press.

Boissevain, J. (1974). *Friends of Friends*. New York: St. Martin's Press.

Boissevain, J. (1977). Tourism and Development in Malta. *Development and Change, 8*(4), 523-538.

Bowling, A. (2008). Enhancing later life: how older people perceive active ageing?. *Aging and Mental Health, 12*(3), 293-301.

Brady, E. M., & Fowler, M. L. (1988). Participation motives and learning outcomes among older learners. *Educational Gerontology: An International Quarterly, 14*(1), 45-56.

Brown, J. S., & McCreedy, M. (1986). The hale elderly: Health behavior and its correlates. *Research in Nursing & Health, 9*(4), 317-329.

Cohen, S., & Syme, S. L. (Eds.) (1985). Social support and health. Academic Press. 3-22.

Davey, J. A. (2002). Active ageing and education in mid and later life. *Ageing &*

*Society, 22*(1), 95-113.

EBS 다큐프라임(2013) '**행복의 조건**': **복지국가를 가다** 1~6부[다큐멘터리]. EBS

Elisabeth, S. (2013). **언제나 생의 한가운데에서** (이용숙 역). 파주: 문학동네.

Ell, K. (1984). Social networks, social support, and health status: A review. *Social Service Review, 58*(1), 133-149.

Fiori, K. L., Antonucci, T. C., & Cortina, K. S. (2006). Social network typologies and mental health among older adults. *The Journals of Gerontology Series B: Psychological Sciences and Social Sciences, 61*(1), 25-32.

Fischer (1982). *To Dwell Among Friends: Personal Networks in Town and City*, Chicago: The University of Chicago Press.

Frankl, V. E. (1959). *Man's search for meaning: Anintroduction to logotheraphy.* Boston, MA: Beacon Press.

Freud, S. (1894). *As neuropsicoses de defesa.* In S. Freud (Ed.), Brazilian Standard Edition of the Complete Works of Sigmund Freud. 57-88

Giles, L. C., Glonek, G. F., Luszcz, M. A., & Andrews, G. R. (2007). Do social networks affect the use of residential aged care among older Australians?. *BMC geriatrics, 7*(1), 1-10.

Gottlieb, B.H. (Ed.) (1981), *Social networks and social support.* Beverly Hills, London: Sage.

Havighurst, R. J. (1973). Social roles, work, leisure, and education. The psychology of adult development and aging. *American Psychological Association.* 598-618.

Hayes (1994). *Content, context, and the types of psychological acceptance.* Acceptance and change: Content and context in psychotherapy, NV: Context Press.

Hayes, Strosahl, Wilson (1999). *Acceptance and commitment therapy: An experimental approach behavior change.* NY: Guilford Press.

Hill, C. E., Thompson, B. J., Nutt-Williams, E. (1997). A Guide to Conducting Consensual Qualitative Research. *Counseling Psychologist, 25*(4), 517-572.

Horgan, P. A. (1987). HEALTH STATUS PERCEPTIONS AFFECT HEALTH-RELATED. *Journal of Gerontological Nursing, 13*(12), 30-33.

Iwasaki, M., Otani, T., Sunaga, R., Miyazaki, H., Xiao, L., Wang, N.,& Suzuki, S. (2002). Social networks and mortality based on the Komo-Ise cohort study in Japan. *International journal of epidemiology, 31*(6), 1208-1218.

Kahn, R. L., & Antonucci, T. C. (1980). *Convoys over the life course: Attachment, roles and Social Support.* New York: Academic Press 3, 253-286

Kastenbaum, R. (1966). Death as a research problem in social gerontology: an overview. *The Gerontologist, 6*(2), 67-69.

Lasher, Kathleen P., Patricia J. Faulkender, 1993. Measurement of aging anxiety: Development of the anxiety about aging scale. *The International Journal of Aging and Human Development, 37*(4), 247-259.

Litwin, H. (1998). Social network type and health status in a national sample of elderly Israelis. *Social science & medicine, 46*(4-5), 599-609.

Litwin, H. (2001). Social network type and morale in old age. *The gerontologist, 41*(4), 516-524.

Luthar, S. S. (1991). Vulnerability and resilience: A study of high-risk adolescents. *Child development, 62*(3), 600-616.

McClelland, K. A. (1982). Self-conception and life satisfaction: Integrating aged subculture and activity theory. *Journal of Gerontology, 37*(6),

Mollenkopf, H., & Walker, A. (2007). *Quality of life in old age.* Dordrecht the Netherlands: Springer.

Oh, Y. S. (2008). Effects of exercise training on physical fitness and cognitive functioning in elderly. *Korean Journal of Sports Science*, 17, 517-526.

Peikes, D. N. (2000). *Psychosocial determinants of midlife health: a person-centered approach.* Princeton University.

Peterson, C., & Steen, T. A. (2002). *Optimistic explanatory style.* In C. R. Snyder, & S. J. Lopez (Eds.), Handbook of positive psychology. 244-256. New York: Oxford University Press.

Phelan, E. A., Anderson, L. A., Lacroix, A. Z., & Larson, E. B. (2004). Older adults' views of "successful aging"—how do they compare with researchers' definitions?. *Journal of the American Geriatrics Society, 52*(2), 211-216.

Philanthropy for Active Civic Engagement. (2009). *Philanthropy for Active Civic Engagement,* https://www.pacefunders.org/

Rebecca, M., Hefner, R. & Oleshansky, B. (1976). A model of sex-role transcendence. *Journal of Social Issues, 32*(3), 197-206.

Reivich, K., & Gillham, J. (2003). Learned optimism: The measurement of explanatory style. In S. J. Lopez & C. R. Snyder (Eds.), *Positive psychological assessment: A handbook of models and measures*. 57-74. American Psychological Association.

Robert C. Atchley. (1989). A Continuity Theory of Normal Aging. *The Gerontologist, 29*(2), 183-190

Robinson-Whelen, S., Kim, C., MacCallum, R. C., & Kiecolt-Glaser, J. K. (1997). Distinguishing optimism from pessimism in older adults: Is it more important to be optimistic or not to be pessimistic?. *Journal of personality and social psychology, 73*(6), 1345.

Rutter, M. (1999). Resilience concepts and findings: Implications for family therapy. *Journal of family therapy, 21*(2), 119-144.

Ryff (1989). Happiness is everything, or is it? explorations on the meaning of psychological well-being. *Journal of Personality and Social Psychology, 57*(6), 1069-1081.

Scheier, M. F., & Carver, C. S. (1985). Optimism, coping, and health: assessment and implications of generalized outcome expectancies. *Health psychology, 4*(3), 219.

Scheier, M. F., & Carver, C. S. (1992). Effects of optimism on psychological and physical well-being: Theoretical overview and empirical update. *Cognitive therapy and research, 16*(2), 201-228.

Sheehy, G (1995). *New Passages : Mapping Your Life Across Time.* New York: Ballantime Books.

Sinnott, J. D. (1982). Correlates of sex roles in older adults. *Journal of Gerontology, 37*, 587-594.

Stenner P, McFarquhar T, Bowling A (2011). Older people and 'active ageing': Subjective aspects of ageing actively. *Journal of Health Psychology. 16*(3), 467-477.

Vaillant, G. E. (2012). Positive mental health: is there a cross-cultural definition?. *World Psychiatry, 11*(2), 93-99.

Walker, A. (2006). Active ageing in employment: Its meaning and potential. *Asia-Pacific Review, 13*(1), 78-93.

Wellman, B. (1979), The community question: the intimate networks of East

Yorkers. *American Journal of Sociology, 84*(5): 1201-1231.

WHO (2014). *「Active Ageing is defined by the process of optimizing」*, https://extranet.who.int/agefriendlyworld/wp-content/uploads/2014/06/WHO-Active-Ageing-Framework.pdf.

Wray-Lake, Metzger, Syvertsen (2016). Testing multidimensional models of youth civic engagement: model comparisons, measurement invariance, and age differences. *Applied Developmental Science, 21*(4), 266-284.

Yun, Lachman, (2006). Perceptions of aging in two cultures: korean and american views on old age. *Journal of Cross-Culture Gerontology, 21*, 55-70

## Part 2. 참고문헌


강민연, 김춘경. (2010). 노인의 자원봉사 경험에 대한 질적 연구: K시 노인종합사회복지관 노인자원봉사자를 대상으로. **한국노년학, 30**(4), 1409-1427.

강소랑, 문상호 (2012). 가족관계 사회자본이 중,고령자 삶의 질에 미치는 영향. **한국행정학보, 46**(3), 271-298.

강지애 (2007). **노인의 생산적 활동이 성공적 노화에 미치는 영향**. 대구대학교 대학원 도시학과 석사학위논문.

강혜선, 최금용, 구자숙 (2017). 잡크래프팅과 성과 간 관계에 대한 매개효과: 일에 대한 심리적 태도를 중심으로. **직업능력개발연구, 20**(1), 1-26.

고승덕 (1996). **노인의 삶의 질을 결정하는 요인 추출에 관한 연구**. 이화여자대학교 대학원 박사학위논문.

곽윤길 (2010). 노인의 여가활동 참여가 사회적 관계에 미치는 영향에 관한 연구. **한국여가레크리에이션학회지, 34**(3), 27-42.

권석만(1995). 대학생의 대인관계 부적응에 대한 인지행동적 설명모형. **서울대학교 학생연구, 30**(1), 38-63.

권석만. (2008). **긍정심리학: 행복의 과학적 탐구**. 서울: 학지사

권중돈, 조주연 (2000). 노년기의 삶의 만족도에 영향을 미치는 요인, **한국노년학, 20**, 61-76.

김경동(1993). **한국인의 가치관과 행동양식**. 서울: 박영사.

김경미, 류승아, 최인철. (2011). 삶의 의미가 노년기 행복과 건강에 미치는 영향: 청년기와 노년기의 비교를 중심으로. **한국심리학회지: 일반, 30**(2), 503-523.

김규엽 (2005). **노인의 여가활동이 생활만족도와 자아존중감에 미치는 영향**. 미간행 석사학위논문. 경기대학교 행정대학원.

김미곤. (2006). 한국사회의 빈곤실태와 개선방안. **민주사회와 정책연구, 9**, 71-95.

김미영, 손서희, 박미석. (2011). 한국 중고령 남성의 은퇴 경험과 은퇴 후 삶의 질. **한국가족자원경영학회지, 15**(4), 65-78.

김민석, 임승엽 (2001). 기혼여성의 여가활동 참가와 가정생활만족의 관계. **한국여가레크리에이션학회지, 21**, 23-42.

김민희 (2013). 노이접촉, 노인에 대한 태도 및 죽음불안이 대학생의 노화불안에 미치는 영향. **한국심리학회지: 문화 및 사회문제, 19**(3), 435-456.

김민희, 이주일 (2017). 노년기 활동 참여가 삶 만족과 자아통합감에 미치는 영향, **한국콘텐츠학회논문지, 17**(5), 100-113.

김반야. (2015). **관계적 인간의 형성: 부모 자녀 의사소통이 자녀의 대인관계능력에 미치는 영향** (Doctoral dissertation, 서울대학교 대학원).
김보현, 안영선 (2008). 노인의 여가활동과 삶의 질에 관한 탐색적 연구. **사회과학연구, 15**(1), 141-160.
김봉환, 허은영 (2006). 직업카드를 활용한 진로지도 프로그램이 중학생의 진로성숙도에 미치는 효과. **상담학연구,** 7(2), 433-445.
김석일, (2012). 신체활동 프로그램 참여 노인의 사회적 지지와 활력 및 행복의 관계. 한국**사회체육학회지,** 49, 617-629.
김신미, 김순이 (2009). 노인의 노화불안과 삶의 질, **정신간호학회지, 18**(2), 207-218
김영혜 (2004). 노년기 젠더관계와 심리적 복지감. **한국인구학,** 27(1), 1-30.
김욱 (2010). 한국노인과 미국노인의 노화불안 연구. **한국노인복지학회,** 47, 71-94
김욱 (2011). 대학생의 노화불안에 대한 연구. **한국사회복지조사연구, 26,** 27-56.
김재희, 김욱 (2014). 노인의 노화불안이 우울에 미치는 영향과 자아통제감의 매개효과. **정신보건과 사회사업,** 42(4), 233-260.
김정영, 한상훈 (2013). 노인의 평생학습 참여도가 심리적 안녕감 및 성공적 노화에 미치는 영향. **교육연구논총,** 34(2), 179-208.
김정옥, 박자영 (2007). 도예활동이 노인의 우울정서와 생활만족도에 미치는 효과. **한국가정관리학회지,** 25(6), 95-109
김종인, 김윤정 (2010). 농촌 노인의 농사일과 여가 활동이 삶의 만족감에 미치는 영향. **한국가족관계학회지,** 15(1), 251-269.
김주현, 한경혜 (2001). 노년기 자원봉사활동과 자아존중감. **한국노년학회,** 21(2), 209-224.
김진욱, 손지윤 (2009). 노인일자리사업 참여만족도와 참여지속의사에 관한 연구: 공공분야 노인일자리 사업 참여자를 중심으로. **한국노년학,** 29(4), 129-145.
김창호 (2012). **진실리더십이 부하의 장인적 직무수행 (Job crafting)에 미치는 영향과 그 과정에 대한 연구**. 한양대학교 대학원 박사학위논문.
김창호, 심원술. (2012). 리더의 진실성이 부하의 장인적 직무수행(Job Crafting)에 미치는 영향과 그 과정에 대한 연구. **조직과 인사관리연구,** 36(1), 131-162.
김태현, 전길양. (1997). 노년기 부부의 상호간 지지와 역할공유 및 결혼적응에 관한 연구. **한국노년학,** 17(2), 167-182.
남기민, 최화강 (2009). 취업노인의 생산적 활동요인과 성공적 노화 간의 관계: 임파워먼트의 매개효과를 중심으로. **노인복지연구, 45,** 347-371.
남현주, 이현지 (2005). 여성 노인이 지각하는 통제감이 우울감과 만족도에 미치는 영향. **한국노인복지연구,** 27, 255-277

두송화, 장재윤, 이주일. (2014). 일중심성이 중고령자의 활동적 노년에 미치는 영향: 생성감의 매개효과. **한국심리학회지: 산업 및 조직,** 27(3), 565-584.

마석렬 (2001). 노인의 스포츠 참여와 자아존중감, 고독감 및 심리적 행복감 간의 인과분석, **한국스포츠심리학회지,** 12(1), 51-64

민경환 (1989). 권위주의 성격과 사회적 편견 - 대학생집단을 중심으로. **한국심리학회지: 사회 및 성격,** 4(2), 146-168.

박금자. (2002). 중년여성의 삶의 의미와 영향요인. **여성건강간호학회지,** 8(2), 232-243.

박선영, 권석만 (2012). 삶의 의미에 대한 이론적 고찰과 임상적 함의. **한국심리학회지: 일반,** 31(3), 741-768.

박수애. (1998). **추상정보와 범례정보의 반복적 사용이 사회적 집단의 판단에 미치는 영향,** 연세대학교 대학원 박사학위논문.

박준성, 정태연 (2012). 중·노년기의 봉사활동이 행복 및 삶의 의미에 미치는 영향: 자기조절과 효능감의 매개효과 검증. **한국노년학,** 32(2), 513-524.

박현숙, 구현영. (2004). 중년 여성의 분노와 건강 상태에 관한 연구. **정신간호학회지,** 13(3), 245-256.

방희명. (2005). 노인인력지원기관 참여와 생활만족도: 광주 · 전남지역을 중심으로: 광주 · 전남지역을 중심으로. **지역개발연구,** 10(1), 257-279.

보건복지부 (2014). **2014년 노인실태조사,** https://www.mohw.go.kr/board.es?mid=a10411010100&bid=0019&tag=&act=view&list_no=337302#share

성미애 (1999), **남성 퇴직자의 생활태도 유형화 및 유형별 퇴직 후 적응도,** 서울대학교 대학원 박사학위논문.

송관재, 이훈구, 박수애, 홍영오 (1999). **권위주의 성격과 장애인에 대한 태도와의 관계에 관한 연구**. 한국심리학회 연차학술대회

신학진 (2012). 한국중년의 노화불안요인이 노인차별에 미치는 영향, **노인복지연구, 55,** 33-64.

안양희. (1988). **고등학교 남학생 가족의 기능적 특성과 정신건강과의 관계: 서컴프랙스 모형을 이용하여** (Doctoral dissertation, 연세대학교 대학원).

안효철 (2005). **사회적 일자리 창출 사업에 참여하는 노인들의 삶의 질에 관한 연구**. 서강대학교 신학대학원 석사학위논문.

원두리, 권선중, 김교헌. (2005). 한국판 삶의 의미척도의 타당화 연구: 대학생을 대상으로. **한국심리학회지: 건강,** 10(2), 211-225.

유경, 장재윤, 한태영, 이주일 (2014). 활동적 노년 척도의 타당화 연구. **한국노년학,** 34(3),

613-630.
윤순덕, 한경혜 (2004). 농촌노인의 생산적 활동과 심리적 복지. **한국노년학**, 24(2), 57-77.
이경재, 남궁선 (2011). 여가활동 참여 만족도가 자아존중감에 미치는 영향요인 분석-서울지역 노인여가시설 이용자를 중심으로. **노인복지연구**, 53, 49-70.
이순림 (2004). 여성노인의 한국무용 참가와 정신건강 및 생활만족의 관계. **한국스포츠리서치**, 15(6), 1243-1254
이재면 (1995). 재택노인의 생활기능상태와 생활마족도에 관한 연구. **한국보건교육학회지**, 12(2), 109-119
이재영, 김진숙 (2012). 노인 일자리 참여자의 일의 의미가 삶의 의미에 미치는 영향 연구. **노인복지연구**, 58, 353-381.
이주일 (2014). 활동적 노년과 노년기 삶의 질 간의 관계. **한국심리학회 학술대회 자료집**, 1, 174-174.
이주일, 강연욱, 김지현, 유경 (2011). 생산적 노화에 대한 세대 간 인식차 및 생산적 노화 척도의 타당성 분석. **한국심리학회지: 산업 및 조직**, 24(1), 1-27.
이화 (2015). **노년기 지각된 사회적 지지와 주관적 안녕감의 관계: 스트레스와 삶의 의미의 매개효과**. 석사학위논문, 이화여자대학교.
임영진 (2012). 한국판 삶의 만족도 척도의 신뢰도와 타당도: 경찰공무원, 대학생, 청소년을 대상으로. **한국심리학회지: 일반**, 31(3), 877-896.
임정숙 (2018). 노인의 노화불안이 사회활동에 미치는 영향: 사회적 관계망의 조절효과와 성별차이. **노인복지연구**, 73(1), 417-443.
장형석 (2001). 직무만족과 일의 의미 정도에 따른 삶의 목적감의 차이. Journal of Student Guidance Research, 33(1), 137-158.
전겸구, 한덕웅, 이장호, Spielberger (1997). 한국판 STAXI 척도 개발: 분노와 혈압. **한국심리학회지: 건강**, 2(1), 60-78.
전익기, 이선희 (2008). 노인들의 규칙적인 체육활동이 노후불안 수준에 미치는 영향. **한국노년학**, 28(4), 953-968.
정미영 (2009). 삶의 의미 발견 관정이 안녕감에 미치는 영향. **한국기독교상담학회지**, 17, 203-228.
정영숙, 조설애, 안정신, 정여진 (2012). 한국노인의삶의 의미 원천으로서 가족관계와 자기초월가치가 성공적 노화에 미치는 영향. **한국심리학회지 : 발달**, 25(1), 19-4
정유리, 이신숙, (2013). 노년기 여가활동 활성화 교육을 위한 기초 연구: 노인의 여가활동과 생활 만족도 간의 관계를 중심으로. **한국가정과교육학회**, 25(2), 49-63.
조긍호, 김지연, 최경순(2009). 문화성향과 분노 통제 : 분노 수준과 공감의 매개효과를 중심으로. **한국심리학회지: 사회 및 성격, 23(1)**, 69-90.

조명한, 차경호 (1998). **삶의 질에 대한 국가 간 비교**. 서울: 집문당.

조윤주 (2010). 성공적 노화와 선택과 보상 책략에 의한 최적화의 질적 연구: 사회 활동 참여 노인을 중심으로. **대한가정학회지, 48(6)**. 133-147.

최금용, 구자숙 (2015). **잡크래프팅(Job Crafting)이 개인 성과 및 조직 성과에 미치는 영향_심리적 상태의 매개효과, 조직 동일시, 조직신뢰의 조절효과를 중심으로**. 경희대학교 일반대학원 석사학위논문.

최은희 (2007). **노인일자리사업이 참여자의 삶의 질에 미치는 영향 연구:사회적자본의매개효과를 중심으로**. 연세대학교 박사학위논문.

최이화 (2015). 노화 불안에 대한 성경적 상담의 적용. **복음과 상담, 23(2)**, 363-389.

최지원 (2001). **노인자원봉사활동이 노인의 생활만족도에 미치는 영향에 관한 연구**· 서울여자대학교 대학원 석사논문.

통계청 (2015). **2014년 사망원인 통계**. https://kostat.go.kr/synap/skin/doc.html?fn=1102e2f1aad889ffa9fdeb7bf397919172640ce3dd8119809352dae081ed370c&rs=/synap/preview/board/218/

통계청, (2019)「2019년 5월 경제활동인구조사 고령층 부가조사 결과」, https://www.kostat.go.kr/board.es?mid=a10301030200&bid=210&act=view&list_no=376435

통계청, **2019년 가계금융복지조사 결과**, https://www.kostat.go.kr/board.es?mid=a10301040300&bid=215&act=view&list_no=379367

통계청, **2019년 사회조사 결과(복지, 사회참여, 문화와 여가, 소득과 소비, 노동)**, https://www.kostat.go.kr/board.es?mid=a10301060300&bid=219&act=view&list_no=378876

통계청. (2005). **2005년 고령자 통계**. https://www.mohw.go.kr/synap/doc.html?fn=200607120946529341 34_1.hwp&rs=/upload/result/202405/

통계청. (2011). **2011 고령자 통계**. https://kostat.go.kr/synap/skin/doc.html?fn=db49d8d406c7f77902b16d72f05891cf380709bde0e8373f281b4ffdfcea5636&rs=/synap/preview/board/10820/

한나리 (2009). **한국 대학생의 대인관계 유능성과 갈등 상황에서의 인지 및 행동 반응**. 국내석사학위논문 연세대학교 대학원.

한용재 (2009). **노인종합복지시설 생활체육프로그램 참여자의 몰입정도가 대인관계강화 및**

**운동만족에 미치는 영향**. 미간행 석사학위 논문. 경원대학교 교육대학원.
한유진 (2015). **직무의미창조(JobCrafting)의 예측변인 탐색 및 직무열의와의 관계모형 검증**. 호서대학교 석사학위논문.
홍현방 (2005). 생산활동 수준이 성공적인 노화에 미치는 영향. **노인복지연구**, 29, 203-235.
홍현방 (2009). 노인이 인식하는 노인이미지 탐색연구. **노인복지연구**, 44, 327-343
Adams, R. G., & Blieszner, R. (1995). Aging Well With Friends and Family. *American Behavioral Scientist, 39*(2), 209-224.
Adorno, T. W., Frenkel-Brunswik, E., Levnison, D. J., & Sanford, R. N. (1950). *The authoritarian personality*, New York: Harper & Row.
Albrecht, S. C. (1980). *Social Psychology*. Englewood Cliffs, N.J. Prentice-Hall
Atchley, R. C. (1989). A contunuity of normal aging. *The Gerontologist, 29*(2), 183-190.
Baron, R. M., & Kenny, D. A. (1986). The moderator–mediator variable distinction in social psychological research: Conceptual, strategic, and statistical considerations. *Journal of personality and social psychology, 51*(6), 1173.
Battista, J., & Almond, R. (1973). The development of meaning in life. *Psychiatry, 36*(4), 409-427.
Berg, J. M., Wrzesniewski, A., & Dutton, J. E. (2010). Perceiving and responding to challenges in job crafting at different ranks: When proactivity requires adaptivity. *Journal of Organizational Behavior, 31*(2-3), 158-186.
Beyene, Y., Becker, G., & Mayen, N. (2002). Perception of aging and sense of well-being among Latino elderly. *Journal of cross-cultural gerontology, 17*(2), 155–172.
Boudiny K. (2013). 'Active ageing': from empty rhetoric to effective policy tool. *Ageing and society, 33*(6), 1077–1098.
Buhrmester, D., Furman, W., Wittenberg, M. T., & Reis, H. T. (1988). Five domains of interpersonal competence in peer relationships. *Journal of Personality and Social psychology, 55*(6), 991.
Chou, K. L., Chi, I., & Chow, N. W. S. (2004). Sources of income and depression in elderly Hong Kong Chinese: Mediating and moderating effects of social support and financial strain. *Aging and Mental Health, 8*(3),

212-221.
Cramm, J. M., Van Dijk, H. M., & Nieboer, A. P. (2012). The importance of neighborhood social cohesion and social capital for the well being of older adults in the community. *The Gerontologist, 53*(1), 142-152.
Crumbaugh, J, C., & Maholic, L, J.(1964). *Manual of Instructions for the Purpose in Life Test*, Munster: Psychometric A ffiliates.
Cumming, E., & Henry, W. E. (1961). Growing old: the process of disengagement.
Deci, E, L, & Ryan, R, M. (2000). The "What" and "Why" of Goal Pursuits: Human Needs and the Self-Determination of Behavior. *Psychological Inquiry, 11*(4), 227-268.
Deeming, C. (2009). 'Active ageing' in practice: a case study in East London, *UK. Policy &Politics, 37*(1), 93-111.
Diener, E. D., Emmons, R. A., Larsen, R. J., & Griffin, S. (1985). The satisfaction with life scale. *Journal of personality assessment, 49*(1), 71-75.
Ebersole, P., & Depaola, S. (1987). Meaning in life categories of later life couples. *The Journal of Psychology, 121*(2), 185-191.
Estes, C. L., Mahakian, J., and Weitz, T. A. (2001). *A Political Economy Critique of 'Productive Aging'*. In N. Morrow-Howell, J. Hinterlong, and M. Sherraden, eds., Productive Aging: Concepts and Challenges. Baltimore: Johns Hopkins University Press.
Frankl, V, E. (1960). A Logotherapeutic Technique. Paradoxical Intention.
Ghitulescu, B. (2006). Job crafting and social embeddedness at work. *Unpublished doctoral dissertation,* University of Pittsburgh.
Gross, J. J., Carstensen, L. L., Pasupathi, M., Tsai, J., Götestam Skorpen, C., & Hsu, A. Y. (1997). Emotion and aging: experience, expression, and control. *Psychology and aging, 12*(4), 590-599.
Hackman, J. R., & Oldham, G. R. (1976). Motivation through the design of work: Test of a theory. *Organizational behavior and human performance, 16(2),* 250-279.
Harris, L. A., & Dollinger, S. C. (2003). Individual difference in Personality traits and anxiety about aging. *Personality and Individual difference, 34,* 187-194.
Havinghurst, R. J. (1963). Successful aging.

Holstein M., Minkler M., (2003), Self, society, and the new gerontology, *The Gerontologist, 43*, 787-796

Iwasaki Y, (2007). Leisure and quality of life in an international and multi cultural context: What are major pathways linking leisure to quality of life?, *Social Indicators Research, 82*, 233-264

Iwasaki, A. (2007). Mucosal dendritic cells. Annu. Rev. *Immunol., 25,* 381-418.

Jim, H. S., & Andersen, B. L. (2007). Meaning in life mediates the relationship between social and physical functioning and distress in cancer survivors. *British journal of health psychology, 12*(3), 363-381.

Kim, S., & Feldman, D. C. (2000). Working in retirement: The antecedents of bridge employment and its consequences for quality of life in retirement. *Academy of management Journal, 43*(6), 1195-1210.

King, D. A. (2004). The scientific impact of nations. *Nature, 430*(6997), 311.

King, G. A. (2004). The Meaning of Life Experiences: Application of a Meta-Model to Rehabilitation Sciences and Services. *American Journal of Orthopsychiatry, 74*(1), 72-88.

King, L. A., & Hicks, J. A. (2009). Detecting and constructing meaning in life events. *The Journal of Positive Psychology, 4*(5), 317-330.

Klemmack, D. L., & Roff, L. L. (1984). Fear of personal aging and objective well-being on later life, *Journal of Gerontol, 39(6),* 756-758.

Lang, F. R., & Carstensen, L. L. (2002). Time counts:Future time perspective, goals and social relationships. *Psychology and Ageing, 17,* 125-139.

Lasher, K. P., & Faulkender, P. J. (1993). Measurement of aging anxiety: Development of the anxiety about aging scale. *The International Journal of Aging and Human Development, 37*(4), 247-259.

Levinson, D. J., & Huffman, P. E. (1955). Traditional family ideology and its relation to personality. *Journal of personality, 23,* 251-273.

Malatesta, C., & Izard, C. E.(1984). *Facial expression of emotion in young, middle-aged, and older adults.* In C. Malatesta & C. E. Izard(Eds.), Emotion in adult development. Beverly Hills: Sage Publications.

Mascaro, N., Rosen, D. H., & Morey, L. C. (2004). The development, construct validity, and clinical utility of the spiritual meaning scale. *Personality and Individual Differences, 37*(4), 845-860.

McConatha, J. T., Schnell, F., Volkwein, K., Riley, L., & Leach, E. (2003). Attitudes toward aging, A comparative analysis of young adults from th United States and Germany, *International Journal of Aging and Human Development, 57*(3), 203-215.

Means, R., & Evans, S. (2012). Communities of place and communities of interest? An exploration of their changing role in later life. *Ageing and Society, 32*(8): 1300-1318.

Meer, S. J. (1955). Authoritarian attitudes and dreams. *Journal of Abnormal and Social Psychology, 52.*

Midtsundstad, T., & Bogen, H. (2014). Active Aging Policies between Individual Needs and Collective Goods. A Study of Active Aging Policies and Practices in Norway. Nordic *Journal of Working Life Studies, 4*(2), 139–158.

Minkler M., Fadem P., (2002), Successful aging: a disability perspective, *Journal of Disability Studies, 12*, 229-235,

Mishra, S. (1992). Leisure activities and life satisfaction in old age. *Activities, Adaptation & Aging, 16*(4), 7-26.

Moody, J. (2001). Race, school integration, and friendship segregation in America. *American journal of Sociology, 107*(3), 679-716.

Morrow-Howell, N., Hinterlong, J., Rozario, P. A., & Tang, F. (2003). Effects of volunteering on the well-being of older adults. *The Journals of Gerontology Series B: Psychological Sciences and Social Sciences, 58*(3), 137-145.

Nielson, G. (1980). Minimum norm interpolation in triangles. *SIAM Journal on Numerical Analysis, 17*(1), 44-62.

OECD (2016). 「*Society at a Glance 2016: A Spotlight on Youth*」. https://www.oecd.org/korea/sag2016-korea.pdf

Olson DH, Wilson M. (1985). *Family satisfaction.* In: Olson DH, McCubbin HJ, Barnes H, Larsen A, Muxen, M. Wilson M. editors. Family Inventories. St. Paul, MN: Family social Science, University of Minnesota.

Paúl, C., Ribeiro, O., & Teixeira, L. (2012). Active Ageing: An Empirical Approach to the WHO Model. *Current Gerontology and Geriatrics Research*, 1–10.

Ployhart, R. E., Weekley, J. A., & Baughman, K. (2006). The structure and function of human capital emergence: A multilevel examination of the attraction-selection-attrition model. *Academy of Management Journal, 49*(4), 661-677.

Reker, G. T., Peacock, E. J., & Wong, P. T. (1987). Meaning and purpose in life and well-being: A life-span perspective. *Journal of Gerontology, 42*(1), 44-49

Rowe, J. W., & Kahn, R. L. (1997). Successful aging. *The gerontologist, 37*(4), 433-440.

Ryff, C. D.(1989). Happiness is everything, or is it? Explorations on the Meaning of Psychological well-being. *Journal of personality & Social Psychology, 57*, 1069-1081.

Ryff, C. D., & Singer, B. (1998). The contours of positive human health. *Psychological Inquiry, 9*(1), 1-28.

Seligman, M. E. P., Steen, T. A., Park, N., & Peterson, C. (2005). Positive Psychology Progress: Empirical Validation of Interventions. *American Psychologist, 60*(5), 410-421.

Shao J., Zhang Q., Lin T., Shen J., Li D. (2014). Well-being of elderly stroke survivors in Chinese communities: Mediating effects of meaning in life. *Aging & Mental Health, 18*, 435-443.

Sobel, M. E. (1982). Asymptotic confidence intervals for indirect effects in structural equation models. *Sociological methodology, 13*, 290-312.

Spielberger, C. D. (1988). *Manual for the State-Trait Anger Expression Inventory* (STAXI). Odessa, FL: Psychological Assessment Resources

Spielberger, C. D., Gonazales H. P., Taylor C. J., Anton B., Algaza W. D., Ross, G. R., & Westberry, L. G. (1980). *Preliminary manual for the test anxiety inventory*. Palo Alto, Calif: Consulting Psychologist Press.

Spitzberg, B. H., Cupach, W. R., Spitzberg, B. H., & Cupach, W. R. (1989). Issues in interpersonal competence research. *Handbook of interpersonal competence research,* 52-75.

Steele, M. S., Mcgarvey, S. T. (1997). Anger expression, age, and blood pressure in modernizing Samoan adults. *Psychosomatic Medicine, 59*(6), 632-637.

Steger, M. F., & Frazier, P. (2005). Meaning in Life: One Link in the Chain From Religiousness to Well-Being. *Journal of Counseling Psychology, 52*(4), 574-582.

Steger, M. F., Frazier, P., Oishi, S., & Kaler, M. (2006). The meaning in life questionnaire: Assessing the presence of and search for meaning in life. *Journal of Counseling Psychology, 53*(1), 80-93.

Steger, M. F., Frazier, P., Oishi, S., &Kaler, M. (2004). *The development and validation of the meaning in life questionnaire*. Unpublished Manuscript. University of Minnesota.

Steger, M. F., Oishi, S., & Kashdan, T. B. (2009). Meaning in life across the life span: Levels and correlates of meaning in life from emerging adulthood to older adulthood. *The Journal of Positive Psychology, 4*(1), 43-52.

Steger, M. F., Pickering, N. K (2010). Calling in work: Secular or sacred? *Journal of Career Assessment, 18*(1), 82-96.

Steinkamp, M. & Kelly, J. (1986). Relation and quality of life in old age: a causal analysis. *Journal of Applied Gerontology, 9*(1), 77-90.

Stenner, P., McFarquhar, T., & Bowling, A. (2011). Older people and 'active ageing': Subjective aspects of ageing actively. *Journal of health psychology, 16*(3), 467-477.

Steve M. Jex., & Thomas W. Britt. (2017). **〈조직심리학〉** (박영석, 서용원, 이선희, 이주일, 장재윤 역). 서울: 시그마프레스. (원전은 2008에 출판)

Stillman, T. F., Baumeister, R. F., Lambert, N. M., Crescioni, A. W., DeWall, C. N., & Fincham, F. D. (2009). Alone and without purpose: Life loses meaning following social exclusion. *Journal of Experimental Social Psychology, 45*(4), 686-694.

Stillman, T. F., Baumeister, R. F., Lambert, N. M., Crescioni, A. W., DeWall, C. N., & Fincham, F. D. (2009). Alone and without purpose: Life loses meaning following social exclusion. *Journal of experimental social psychology, 45*(4), 686-694.

Stoner, S. B., & Spencer, W. B. (1987). Age and gender differences with the anger expression scale. *Educational and Psychological Measurement, 47*, 487-492.

Tedeschi, R. G., & Calhoun, L, G. (2004). A clinical approach to posttraumatic growth. Positive Psychology in Practice,

Thorndike, E. L. (1920). Intelligence and its uses. *Harper's Magazine, 140*, 227-235.

Tims, M., Bakker, A. B., & Derks, D. (2013). The impact of job crafting on job demands, job resources, and well-being. *Journal of occupational health psychology, 18*(2), 230.

Tims, M., Bakker, A. B., & Derks, D. (2013). The impact of job crafting on job demands, job resources, and well-being. *Journal of Occupational Health Psychology, 18*(2), 230-240.

Walker A, Maltby T. Active ageing: A strategic policy solution to demographic ageing in the European Union. i*nternational journal of social welfare, 21*(s1), S117-S130.

Walker, A., (2006) "Active Aging in Employments: Ites Meaning and Potential", *Asian-Pacific Review, 13*(1): 78~93.

Warr, P. B (1987). *Work, unemployment, and mental health*. Oxford, England Clarendon Press.

Weitman, M. (1962). More than one kind of authoritarian. *Journal of Personality, 30*, 193-208.

World Health Organization(WHO), (2014), *「Active Ageing is defined by the process of optimizing」*, https://extranet.who.int/agefriendlyworld/wp-content/uploads/2014/06/WHO-Active-Ageing-Framework.pdf.

World Health Organization(WHO), (2002). *"Active ageing: a policy framework."* Analytical Report. https://www.who.int/ageing/publications/active_ageing/en/

World Health Organization(WHO), (2002) *「Active Ageing is defined by the process of optimizing」*, https://extranet.who.int/agefriendlyworld/wp-content/uploads/2014/06/WHO-Active-Ageing-Framework.pdf.

Wrzesniewski, A., & Dutton, J. E. (2001). Crafting a job: Revisioning employees as active crafters of their work. *Academy of management review, 26*(2), 179-201.

Zika, S. and Chamberlain, K. (1992) On the Relation Meaning in Life and Psychological Well-Being. *British Journal of Psychology, 83*, 133-145. http://dx.doi.org/10.1111/j.2044-8295.1992.tb02429.x

## Part 3. 참고문헌


마츠가와 프레테이 (2008). **나이 60에도 노망이 드는 사람과 80에도 치매와는 거리가 먼 사람**. 도쿄: 집영사문고.

박경혜, 이윤환 (2006). 노인의 사회활동이 신체기능에 미치는 영향. **한국노년학, 26(2),** 275-289.

유용하. (2024. 4. 25). **나이들어 보인다고 할아버지라고 불렀다가 혼쭐나는 이유 있었네.** *서울신문.* https://n.news.naver.com/article/081/0003446671?sid=105

윤종율 (2005). **제6회 고령사회 포럼**. 한국노인과학학술단체연합회, 3-33.

정병은, 이기홍 (2009). 노인이 인식하는 사회활동에 대한 연구. **한국노년학, 29(3),** 953-970.

이소정 (2009). 우리나라 노인의 사회참여 유형분석. **한국인구학, 32(1),** 71-91.

이승길, 조준모. (2006). 노동시장 양극화 해소를 위한 대응방안. 월간 KIET 산업경제. **산업 경제분석.** 12, 51-64.

이주일 (2008). **인생역경과 행복. 성공적인 한국노인의 삶-다학제간 심층인터뷰 사례**(이주일 외 저), 서울:박학사.

최재천 (2005). **당신의 인생을 이모작하라.** 서울:삼성경제연구소.

Anderson, G. F., & Hussey, P. S. (2000). Population aging: a comparison among industrialized countries. *Health affairs, 19*(3), 191-203.

Butler, S. (1996). *Conspiracy of silence: The trauma of incest.* Volcano Press.

Benis, W. G., & Tomas, R. J. (2002). *Geeks & Geezers (시대와 리더십*, 신현승역 2003). 서울:세종연구원.

Manz, C. C. (2002). *The Power of failure (실패의 힘*, 이경재와 서상태 역, 2002). 서울: 예문.

Rowe, J. W. & Kahn, R. L. (1998). *Successful ageing.* New York: Pantheon.

Russell, B. (1930). *The conquest of happiness* (행복의 정복, 이순희 역, 2004). 서울: (주)시대평론.

Trafford, A (2004). *My Time: Making the Most of the Rest of Your Life (나이듦의 기쁨*, 오혜경 역, 2004), 서울:마고북스.